高职高专"十三五"规划教材

实用职场礼仪与实训

吴新红 编著

化学工业出版社

·北京·

本书以项目、任务的形式编写，全书包括认识礼仪、职场人员形象塑造、职场社交礼仪、职场公务礼仪、职场酬宾礼仪、涉外礼仪、其他职场礼仪七大项目，每个项目包括若干个学习任务，共有职业仪容礼仪、职业着装礼仪、职业仪态礼仪、职场见面礼仪、职场电话礼仪、职场沟通礼仪、职场接待礼仪、职场位次排列礼仪、中式宴请礼仪、西式宴请礼仪、茶会礼仪及自助餐礼仪、涉外迎送礼仪、礼宾次序与国旗悬挂礼仪、职场面试礼仪、公共场所礼仪等 15 个任务。为增强教学内容的实用性，本书中理论知识以够用为度，各任务分为知识储备和能力拓展两部分，在能力拓展中除了有知识拓展外，还加入了案例思考、巩固提高、实战演练、演练检测（演练总结）等环节，以提高学生及各企事业单位人员的知识运用能力。

本书有配套的电子教案及习题答案，可在化学工业出版社的官方网站上下载。

本书可作为高职高专院校各专业学生礼仪学习的教材，也可作为企事业单位员工进行礼仪培训、提高礼仪素养的创新型教材。

图书在版编目（CIP）数据

实用职场礼仪与实训/吴新红编著．—北京：化学工业出版社，2018.8（2022.10重印）
高职高专"十三五"规划教材
ISBN 978-7-122-32504-4

Ⅰ.①实⋯　Ⅱ.①吴⋯　Ⅲ.①心理交往-礼仪-高等职业教育-教材　Ⅳ.①C912.1

中国版本图书馆CIP数据核字（2018）第138340号

责任编辑：高　钰	文字编辑：李　曦
责任校对：秦　姣	装帧设计：刘丽华

出版发行：化学工业出版社（北京市东城区青年湖南街13号　邮政编码100011）
印　　装：大厂聚鑫印刷有限责任公司
787mm×1092mm　1/16　印张12½　字数254千字　2022年10月北京第1版第7次印刷

购书咨询：010-64518888　　　　　　　售后服务：010-64518899
网　　址：http://www.cip.com.cn
凡购买本书，如有缺损质量问题，本社销售中心负责调换。

定　价：38.00元　　　　　　　　　　　　　　　　　　　版权所有　违者必究

前言
FORWORD

礼仪，是人际交往的润滑剂，是为人处世之本。

作为现代职业人，知礼、懂礼、用礼，是其就业、从业过程中的基本技能，是其成为高素质职业人的基础条件。

本书是高职高专教育改革理念下的创新型教材。为适应新的课程改革需要，本书在编写上做了一些新的尝试，以期更好地完成从学到用的转化。

全书采用了新的体例形式，根据现代职场的活动过程，共用7个项目、15个任务来完成职场礼仪活动的各环节和过程。

本书具有以下特点。

1. 体系新颖，内容精炼

在项目模块下，以学习任务分解各知识、技能点，用"知识储备"完成基本礼仪内容阐述，用"能力拓展"展示知识拓展及技能提高部分。

在所有任务的能力拓展中，知识拓展多为特别提示内容。

案例思考在展示中外案例、行业案例的基础上，引导学生进行思考、分析、讨论，并总结行业活动的核心礼仪内容。

巩固提高通过判断和选择题的题型练习，巩固、深化学生对任务中礼仪知识的掌握。

实战演练是实训提高部分，通过对实训项目的设计、练习、展示，达到提升职场礼仪技能运用能力的目的。

最后，通过演练检测、演练总结，全面检查学生的实训项目练习情况及对该内容的思考和收获。

2. 操作性强，检测量化合理

本书中各任务内容以提高学生实际能力为主线，结合岗位活动实际设计实训项目，实训内容要求具体，演练检测标准详细，量化合理，使用者可操作性强。

本书的内容已制作成用于多媒体教学的PPT课件，巩固提高中的判断题和选择题配有答案，将免费提供给采用本书作为教材的院校使用。如有需要，请发电子邮件至cipedu@163.com获取，或登录www.cipedu.com.cn免费下载。

本书由吴新红编著，本书在编著过程中参阅了部分著作及相关书刊资料，在此一并致谢！

由于作者水平有限，书中难免有疏漏和不妥之处，欢迎广大读者批评指正。

编著者
2018年3月

目 录
CONTENTS

项目一　认识礼仪　　1
【知识储备】……1
　　一、礼仪的起源发展与含义……1
　　二、礼仪的实施原则与功能……8
【能力拓展】……17
　　一、知识拓展……17
　　二、案例思考……18
　　三、巩固提高……18
　　四、实战演练……19

项目二　职场人员形象塑造　　20
任务一　职业仪容礼仪……20
【知识储备】……20
　　一、护发与发型选择技巧……20
　　二、肌肤的基础护理与面部化妆……25
【能力拓展】……30
　　一、知识拓展……30
　　二、案例思考……33
　　三、巩固提高……33
　　四、实战演练……34
　　五、演练检测……35

任务二　职业着装礼仪……36
【知识储备】……36
　　一、男士西装礼仪……36
　　二、女士职业装礼仪……39
【能力拓展】……43
　　一、知识拓展……43
　　二、案例思考……44
　　三、巩固提高……45
　　四、实战演练……46
　　五、演练检测……46

任务三　职业仪态礼仪……47
【知识储备】……47
　　一、体姿仪态……47
　　二、表情仪态……51

【能力拓展】 ··· 54
　一、知识拓展 ··· 54
　二、案例思考 ··· 55
　三、巩固提高 ··· 55
　四、实战演练 ··· 56
　五、演练总结 ··· 58

项目三　职场社交礼仪　　60

任务一　职场见面礼仪 ··· 60
【知识储备】 ··· 60
　一、握手礼 ··· 60
　二、介绍礼 ··· 62
　三、名片礼 ··· 65
【能力拓展】 ··· 66
　一、知识拓展 ··· 66
　二、案例思考 ··· 68
　三、巩固提高 ··· 68
　四、实战演练 ··· 69
　五、演练检测 ··· 69

任务二　职场电话礼仪 ··· 70
【知识储备】 ··· 70
　一、接打电话礼仪 ··· 70
　二、手机礼仪 ··· 73
【能力拓展】 ··· 74
　一、知识拓展 ··· 74
　二、案例思考 ··· 75
　三、巩固提高 ··· 76
　四、实战演练 ··· 77
　五、演练检测 ··· 77

任务三　职场沟通礼仪 ··· 78
【知识储备】 ··· 78
　一、称呼礼仪 ··· 78
　二、问候礼仪 ··· 80
　三、赞美的技巧 ··· 81
【能力拓展】 ··· 83
　一、知识拓展 ··· 83
　二、案例思考 ··· 85
　三、巩固提高 ··· 86

项目四　职场公务礼仪　87

任务一　职场接待礼仪　87
【知识储备】　87
一、接待前的准备　87
二、接待实施　90
【能力拓展】　94
一、知识拓展　94
二、案例思考　94
三、巩固提高　95
四、实战演练　95
五、演练总结　96

任务二　职场位次排列礼仪　96
【知识储备】　96
一、会议接待座次　96
二、合影的位次排列　103
三、接待乘车座次礼仪　104
【能力拓展】　107
一、知识拓展　107
二、案例思考　108
三、巩固提高　108
四、实战演练　109
五、演练检测　110

项目五　职场酬宾礼仪　112

任务一　中式宴请礼仪　112
【知识储备】　112
一、中式宴请桌次与座次　112
二、中餐就餐礼仪　115
【能力拓展】　116
一、知识拓展　116
二、案例思考　117
三、巩固提高　118
四、实战演练　118
五、演练总结　119

任务二　西式宴请礼仪　120
【知识储备】　120
一、西式宴请桌次与座次　120

二、西式宴请的礼仪规范 …… 124
　【能力拓展】 …… 127
　　一、知识拓展 …… 127
　　二、案例思考 …… 127
　　三、巩固提高 …… 128
　　四、实战演练 …… 129
　　五、演练总结 …… 129
　任务三　茶会礼仪及自助餐礼仪 …… 130
　【知识储备】 …… 130
　　一、茶会礼仪 …… 130
　　二、自助餐礼仪 …… 133
　【能力拓展】 …… 137
　　一、知识拓展 …… 137
　　二、案例思考 …… 138
　　三、巩固提高 …… 138
　　四、实战演练 …… 139
　　五、演练总结 …… 139

项目六　涉外礼仪　141

　任务一　涉外迎送礼仪 …… 141
　【知识储备】 …… 141
　　一、涉外礼仪的原则 …… 141
　　二、外事迎送礼仪 …… 145
　【能力拓展】 …… 147
　　一、知识拓展 …… 147
　　二、案例思考 …… 148
　　三、巩固提高 …… 149
　　四、实战演练 …… 149
　　五、演练总结 …… 150
　任务二　礼宾次序与国旗悬挂礼仪 …… 150
　【知识储备】 …… 150
　　一、礼宾次序 …… 150
　　二、国旗悬挂法 …… 152
　【能力拓展】 …… 155
　　一、知识拓展 …… 155
　　二、巩固提高 …… 157
　　三、实战演练 …… 158
　　四、演练总结 …… 158

项目七　其他职场礼仪　160

任务一　职场面试礼仪　160
【知识储备】　160
　　一、面试前的准备　160
　　二、求职形象设计　163
　　三、求职言行规范　168
【能力拓展】　176
　　一、知识拓展　176
　　二、案例思考　176
　　三、巩固提高　177
　　四、实战演练　178

任务二　公共场所礼仪　180
【知识储备】　180
　　一、图书馆礼仪　180
　　二、学术活动中的礼仪　182
　　三、各项体育比赛观赛礼仪　185
　　四、观看演出礼仪　187
【能力拓展】　189
　　一、知识拓展　189
　　二、案例思考　189
　　三、巩固提高　190

参考文献　191

项目一

认识礼仪

【知识储备】

一、礼仪的起源发展与含义

（一）礼仪的起源

都说中国是礼仪之邦，我们也常常要求要讲礼貌，那么，到底什么是"礼"？什么是"仪"呢？

礼仪的起源，可追溯到原始社会。随着原始社会生产力水平的不断提高，社会交往扩大，财产和权力分割的出现，原始先民意识到，要想构建和谐的社会关系，减少纷争和摩擦，必须遵守一定的行为准则，礼仪由此产生。关于礼仪的起源，归纳起来，大致有以下几种。

1. 礼仪源于俗

所谓俗，即民间的风俗。英国民俗学创始人汤姆斯将民俗称为"民众的知识"（或"民间的智慧"），即 folklore。我国近代思想家刘师培曾说过："上古之时，礼源于俗。"俗是礼的源头。自从有了人类社会，风俗就随之而产生。风俗，其实就是共同生活的人们用以维护人际关系的规矩，是一种约定俗成的规矩。只不过这种"规矩"被视为当然，内化成了习惯，人们没有意识到它是"规矩"而已，它一旦上升为"礼"，就变成了统治者所规定的言行准则。它包括了言行的外部表现——礼节，也包括礼节所蕴含的内容——思想。"俗"，不过是现实的或过时的"礼"在百姓生活中的实践形式。礼仪在更高的文化层面上超越了民俗原始的含义和价值取向，以更典范的行为方式更优雅地表达出主题的情感和动机。而民俗因其根植于民众生活的沃土，有着更强的现实感和历史内容，也因此更富有活力。

2. 礼仪源于祭祀

远古先民对生存环境中出现的风雨雷电、洪水猛兽、日月星辰、自然界生老病死

等自然现象感到迷惑不解，认定冥冥之中有着一种超越现实和自然的力量即鬼神，认为一切不可解释的神秘奇迹和令人惶恐的灾祸现象，都源于鬼神的意志所驱使。为了去祸降福，原始先民把最好的食物虔诚地供奉给鬼神，由此形成了庄严而隆重的祭祀仪式。

礼，本作"醴"，原指祭神的器物和仪式，它源于远古社会的祭祀活动。王国维在《观堂集林·释礼》中曾说："盛玉以奉神人之器谓之若丰，推之而奉神人之酒醴亦谓之醴，又推之而奉神之事，通谓之礼。"郭沫若先生也推断："礼是后来的字，在金文里面我们偶尔看见有用丰字的，从字的结构上来说，是在一个器皿里面盛两串玉贝以奉事于神。《盘庚篇》里面所说的'具乃贝玉'就是这个意思。大概礼之起，起于祀神，故其字后来从示，其后扩展而为对人，更其后扩展而为对吉、凶、军、宾、嘉的各种仪制。"因此，许多学者都认为礼仪源于人们敬神祈福时的祭祀活动。

3. 礼仪源于人际交往

中国人认为，礼仪起源于男女交往。在古人眼里，男女有别，必须用礼来区分。古人常说，华夏第一对夫妻伏羲与女娲在结婚时，伏羲"制嫁娶以俪皮为礼"，从此就有了礼。人们在交往中，难免有喜怒哀乐，礼的作用在于使之"发而皆中节"（《中庸》），即恰到好处，而不对别人造成伤害，于是便有相应的种种规定。西方人认为礼起源于原始人类的交往活动。法国文化人类学家莫斯在他的名著《礼物》（*The Gift*）中认为古代社会曾流行过一种"全面馈赠制"，即原始人的物质交往时通过一种"全面馈赠礼物的形式进行"。

其实，礼仪的产生不仅仅局限于一物一事。它是风俗、祭祀、人情等交往活动的综合产物。由于礼仪产生于蒙昧社会向文明社会的过渡阶段，其所涉及的范围十分广泛，实际上渗透于社会生活的方方面面，因而它的产生有着深刻的人类文化根源和社会基础。随着社会的发展，礼仪在各国的发展轨迹各不相同。在中国，原始的礼仪被引入到宗法社会人们日常的行为规则中，又延伸为区分尊卑贵贱、亲疏等级的严格的礼法礼典，进而扩展到政治体制，形成了一整套维护统治秩序的系统而完整的社会治理程式。礼不仅成为日常行为的规范与准则，同时还是古代社会的政治、经济制度的体现，起着"经国家，定社稷，序民人，利后嗣"（《春秋左传·隐公十一年》）的作用。而在世界其他民族，礼仪虽然也是起源最早的文化之一，但随着第一代文明的消亡，礼仪文化并未形成制度和系统的思想，而是随着宗教与神学的兴起而渐隐其中。在中世纪，特别是在欧洲，对于一般社会群众，"礼"作为"礼俗"存在于人们的生活之中；对于上层社会，"礼"则作为交往之礼节、礼貌之表征。西方人也非常重视礼仪，他们将礼仪视为一切"美德之源"，只不过，礼仪并未成为其民族文化的根本特征，只成为礼仪活动的总称，英语为 rite。

（二）中国礼仪的发展

礼仪在其传承沿袭的过程中不断发生着变革。从历史发展的角度来看，其演变过程可以分为五个阶段。

1. 礼仪的起源时期：夏朝以前（公元前21世纪前）

礼仪起源于原始社会，在原始社会中、晚期（约旧石器时代）出现了早期礼仪的萌芽。整个原始社会是礼仪的萌芽时期，礼仪较为简单和虔诚，还不具有阶级性。内容包括：制定了明确血缘关系的婚嫁礼仪；区别部族内部尊卑等级的礼制；为祭天敬神而确定的一些祭典仪式；制定一些在人们的相互交往中表示礼节和表示恭敬的动作。

2. 礼仪的形成时期：夏、商、西周三代（公元前21世纪～公元前771年）

人类进入奴隶社会，统治阶级为了巩固自己的统治地位把原始的宗教礼仪发展成符合奴隶社会政治需要的礼制，礼被打上了阶级的烙印。在这个阶段，中国第一次形成了比较完整的国家礼仪与制度。如"五礼"就是一整套涉及社会生活各方面的礼仪规范和行为标准。古代的礼制典籍亦多撰修于这一时期，如周代的《周礼》《仪礼》《礼记》就是我国最早的礼仪学专著。在汉以后2000多年的历史中，它们一直是国家制定礼仪制度的经典著作，被称为礼经。

3. 礼仪的变革时期：春秋战国时期（公元前770～公元前221年）

这一时期，学术界形成了百家争鸣的局面，以孔子、孟子、荀子为代表的诸子百家对礼教给予了研究和发展，对礼仪的起源、本质和功能进行了系统阐述，第一次在理论上全面而深刻地论述了社会等级秩序划分及其意义。

孔子对礼仪非常重视，把"礼"看成是治国、安邦、平定天下的基础。他认为"不学礼，无以立""质胜文则野，文胜质则史。文质彬彬，然后君子"。他要求人们用礼的规范来约束自己的行为，要做到"非礼勿视，非礼勿听，非礼勿言，非礼勿动"。倡导"仁者爱人"，强调人与人之间要有同情心，要相互关心，彼此尊重。

孟子把礼解释为对尊长和宾客严肃而有礼貌，即"恭敬之心，礼也"，并把"礼"看作是人的善性的发端之一。

荀子把"礼"作为人生哲学思想的核心，把"礼"看作是做人的根本目的和最高理想，"礼者，人道之极也"。他认为"礼"既是目标、理想，又是行为过程。"人无礼则不生，事无礼则不成，国无礼则不宁。"

管仲把"礼"看作是人生的指导思想和维持国家的第一支柱，认为礼关系到国家的生死存亡。

4. 强化时期：秦汉到清末（公元前221～公元1911年）

在我国长达2000多年的封建社会里，尽管在不同的朝代礼仪文化具有不同的社会政治、经济、文化特征，但却有一个共同点，就是一直为统治阶级所利用，礼仪是维护封建社会的等级秩序的工具。这一时期，礼仪的重要特点是尊君抑臣、尊夫抑妇、尊父抑子、尊神抑人。在漫长的历史演变过程中，它逐渐成为妨碍人类个性自由发展、阻挠人类平等交往，窒息思想自由的精神枷锁。

纵观封建社会的礼仪，内容大致有涉及国家政治的礼制和家庭伦理两类。这一时期的礼仪构成中华传统礼仪的主体。

5. 现代礼仪的发展

辛亥革命以后，受西方资产阶级"自由、平等、民主、博爱"等思想的影响，中国的传统礼仪规范、制度，受到强烈冲击。五四新文化运动对腐朽、落后的礼教进行了清算，符合时代要求的礼仪被继承、完善、流传，那些繁文缛节逐渐被抛弃，同时接受了一些国际上通用的礼仪形式。新的礼仪标准、价值观念得到推广和传播。新中国成立后，逐渐确立以平等相处、友好往来、相互帮助、团结友爱为主要原则的具有中国特色的新型社会关系和人际关系。改革开放以来，随着中国与世界的交往日趋频繁，西方一些先进的礼仪、礼节陆续传入我国，同我国的传统礼仪一道融入社会生活的各个方面，构成了社会主义礼仪的基本框架。许多礼仪从内容到形式都在不断变革，现代礼仪的发展进入了全新的发展时期。大量的礼仪书籍相继出版，各行各业的礼仪规范纷纷出台，礼仪讲座、礼仪培训日趋红火。人们学习礼仪知识的热情空前高涨。讲文明、讲礼貌蔚然成风。今后，随着社会的进步、科技的发展和国际交往的增多，礼仪必将得到新的完善和发展。

（三）礼仪的含义

礼仪是指人们在隆重而正式的交际场合，在礼遇规格和礼宾次序等方面为个人、集体乃至国际社会都必须普遍遵守的基本原则和行为规范，它是礼貌、礼节的最高表现形式。

在英文词典里有三个与"礼仪"相关的词：一为"courtesy"，即礼貌，泛指一般客气的仪态。二为"etiquette"，即交际应酬的礼节。三为"protocol"，即礼规、礼仪等。英文词典对"protocol"的定义是"外交或军事的礼节和秩序的规则"。在中国，礼是仪的本质，仪是礼的外表形式。礼之名，起于原始的"祈神"仪式，进入文明社会以后，人们则把这种"祈神"礼仪转向了敬人，首先用于宫廷，随后扩展到社会各阶层，广泛运用于社会交往之中。如今，世界各国的人们在日常交际中，更多的是注重礼节，但在隆重而正式的场合，则强调必须遵守礼仪。例如，各国在迎接外国元首或政府首脑到访时，都必须举行检阅仪仗队、奏国歌、升国旗、鸣放礼炮、举行正式的宴会等礼宾仪式。

"仪"是礼节的具体表达形式。在我国，"仪"的概念在奴隶社会向封建社会转型的春秋时期才提到，意即：仪式、仪文。到了封建社会"仪"又具有容貌和外貌、仪式和礼节、区分尊卑的准则和法度等含义，延至今日，"仪"作为人际交往中相互表示尊重、友好的具体形式，主要包括仪表、仪式和礼仪器物。

仪表是指人的外表。例如衣帽、服饰、姿态、容貌等。

仪式是指在特定的场合举行的专门化、规范化的活动。例如司仪、议程、仪仗队等。

礼仪器物是指为表达敬意，寄托情意的一些物品。例如哈达、锦旗、奖杯、纪念章等。

礼仪是有形的，其基本形态不仅受到各国、各地区的物质水平、历史传统、文化心态、民族习惯、宗教潮流等众多因素的影响而有所不同，并且随着时代的进步，也会不断地变化与创新，因此，需要我们不断地去关注与学习。

（四）礼仪的特征

1. 普遍认同性

所谓认同性是全社会的约定俗成，是全社会共同认可、普遍遵守的准则。一般来说，礼仪代表一个国家、一个民族、一个地区的文化习俗特征。但我们也看到不少礼仪是全世界通用的。例如：问候、打招呼、礼貌用语、各种庆典仪式、签字仪式等等，大体是世界通用的。

礼仪的普遍认同性，主要源于共同的经济生活和文化生活。经济的共同性必然导致礼仪的变化。比如现代经济的快节奏、高效率，使现代礼仪向简洁、务实方向发展。共同的文化孕育了共同的礼仪。礼仪的普遍认同性表明社会中的规范和准则，必须得到全社会的认同，才能在全社会中通用。

2. 继承性

礼仪是历史的产物，是一个国家、一个民族悠久历史、传统文化的重要组成部分，并一直代代相传，使得现代文化与传统文化有着密切的联系。中国的礼仪文化经过几千年的继承和发展，不仅成为中华民族精神文化的一个重要组成部分，同时也形成了中华民族特有的礼仪文化心理。这种礼仪文化心理是以反映中华民族文明水平、道德风貌、大智大勇等健康高尚的礼仪修养为本质特征的，是中华民族优秀礼仪文化的心理积淀。正因为礼仪具有继承性的特点，因而使得礼仪文化的丰富与发展成为可能。事实上，每一个民族的礼仪文化，都是在本民族固有的礼仪文化基础上，通过不断吸收其他民族的礼仪文化而不断发展起来的。我国的现代礼仪，就是在优秀的中华民族传统礼仪文化的基础上，广泛吸收东西方礼仪文化之长而形成和发展起来的。

3. 差异性

礼仪作为一种行为准则和规范是约定俗成的。在具体运用时，差异性主要体现在以下两个方面。

（1）礼仪运用差异性

由于不同国家、不同地域、不同民族，在文化传统、风俗习惯、宗教信仰上的不同，或在时间、空间、对象上的差别，因此运用起来就存在着很大的差异。首先，同一种礼仪内容由于时间、空间的变化，有着不同的表现形式。例如我国古代见面时的跪拜礼就已被现代的握手礼或鞠躬礼所代替。而在不同的民族或地区，同是见面礼，又表现为合十、作揖、拥抱等不同形式。其次，同一种礼仪形式，在不同的国家、地区、民族间有不同的意义。例如，在阿拉伯地区，男人之间手拉手行走是一种友好和尊重的表示，而在美国则被视为同性恋。又如，中国人点头表示同意，摇头表示不同意；而在保加利亚则正好相反，摇头表示同意，点头则表示不同意。再次，同一种礼节，在不同场合、对不同对象也有细微的差异。如握手礼，初次见面应单手轻握以示尊重；老朋友、老相识见面则应双手紧握以示亲热。如果搞反了，则有失礼之嫌。所以礼仪除了具有一定的固定形式与规范外，还要注意因时因地因对象的不同，而"入乡随俗"。

(2) 等级的差异性

主要表现在礼仪的等级差别上。对不同身份、地位的对象施以不同的礼仪。同样在宴会，会因招待对象的身份、地位高低的差别而有所不同，身份和地位高的，可能会受到更高级的款待，身份和地位低的相对来讲所受到的款待等级就低。

4. 互动性

礼仪的互动性，是指在一方施礼的情况下，另一方必须做出相应的反应，否则即被视为失礼。这在国际交往中尤其要注意，因为以礼相待是国际交往的准则和惯例。如各国元首互访时，接待国均要鸣相同数量的礼炮，一方不鸣礼炮或鸣放数量不同，则是严重失礼的行为，搞不好会影响两国之间的友好关系。在公海上两国军舰相遇，也要相互鸣笛致意以示友好，如果一方不作，轻则失礼，重则会引起误会或纠纷。

5. 丰富性

礼仪是一种行为规范，涉及社会生活的方方面面。小到私人交往，大到国际交流无不涉及到礼仪文化。上至社会公德、职业道德，小到家庭美德都与礼仪修养息息相关。广到世界各国，下至各行各业也都有不同的礼仪规范和要求。因此出现了社交礼仪、公务礼仪、商务礼仪、服务礼仪、民俗礼仪、涉外礼仪等不同领域的礼仪规范。还有即使是同一行业，由于工作环境和对象不同，其礼仪要求也存在差异，如同是服务行业，商场服务、宾馆服务、旅游服务等具体礼仪要求也不尽相同。人的一生从小到老，生活中每一天都离不开礼仪，由此可见礼仪的丰富、广博。

6. 时代性

礼仪的时代性，是指它是时代的产物。不同时代产生不同的礼仪，不同礼仪都打着不同时代的印记。跪拜礼就产生在等级制度森严的封建时代，这一时代结束了，跪拜礼也就被握手礼、鞠躬礼取代了。在改革开放的新时代，中华大地上又涌现出许多新的礼仪方式，如微信拜年、时尚包装等，这些新的礼仪方式给我国的现代礼仪增添了一道道亮丽的时代色彩。

7. 共同性

人们追求真善美的愿望是一致的，礼仪是社会各阶层人士所共同遵守的准则与行为规范。每个人都要依礼办事，全人类不管哪个国家、哪个民族都以讲礼仪为荣。例如：礼尚往来，礼貌待客，文质彬彬，举止得体都是符合大多数人的价值取向的文明标志，我国宋代出版的启蒙教材《三字经》，强调了礼仪的重要性，"为人子，方少时，亲师友，习礼仪"，即是说作为子女，从小就要接近师长和朋友，学习为人处世的礼仪，因为这是做人的起点。

8. 发展性

礼仪规范不是一成不变的，具体说来，礼仪的发展性体现在以下几个方面。

① 它随着时代的发展，科学技术的进步，在传统的基础上不断地推陈出新，体现着时代的要求与时代的精神。例如：在我国，握手替代了作揖，鞠躬替代了跪拜，如今节假日给亲朋好友打个礼仪电话，发个微信，或送去礼仪鲜花，表示祝贺与问候，这些都反映了礼仪随时代发展的特点。

② 随着社会交往的扩大，各国民族的礼仪文化都会互相渗透，尤其是西方礼仪文化引入中国，使中华礼仪在保持传统民族特色的基础上，发生了更文明、更简洁、更实用的变化。

（五）东、西方礼仪的差异

东方礼仪主要指中国、日本、朝鲜、泰国、新加坡等为代表的亚洲国家所代表的具有东方民族特点的礼仪文化。西方礼仪主要指流传于欧洲、北美各国的礼仪文化。

1. 在对待血缘亲情方面

东方人非常重视家族和血缘关系，"血浓于水"的传统观念根深蒂固，人际关系中最稳定的是血缘关系。

西方人独立意识强，相比较而言，不很重视家庭血缘关系，而更看重利益关系。他们将责任、义务分得很清楚，责任必须尽到，义务则完全取决于实际能力，绝不勉为其难。处处强调个人拥有的自由，追求个人利益。

2. 在表达形式方面

西方礼仪强调实用，表达率直、坦诚。东方人以"让"为礼，凡事都要礼让三分，与西方人相比，常显得谦逊和含蓄。

在面对他人夸奖所采取的态度方面，东、西方人不相同。面对他人的夸奖，中国人常常会说"过奖了""惭愧""我还差得很远"等字眼，表示自己的谦虚；而西方人面对别人真诚的赞美或赞扬，往往会用"谢谢"来表示接受对方的美意。

3. 在礼品馈赠方面

在中国，人际交往特别讲究礼数，重视礼尚往来，往往将礼作为人际交往的媒介和桥梁。东方人送礼的名目繁多，除了重要节日互相拜访需要送礼外，平时的婚、丧、嫁、娶、生日、升职、加薪都可以作为送礼的理由。

西方礼仪强调交际务实，在讲究礼貌的基础上力求简洁便利，反对繁文缛节、过分客套造作。西方人一般不轻易送礼给别人，除非相互之间建立了较为稳固的人际关系。在送礼形式上也比东方人简单得多。一般情况下，他们既不送过于贵重的礼品，也不送廉价的物品，但却非常重视礼品的包装，特别讲究礼品的文化格调与艺术品位。

同时在送礼和接受礼品时，东西方也存在着差异。西方人送礼时，总是向受礼人

直截了当地说明:"这是我精心为你挑选的礼物,希望你喜欢",或者说"这是最好的礼物"之类的话;西方人一般不推辞别人的礼物,接受礼物时先对送礼者表示感谢,接过礼物后总是当面拆看礼物,并对礼物赞扬一番。而东方人则不同,中国人及日本人在送礼时也费尽心机、精心挑选,但在受礼人面前却总是谦虚而恭敬地说"微薄之礼不成敬意,请笑纳"之类的话。东方人在受礼时,通常会客气地推辞一番。接过礼品后,一般不当面拆看礼物,唯恐对方因礼物过轻或不尽如人意而难堪,或显得自己重利轻义,有失礼貌。

4. 在对待"老"的态度方面

东西方礼仪在对待人的身份地位和年龄上也有许多观念和表达上的差异。东方礼仪一般是老者、尊者优先,凡事讲究论资排辈。

西方礼仪崇尚自由平等,在礼仪中,等级的强调没有东方礼仪那么突出,而且西方人独立意识强,不愿老,不服老,特别忌讳"老"。

5. 在时间观念方面

西方人时间观念强,做事讲究效率。出门常带记事本,记录日程和安排,有约必须提前到达,至少要准时,且不应随意改动。西方人不仅惜时如金,而且常将交往方是否遵守时间当作判断其工作是否负责、是否值得与其合作的重要依据,在他们看来这直接反映了一个人的形象和素质。

遵守时间秩序,养成了西方人严谨的工作作风,办起事来井井有条。西方人工作时间和业余时间区别分明,休假时间不打电话谈论工作,甚至在休假期间断绝非生活范畴的交往。相对来讲,中国人使用时间比较随意,时间观念比较淡漠。包括改变原定的时间和先后顺序,中国人开会迟到,老师上课拖堂,开会作报告任意延长时间是经常的事。这在西方人看来是不可思议的,他们认为不尊重别人拥有的时间是最大的不敬。

6. 在对待隐私权方面

西方礼仪处处强调个人拥有的自由(在不违反法律的前提下),将个人的尊严看得神圣不可侵犯。在西方,冒犯对方"私人的"所有权利,是非常失礼的行为。因为西方人尊重别人的隐私权,同样也要求别人尊重他们的隐私权。

东方人非常注重共性拥有,强调群体,强调人际关系的和谐,邻里间的相互关心,嘘寒问暖,是一种富于人情味的表现。

二、礼仪的实施原则与功能

(一) 礼仪的实施原则

礼仪的实施原则,即是人们在处理人际关系时的出发点和应遵从的指导思想。它是保证礼仪活动顺利实施并达到预定目标的基本条件。礼仪的实施原则主要有以下几项,它们同等重要,不可或缺。

1. 平等与尊重原则

平等与尊重原则，是指对任何交往对象都必须给予相应的尊重和礼遇。

平等与尊重是礼仪的核心和精髓，也是礼仪原则中最为重要的一项原则。

人人都有爱和受人尊重的心理要求。人人都渴望平等，成为家庭和社会中真正的一员。因此，任何抬高和贬低自己的语言和行为，都不利于建立平等和谐的人际关系。

在现代礼仪活动中，掌握这一原则必须注意以下两点要求。

（1）在具体运用礼仪时，允许因人而异

根据不同的交往对象，采取不同的具体方法。但在尊重交往对象、以礼相待、礼尚往来这一点上，对任何交往对象都必须一视同仁，即不可盛气凌人，也不必卑躬屈膝。这是现代礼仪中平等原则的最基本要求。

达到平等的原则，具体应注意以下三点。

一是要学会公正。评价一个人、一种现象的标准不能根据一个人的身份（如官位的大小、财富的多寡、名气的高低），不能随大流，不能盲从，而是要根据社会契约，根据社会的道德标准。

二是待人接物不能根据自己的好恶，要努力克服世俗的偏见。

三是懂得平等的基础是仁爱，为此每个人都要有"我们应该把人看成人，因为他是人"（康德）的思想。这里所说的人，是一切人，是所有的同胞，而不是特殊群体的特殊人。

（2）人际交往中必须尊重对方的人格

尊重是礼仪的情感基础，正如孔子所说："礼者，敬人也。"意思是，礼仪本身从内容到形式都应是尊重他人的具体体现。

人们对尊重的需要分两类，即自尊和来自他人的尊重。自尊包括对获得信心、能力、本领、成就、独立和自由的愿望。来自他人的尊重包括威望、承认、接受、关心、赏识等。自尊人们往往容易做到，而要获得来自他人的尊重，首先要学会尊重他人，即与人交往，不论对方的地位高低、身份如何、相貌怎样，都要尊重对方的人格，使对方感到他在你心目中是受欢迎的，从而得到一种心理上的满足，进而产生愉悦。相反，如果在人际交往中有任何藐视对方的言行，都会引来对方的反感，更不会赢得对方对自己的尊重。

坚持尊重原则应在实际交往中把握以下技巧。

一是要热情、真诚。热情的态度会使人产生受重视、受尊重的感觉。相反，对人冷若冰霜，会伤害别人。如果过分热情，会使人感到虚伪、缺乏诚意。

二是要给人留面子。所谓面子，就是自尊心。每个人都有自尊心，失去自尊心对一个人来说是件非常痛苦的事。伤害别人的自尊是严重的失礼行为。维护自尊，希望得到他人的尊重，是人的基本需要。

三是允许他人表达思想，表现自己。当别人和自己的意见不同时，不要把自己的意见强加给对方。当你和与自己性格不同的人交往时，也应尊重对方的人格和自由。

2. 遵守与真诚原则

遵守与真诚原则，就是要求人们在相互交往中，务必自觉、自愿地用礼仪规范来约束自己的言行，待人以诚，表里如一。

遵守与真诚，是现代礼仪得以应用和推广的基本条件，坚持这一原则必须明确以下两点。

（1）根据约定俗成律

礼仪是在人类共同生活、相互交往中自然形成的，它的规范是因人们共同认可，并为维护社会生活稳定而存在和发展的，它从客观上反映着人们的共同利益和要求，因而每个社会成员不论身份高低、职位大小、财富多寡，都有自觉学习、遵守、应用礼仪的义务，而不是只要求别人去遵守施行，自己可以例外。事实上，任何人如果违背了礼仪的遵守原则（主要有遵守公德、遵时守信等），就会受到社会舆论的谴责。

（2）真诚的原则

要求每个社会成员在人际交往中运用礼仪时，务必诚实无欺，言行一致。只有如此，运用礼仪的一方所表达的对交往对象的尊敬和友好，才会更好地被对方所理解、所接受。与此相反，倘若仅把运用礼仪作为一种道具和伪装，或在具体操作礼仪规范时口是心非、言行不一、弄虚作假、投机取巧，或是当时一个样，过后一个样；有求于人时一个样，被人所求时另外一个样，则是有悖礼仪的基本宗旨的，即便得逞也绝无第二次，最终肯定是行不通的。

3. 从俗与适度原则

从俗与适度原则，是指在实际的礼仪场合，要把握好与特定事情、特定人物、特定环境相协调的礼仪要求，做到注意分寸，认真得体。

从俗与适度，是现代礼仪得以灵活运用并取得成效的基本保证，坚持这一原则必须注意以下两点。

（1）根据客随主便律

在人际交往中，由于国情、民族、文化背景的不同，客观上存在着"十里不同风，百里不同俗"的现象。对于这一现实要有正确的认识，不要自高自大、唯我独尊，简单否定其他人不同于己的做法。必要之时，必须坚持入乡随俗，与绝大多数人的习惯性做法保持一致，切勿目中无人、自以为是、指手画脚、随意批评，否定其他人的习惯性做法。

（2）适度原则

要求应用礼仪时，为了保证取得成效，必须注意技巧，合乎规范，特别要注意做到在人际交往中保持一定的社交距离，把握好与特定环境相适应的人们彼此间的感情尺度。这是因为凡事过犹不及，运用礼仪时，假如做得过了头，或者做得不到位，都不能正确地表达自己的自律、敬人之意。例如，与人交往时，彬彬有礼、落落大方是必需的，而不是低三下四、阿谀奉承或趾高气扬；与熟人相见时，握手致意、点头微笑都是恰当的，而交往时低头自语或面无表情都是欠妥的。尤其值得一提的是，在涉外交往中必须严格遵守适度原则,注意维护国格和人格,做到"富贵不能淫、威武不能屈",绝不能玷污国家的形象和集体的荣誉。

要将现代礼仪运用得恰到好处,除了坚持从俗与适度的原则,更关键的还在于勤学多练、积极实践,努力达到以下要求。

(1) 坚持努力学习,树立礼貌意识

学习礼仪知识的途径主要有以下三条。

一是进行理论学习,即利用图书资料、网络等系统全面地学习礼仪知识。

二是向社会实践学习,通过实践,加深对礼仪的理解,判断个人掌握与运用礼仪的实际水平,以及检验礼仪活动所发挥的实际作用。

三是向专人学习。这里所指的专人,可以是教师、培训专家、礼仪顾问,也可以是在某些方面确有经验或专长者,堪称楷模之人。他们通常对礼仪有一定的了解,并积累了不少实践经验和心得体会。向他们学习,可使自己取长补短,益智开窍。

(2) 养成良好习惯,贵在持之以恒

俗话说:"习惯成自然。"养成良好文明习惯的方法主要有以下四种。

一要联系实际。礼仪本身就是一门应用科学,因此学习礼仪,务必要坚持知和行的统一。

二要抓住重点。古人曾一针见血地指出:"礼繁则难行,卒成废阁之书。"意思是将礼仪搞成繁文缛节,必将使礼仪脱离群众,曲高和寡。因此,学习礼仪不可贪多求细,应从与自己生活最密切的地方开始,这样重复体验,才能达到事半功倍的效果。

三要重复渐进。学习礼仪是一个渐进的过程。对一些规范、要求,只有反复运用,才能真正掌握。

四要自我监督。古人强调提高个人修养要注意反躬自省,做到"吾日三省吾身"。学习礼仪应与其他科学、文化知识的学习相结合。这样既可以全面提高个人的素质,还有助于自己更好地掌握、运用礼仪。

(3) 加强道德修养,陶冶美好情操

礼仪与道德相辅相成,相互补充。道德是人们共同生活和行为的准则与规范,礼仪是道德观念、道德制约的具体体现。道德修养能有效地调节和控制人们的行为,礼仪则是一个人美好情操和文明习惯的外在表现和真情流露。加强道德修养,人们就会树立正确的社会道德观和人生价值观,就会增强社会责任感、使命感;通过培养高尚情操,人们就会从生活中不断吸取美的情感、铸造美好的心灵,就会明辨是非、提高审美情趣和鉴赏能力,从而自觉地规范自己的行为,保持良好形象。

4. 宽容与自律原则

宽容与自律原则的基本含义是:要求人们在交际活动中运用礼仪时,既要严于律己,更要宽以待人。

宽容与自律原则是现代礼仪蕴含着的高尚品格的完美体现,坚持这一原则应把握以下两点。

(1) 宽容是一种美德

孔子曰："宽则得众。"宽容意味着要有容忍的雅量和多替他人考虑的品德，宽容是获得友谊、朋友和扩大交往的基本要求。

宽容原则要求人们在交际活动中要多容忍他人、多体谅他人、多理解他人。千万不要求全责备、斤斤计较、过分苛求、咄咄逼人。例如：在与人交往中，要容忍他人有个人行动和独立进行自我判断的自由。对于不同于己、不同于众的行为要耐心容忍，不要要求他人处处效仿自身，与自己完全一致；虚心接受他人的批评意见，即使他人的批评意见不完全正确，也能做到有则改之、无则加勉等都是宽容原则的具体表现。

(2) 礼仪的最高境界是自律

自律的原则，即是指人们在没有任何监管的情况下，都能自觉地按照礼仪规范约束自我、控制自我、对照自我、反省自我、检点自我。我们不能简单地把礼仪理解为一种客套、一种工作，而应该认识到礼仪实质上是人们自我意识的道德要求、自我素质的自然流露、自我修养的自觉行为。即：礼仪是一种自律的行为。而这种行为的养成，主要是通过礼仪的教育和训练，是人们在更多地了解和掌握具体的礼仪规范的同时，逐渐在内心树立起的一种道德信念和行为修养准则。这种信念的形成，是潜移默化中的礼仪熏陶，它使我们的良知得到升华，从而获得内在的力量。这种内在力量，要求我们不断深化对人际关系的认识，不断提高自我约束、自我克制的能力，不断养成"非礼勿视，非礼勿听，非礼勿言，非礼勿动"的自觉性，在人际交往中自觉地按礼仪规范去做，使自己成为一个高尚的人、一个受欢迎的人。

(二) 礼仪的功能

礼仪具有能动的社会功能，它渗透于社会生活的方方面面，因而对社会生活的作用是积极的、巨大的。在现代社会中这种作用主要体现在交际功能、道德功能和管理功能上，它在社会生活中的能动作用既广泛，又深入。

1. 交际功能

美国著名成功学家卡耐基有句名言："一个人的事业成功只有15％由他的专业技术所决定，另外85％，则要靠人际关系。"现代社会的发展给人们拓展了交往的空间，人生充实自我、展现自我、发展自我的舞台变得如此巨大，在这个舞台上，礼仪是个人素养的体现，人际关系的基础，交往成功的保证。

(1) 培养文明素养

礼仪是人类文明的标尺，也是人的社会化的重要内容。对礼仪的学习与实行，促进着人类文化的延续和文明水准的提高。一个具备良好文明行为规范的民族，必定是一个循规守礼的民族。文明素养的形成，是遵照社会所提出的文明行为规范与行为模式不断实践、不断修正、逐渐提高的过程。当人们将礼貌的言行当作习惯，在待人接物上彬彬有礼，文明的素养就会在潜移默化中逐渐形成。

（2）奠定人际关系基础

藏族有句谚语："有枝有节的树容易攀登，知情达理的人容易接近。"人与人交往，只凭表象去判断，一定是错误的，但我们又实在不能否定表象的作用。心理学里著名的"首因效应"，说的就是这样的道理。有时候，一个细节就会成为交往的最大障碍，比如说在商业社会中，服装和仪表往往成为判断一个人工作情况的标准，肩上的头屑、皱巴的西服、衬衣领子与袖口上的污渍，会让首次见面的成功人士不屑一顾。在交谈中，声调略低、平静而语速适中的说话方式让人倍感亲和；而节奏太快、口不择言、咄咄逼人会使人产生戒心。在人际交往中，遵循表示尊敬、友好的礼仪程序，通过礼貌的言行来获得人际好感，树立良好的社会形象，是打开人际关系之门的金钥匙。

（3）保证交往成功

人际交往，贵在有礼。在现代社会中礼仪被称为人际关系的"润滑剂""调节器"。良好的礼仪可以指导和纠正人们的行为方式，促使人们在社会交往中敬人、自律、适度、真诚，从而在尊重他人的同时获得他人的尊重，左右逢源，无往不利；良好的礼仪可以弥合人际关系的裂痕，使人际矛盾为"礼让"所化解，沟通已经疏远的人际关系。如我们给久不往来的朋友发一条祝福的短信，给有矛盾的同事送上一份生日礼物，甚至于争吵过后的一个真诚的微笑，都会使得前嫌尽释。良好的礼仪还可以创造谋生求职的机会。礼仪让你懂得如何称呼、介绍和问候；懂得如何着装，怎样待客，得体地对待赞美与批评；还懂得如何同各种文化背景的人打交道，在不断变化的工作场所游刃有余，充满自信地活跃于职业舞台。因此，良好的礼仪又被称为是"就职黄页"。

2. 道德功能

所谓道德功能，就是指道德系统同人和社会的互相作用中的能力。礼仪一是作为一种道德的意识、规范和行为，即行为调控；二是通过认识功能完善人格，即人格完善。

（1）行为调控

礼仪可以帮助人们调节行为的发生、发展，从而将人们的行为控制在符合礼仪道德要求的范围内。为了使社会成员的行为符合社会所需要的秩序——即使人们做有"礼"的事，任何社会都将建构相应的控制，调控是通过它的导向功能和调节功能来实现的。礼仪具有导向的功能，它本身体现着一种价值导向，引导着人们选择正确的价值方向和目标，去做符合礼仪规范的事情；礼仪具有调节的功能，它通过对人们行为的评价以及评价信息的反馈，来指导、纠正人们的行为和活动，使之符合礼仪的规范。在调节社会关系的过程中，礼仪以特有的方式评价人们的行为，告诉人们哪些行为是有礼的、哪些行为是无礼的；哪些行为是善的、哪些行为是恶的；哪些行为是美的、哪些行为是丑的，并以特有的感召力引导人们扬善抑恶、趋美避丑，把人们的思想和行为纳入社会所需要的秩序和轨道。礼仪规范的操作性特别强，可以用语言、文字、动作进行准确的描述和规定，可以在社会交往中进行标准化操作。如果我们选择了符合道德原则的礼仪，就可以把道德要求按照礼仪的方式组织起来，落实到人们的行为举止、仪态容貌、语言文字上，使人们按照礼德的精神做符合礼德的事情。

（2）人格完善

人格是一个人以特定的行为模式表达出的关于自身的精神价值，即人特有的品格。人格是内在美的核心，也是外在美的基础。一个人有什么样的人格，就会有什么样的行为轨迹。

礼仪道德可以帮助人们认识礼仪的意义、内容和作用，从而将礼仪的要求内化、沉淀、转变为人格素质。为了使社会成员的素质符合社会所需要的秩序，任何社会都会推崇相应的理想人格，礼德精神就是理想人格的重要内涵，礼仪形象就是理想人格的外部表现。

礼仪对于理想人格的塑造和完善，是通过它的教育功能和激励功能来实现的。所谓礼仪的教育功能，就是指它能够通过认知的方式，帮助人们理解礼仪的价值及其在塑造理想人格中的作用，从而自觉地培养礼德精神和礼仪素质；所谓礼仪的激励功能，就是指它能够通过评价的方式，激发人们的道德情感和道德意志，引导他们坚持不懈地追求良好的礼仪形象，塑造一种将内在的思想素质与外在的道德形象很好地结合起来，既以德带礼，又以礼显德。

在社会生活和交往中，人们总是通过礼仪来显现道德修养，表现一个人内在的道德素质。道德精神属于内心的世界，它本身不能直接地被感知，而要通过礼仪等行为表现出来。正因为礼仪可以显现人们的道德素质，所以它才能够帮助人们塑造良好的外部形象，并相应地培养良好的道德精神，进而形成完善的道德人格。

3. 管理功能

自从 20 世纪美国管理学家泰勒为管理学奠基之后，对于组织的科学管理就成为全世界管理者们孜孜以求的目标。礼仪的功能不仅仅体现在交往中，同时也体现于社会组织自身发展的需要上。

（1）提高人才素质

进入 21 世纪以来，世界管理理论的发展早已从"物的管理"向"人的管理"实现质的转变。谁拥有了高素质的人才，谁就掌握了未来，这已是人所共知的道理。在日益激烈的组织竞争中，每一个组织都为拥有和培养一支高素质的员工队伍而各显神通。而所谓的"高素质"的定义也在随着时代的发展而不断地变化。在日本，有高层管理者提出："礼仪的体现，才是人才的体现。"美国著名的形象设计师莫利先生曾对美国《财富》杂志排名前 300 名的企业的 100 名执行总裁进行过调查，97％的人认为能展现外表魅力的人，有更多的升迁机会；93％的人认为第一次面试着装不当会被拒绝；100％的人认为应该有职业形象设计课对员工进行培训。而在中国，对于人才的评价也早已从品行好、能吃苦、业务强等内涵向形象、气质等外延拓展。许多大型组织开始对员工的礼仪与素养提出明确的要求，如"化淡妆上岗""着正装上班"等已写进了岗位守则之中，被要求必须执行，礼仪培训也被列入员工培训的必修科目。

（2）凝聚组织人心

俗话说："人心齐，泰山移。"在一个组织的管理中，人心向背是至关重要的。凝聚人心，需要组织成员强烈的认同感，需要构筑良好的沟通渠道，还需要调节好各种利益关系，而良好的礼仪在其中可以起到重要的作用。

首先，礼仪可以维系良好的、健康的人际关系，使组织成员满足自身的需要。按马斯洛的需要层次论，人的需要可以分为生理的需要、安全的需要、尊重的需要、爱的需要、自我实现的需要等五个层次。这些需要有物质层面的，但更高的是精神层面的。如果一个组织中人际关系紧张、混乱，同事之间互相敌视、戒备，人们惶惶不安，行为怪异，是无法满足个人的归属、受尊重和实现自我价值的需要的，组织必然人心涣散。而如果组织成员之间经常利用礼仪来传递道德和善意，表现相互之间的尊敬与谦让，共同铸造出文明友好的氛围，人们必然会心情舒畅，产生强烈的归属感和认同感。

其次，礼仪是沟通的重要形式。如升旗仪式、阅兵仪式、开业仪式、签约仪式等仪典、仪式都传递和扩散着本组织的信息，渲染着特殊的组织气氛，是沟通组织与社会的最好方式，使人们乐此不疲；贺信、贺电、聘书、致谢函等礼仪文书，传达着敬意、关切的问候，是沟通组织成员之间、组织和组织之间关系的最好方式；语言和蔼、言辞有度、举止得体等，将口头语言与体态语言相结合，使人们从怡人的话速语调、礼貌的称呼、亲切的微笑、优雅的身姿、热情的握手、亲切的拥抱中感悟关心和爱心；还有宴会形式，无论是家宴、便宴，还是正式宴会，都于杯盏往来中传达友好敬意，也是沟通不可或缺的形式。

再次，礼仪可以调节各种利益关系。礼仪作为一种规范、程序，作为一种相对固定的文化传统，对人们之间的关系模式起着固定、约束和调节作用。人们在组织中的作用关系、上下尊卑以及各自的权利与义务，都受着各种礼规的约束。比如在乘坐轿车时、行走时、进餐时、会谈时，按尊卑排序可以使人们各就各位，减去不少麻烦。

（3）塑造形象

① 组织形象塑造。组织形象是一个组织在社会交往中综合化、系统化的印象。组织形象的内涵十分丰富，在现代社会，人们一般用"知名度"和"美誉度"两项指标来衡量组织形象。知名度是指社会公众对一个组织知道和了解的程度；美誉度是指社会公众对一个组织信任和赞誉的程度。知名度高并不意味着美誉度高，"誉满全球"和"臭名远扬"都是"知名度"。美誉度高也不意味着知名度高，"酒香不怕巷子深"的时代早已成为过去。良好的组织形象，应当是知名度与美誉度并重。

对于一个组织而言，每一个运作环节都与组织形象息息相关，礼仪则体现在组织活动的各个环节当中，通过组织员工仪表规范、言辞谈吐、行为方式中的礼貌、礼节表现出来，通过组织参与社会活动中的仪式、仪典体现出来。如果组织的每一个成员能够时时处处按照礼仪的要求去开展工作，以礼仪的准则来协调组织与社会、组织与公众间的关系，注意自身形象的完善和完美，讲求自身行为的有礼和有节，展示自己

独特的个性、内在的修养和发展的潜质,那么这对塑造组织良好形象将会起到极其重要的作用。

具有良好的组织形象,犹如具有一笔无形的财富,为组织的生存、发展创造着种种便利。它能使组织提高社会地位,被社会所认同;它能赢得公众的信赖,获得发展动力;它能使组织内有凝聚力,外有吸引力,团结员工,广揽人才……正因为如此,近年来组织形象设计才大行其道,特别是在成功的企业里备受重视。在20世纪80年代德国人创造的企业形象设计(CI)中,视觉识别的设计是其中的重头戏。它要求将企业所有外显标志,从企业名称、品牌标志、标准字体、图形色彩,到产品及其包装、办公设备用品,直至员工的工作制服、厂旗、厂徽等一切可视内容无一例外地标准化、规范化,建成一套完整的、独特的、显示企业个性特性的符号系统,供公众识别、认同。这种注重形象设计的做法,使企业更加重视礼仪的作用,许多礼仪学校、礼仪讲解班和礼仪课程应运而生。经过系统的礼仪知识培训后的人们,学习了知识,陶冶了情操,锻炼了技能,美化了风貌,为组织赢得了极大的赞誉。

② 个人形象塑造。个人形象是一个人仪容、表情、举止、服饰、谈吐、教养等的集合,而礼仪在上述诸方面都有自己详尽的规范。因此学习礼仪、运用礼仪,无疑将有益于人们更好地、更得体地设计个人形象、维护个人形象,更好地、更充分地展示个人的良好修养与优雅风度,促进社会交往,改善人际关系,净化社会风气。

一个职场人员要注意自己的个人形象,个人形象的优劣在一定程度上透露了所在企业的文明程度、管理风格和道德水准。良好的个人形象无疑为你所代表的企业传递了无声的商业信息,宣传了企业形象,会为个人和企业带来有形和无形财富。

(三)提高礼仪修养的途径

1. 加强道德品质修养

道德品质,是指一定社会的道德原则和规范在个人思想行动中所表现出的某种比较稳定的特征和倾向。道德品质的修养和礼仪行为的养成有着密切的联系,二者是相辅相成的统一的过程。礼仪行为从广义上说就是一种道德行为,处处渗透和体现着一种道德精神。一个人想要在礼仪方面达到较高的造诣,离开了道德品质方面的修养是不可能的,一个人想要形成一种高尚的道德品质,就应该从日常礼仪规范这一基础的层次做起。

2. 提高文化素质

礼仪学是一门综合性较强的行为科学,她和公共关系学、传播学、美学、民俗学、社会学等许多学科都有密切关系,一个人只有具备广博的文化知识,才能深刻理解礼仪的原则和规范;只有具备较高的文化层次,才能在不同场合灵活自如地运用礼仪。因此要提高自己的礼仪修养,必须有意识地广泛涉猎多种科学文化知识,使自己具备完备系统的综合知识素养和文学、艺术鉴赏能力和审美能力。这样,自己就会有意无意地按照美的规律来认识生活和改造周围的环境,同时,在人际交往中,自己的言行也更具美感。

3. 自觉学习礼仪知识，接受礼貌教育

世界各国的礼仪风俗千差万别，我国各个民族的礼节习俗也各不相同。在涉外交往和商务活动中，如果对其他国家或某一具体活动的礼仪知识不了解，轻则贻笑大方，重则影响工作效果，甚至造成误解。我们应该注意学习和领会各种礼仪知识，以便在实践中运用，久而久之，不但自己在礼仪方面博闻多识，而且在礼仪修养的实践上也能提高到新的高度。

4. 积极参加礼仪实践

对礼仪知识的学习，仅仅停留在从理论上弄清礼仪的含义和内容，而不深入到实践中运用是远远不够的，要以积极的态度，坚持理论联系实际，将自己所学的礼仪知识积极运用于社会实践的各个方面。增强自己的文明意识，培养礼貌行为，改正各种不良习惯，要时时处处自觉从大处着眼、小处着手，以礼仪的规范来要求自己的言谈举止，在社交场所多听、多看、多学，通过各种人际交往的接触强化，不断提高自身的礼仪修养。

5. 养成良好的行为习惯

礼仪是人们交际活动中的一种行为模式，这种行为模式只有通过长期的自觉练习，变成自身一种自觉的动作，形成习惯，才能在交际活动中更好地发挥作用。礼仪修养实际上就是人自觉用良好的行为习惯纠正不良行为习惯的过程。检验一个人的礼仪修养如何，很重要的一条标准就是看他是否已把交际礼仪规范变成自身个性中的稳定成分，是否能在各种交际场合自然而然地遵循交际礼仪的要求。

【能力拓展】

一、知识拓展

《论语》中的礼仪

【原文】执圭，鞠躬如也，如不胜。上如揖，下如授。勃如战色，足蹜蹜，如有循。享礼，有容色。私觌（dí），愉愉如也。

【译文】（孔子出使别的诸侯国，）拿着圭，恭敬谨慎，像是举不起来的样子。向上举时好像在作揖，放在下面时好像是给人递东西。脸色庄重得像战栗的样子，步子很小，好像沿着一条直线往前走。在举行赠送礼物的仪式时，显得和颜悦色。和国君举行私下会见的时候，更轻松愉快了。

【评价】上述文字，集中记载了孔子在朝、在乡的言谈举止、音容笑貌，给人留下十分深刻的印象。孔子在不同的场合，对待不同的人，往往容貌、神态、言行都不同。他在家乡时，给人的印象是谦逊、和善的老实人；他在朝廷上，则态度恭敬而有威仪，不卑不亢，敢于讲话，他在国君面前，温和恭顺，局促不安，庄重严肃又诚惶诚恐。所有这些，为人们深入研究孔子、研究中国古代礼仪，提供了具体的资料。

【原文】君子不以绀緅（zōu）饰，红紫不以为亵服。当暑，袗绤（chī）绤（xì），必表而出之。缁衣，羔裘；素衣，麑（ní）裘；黄衣，狐裘。亵裘长，短右袂（mèi）。必有寝衣，长一身有半。狐貉之厚以居。去丧，无所不佩。非帷裳，必杀之。羔裘玄冠不以吊。吉月，必朝服而朝。

【译文】君子不用深青透红或黑中透红的布镶边，不用红色或紫色的布做平常在家穿的衣服。夏天穿粗的或细的葛布单衣，但一定要套在内衣外面。黑色的羔羊皮袍，配黑色的罩衣。白色的鹿皮袍，配白色的罩衣。黄色的狐皮袍，配黄色的罩衣。平常在家穿的皮袍做得长一些，右边的袖子短一些。睡觉一定要有睡衣，要有一身半长。用狐貉的厚毛皮做坐垫。丧服期满，脱下丧服后，便佩带上各种各样的装饰品。如果不是礼服，一定要加以剪裁去掉多余的布。不穿着黑色的羔羊皮袍和戴着黑色的帽子去吊丧。每月初一，一定要穿着礼服去朝拜君主。

二、案例思考

[案例一]

山东鸿豪公司一行5人到泰国嘉信公司去谈一笔生意。洽谈中，鸿豪公司的5人全部着西装打领带。洽谈过程很顺利，之后，泰方请中方人员去著名的卧佛寺参观游览。在寺院，鸿豪公司的小赵看见寺院的小和尚很多，他就友好地上前摸了一位小和尚的头并问候；看见寺院的佛像，他就一直在问翻译有关佛像的知识，并请翻译帮忙找一位僧人和他合影。

讨论：小赵的做法有什么不妥吗？

[案例二]

人格的平等

英国著名的戏剧家、诺贝尔文学奖获得者萧伯纳有一次在苏联访问，他在莫斯科街头散步时见到一个非常可爱的小女孩。萧伯纳和这个小女孩儿玩了很久，在分手时，他对小女孩说："回去告诉你的妈妈，你今天和伟大的萧伯纳一起玩了。"小女孩也学着大人的口气说："回去告诉你的妈妈，你今天和苏联女孩儿安妮娜一起玩了。"萧伯纳很吃惊，他立刻意识到自己的傲慢，并向小女孩道歉。后来，萧伯纳每次回想起这件事，都感慨万千。他说："一个人无论有多么大的成就，对任何人都应该平等相待，应该永远谦虚。"

讨论：在日常交往中，如何在细节上体现对别人的尊重。

三、巩固提高

（一）判断题

① 一般说来，与"礼"相关的词最常见的有三个，即礼仪、礼节、礼貌。它们是

可以混合使用的。（　　）

② 如今，世界各国的人们在日常交际中，更多的是注重礼节，但在隆重而正式的场合，则强调必须遵守礼仪。（　　）

③ 在中国，礼是仪的本质，仪是礼的外表形式。（　　）

④ 礼仪是历史的产物，是一个国家、一个民族悠久历史、传统文化的重要组成部分，并一直代代相传，使得现代文化与传统文化有着密切的联系。（　　）

⑤ 礼仪是成功的基石，礼仪是素养的体现。（　　）

（二）选择题

① "人无礼则不生，事无礼则不成，国无礼则不宁"是我国古代思想家（　　）提出的。

　　A. 孔子　　　　　B. 孟子　　　　　C. 荀子　　　　　D. 老子

② 仪表是指人的外表，含容貌、服饰、个人卫生、姿态，如（　　）等。

　　A. 衣帽　　　　　B. 表情　　　　　C. 服饰　　　　　D. 风度

③ 以下表述不正确的是（　　）。

　　A. 礼仪是人类文明的标尺　　　　　B. 礼仪是人的社会化的重要内容
　　C. 良好的仪态被称为是"就职黄页"　D. 世界各国的礼仪风俗千差万别

④ 个人形象是一个人仪容、表情、举止、服饰、谈吐、（　　）等的集合。

　　A. 修养　　　　　B. 仪态　　　　　C. 卫生　　　　　D. 教养

四、实战演练

① 调查：在同学中哪些信息被认为是个人隐私？

② 讨论：同学相处时如何尊重他人的隐私？

项目二

职场人员形象塑造

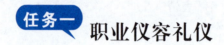

任务一 职业仪容礼仪

【知识储备】

一、护发与发型选择技巧

(一) 护发

首先我们要了解自己的头发,我们知道如果生活、工作过度紧张或焦虑急躁、惊恐等不良心态都会造成头发的大量脱落。一般来说,健康的头发从外观和感觉上看,其主要特征是:头发有很好的弹、韧性光泽,头发柔顺、易于梳理,不分叉、不打结,用手轻抚时有润滑的感觉,梳理时无静电,不容易折断。要想保持健康的头发必须经常注意护发。

1. 不同发质的护理

(1) 干性发质

专家一致认为,除了遗传因素,干枯的头发是长时间缺乏护理和化学品残留的后遗症。当然,精神压力、内分泌的变化以及饮食的平衡与否等等,也会对发质产生或多或少的影响。选用一种配方特别温和的、完全不含或只含少量洗涤剂、但却能有效地补充水分的洗发水是很重要的。洗发毋需过于频繁,当然不要忘记使用护发素。为防止发丝内的水分流失,应尽量避免使用电吹风以及其他以电力操作的卷发器具。如果必须使用,最好事先在头发上涂一层护发品。

(2) 油性发质

皮脂腺分泌过多的天然油脂,是形成油性发质的根本原因。要改善这种情况,你需要的是一种性质温和的洗发水,并经常清洗头发。强力的洗发水不但对头发无益,反会令油脂分泌更加猖獗。由于头皮已能分泌足够的油脂,护发素只要涂在距离发根数寸的发梢上即可。油性发质比较适合染发,染发剂或多或少地会令头发变得干燥,而较多的油脂正好可以起到中和作用。

(3) 纤细发质

如果你的头发过于纤细柔软,应该寻找一种能渗入发茎的洗发水,使头发充盈起来。美发造型时,最好使用能营造丰厚发式的喷雾产品。染发也颇适合这种类型的头发,因为在染发过程中,染发会让发茎逐渐膨胀,由此产生更强的质感。

2. 梳发及按摩

每天早晚用梳子梳理头发,每次 3 分钟,约 100 下,有保持头发润泽、柔丽的作用,可以刺激头皮活力,保持发隙通风良好,可防止脱发及头皮屑。

从散乱的毛梢开始,用刷子轻贴头皮,慢慢旋转着梳拢毛梢。用力要均匀,如用力过猛,会刺伤头皮。先从前额的发际向后梳,再从相反方向,沿发际从后向前梳。然后,从左、右耳的上部分别向各自相反的方向进行梳理,最后让头发向头的四周披散开来梳理。

按摩头皮能刺激毛细血管与毛囊,有助于头皮的分泌调节,并对油性和干性皮肤有治疗功效。按摩时,两手的手指张开,以手指在头皮上轻轻揉动,或者将两手呈直角置于头皮上轻轻拍打,可以刺激头皮,有提高新陈代谢的效果,如果每天反复做 3 分钟,可促进头发的润滑与光泽。按照头皮血液自然流向心脏的方向,按前额、发际、两鬓、头颈、头后部发际的顺序进行。按摩可以促进油脂分泌,因此,油性头发按摩时用力轻些,干性头发可稍重些。

3. 头发的特殊护理

(1) 头发开叉

建议用柔软的发刷从头皮梳向发端,将头皮的天然油脂带到发端,而平日尽量用阔齿的发梳来梳理头发,同时不要忘记在每次洗发后使用护发素,以避免加剧头发的开叉。另外,切忌用毛巾大力绞擦,脆弱的发丝需要的是温柔摩挲。

(2) 头皮屑过多

宜立刻医治,以免头皮屑堵塞头皮毛孔、妨碍毛发的生长,或破坏毛囊组织,演变为皮肤病。头皮屑过多的人,应避免过度用力梳头,也忌用手过度抓挠。因为过度用力地刺激,会把贴在头皮的一部分鳞片弄剥落,露出伤口而滋生细菌,形成恶性循环。应注意饮食,避免摄入过量的糖、淀粉和脂肪。宜多吃一些新鲜蔬菜、水果及瘦肉、鱼等。应经常定期洗头,保持头皮与头发的清洁。有许多治疗头皮屑的药膏、药水、药粉都很有效,还有不少专用去头屑的洗发剂。如果在洗发的水中放入一匙杀菌剂或醋,也很有效。焦躁不安的人头皮屑也会增多,因此,经常保持愉悦的精神状态,对减少头皮屑很重要。

(3) 脱发

这是由于糖果、盐分与动物性脂肪摄取太多,导致血液循环不良而造成的。脱发的种类有很多。按脱发的诱因来划分,有精神性脱发、营养性脱发、药物性脱发、生理性脱发等。为避免脱发,应注意以下几点。

① 消除精神紧张,保持精神愉快。人的精神状态不稳定,焦虑不安,大脑长时间处于紧张、烦恼或用脑过度状态,均可导致头部血液循环不良,头发营养供应不足,导致头发脱落。

② 多进食有益于滋养头发的食物,即富含维生素、矿物质和低脂肪的食物。例如各种新鲜水果、蔬菜、蛋黄、瘦肉、牛奶等。适当进食黑豆、黑芝麻、核桃等,以补充氨基酸、钙、铁等多种微量元素。而且应多喝冷开水。头发的生长需要体内良好的营养成分,当体内缺乏某些营养和氨基酸时,就会影响新发的生长。

③ 用尼龙梳子梳头容易起静电反应,头皮与头发产生离合作用,促使毛发脱落。所以,应选用木梳梳头。

④ 定期洗头。长时间不洗头,会影响毛囊的呼吸,从而会出现脱发或加重脱发。洗头次数以每周3~4次为宜。

⑤ 要戒除烟酒,避免其对头发产生不良影响;患有脂溢性脱发的人应忌食辛辣食物,否则会加重脱发。

⑥ 不要经常烫发、染发,也尽量避免用化学合成药品来滋润头发,因为由化学原料制成的染发剂、烫发剂、护发剂,对皮肤和毛发都存在着不同程度的刺激作用。

(二)发型的选择

发型的选择要适合脸型、发型和体型。切忌一味模仿他人。

1. 脸型与发型

(1) 三角脸

三角形脸的特征是上窄下宽,所以在选择发型时应平衡上下宽度,可用波浪形发卷增加上部分的分量,也可用头发掩饰较为丰满的下部。不宜将额发向上梳,以免暴露额头太窄的缺陷。分缝可采用中分或侧分。耳旁以下的发式不应再加重分量,也不宜选择双颊两侧贴紧的发型。

(2) 方脸型

方脸型的人在留额发时,宜遮掩额部的两角,额发要有倾斜感,使方中见圆。头发的两侧可选择卷曲的波浪发型,以改善方脸的形状。还可利用卷曲的长发部分遮住下颌两侧,转化太宽的下颌线条。由于近年来人们审美标准逐渐改变,方脸型因其极富个性而受到青睐,所以不少女性愿意不加掩饰,选择富于个性的发型。

(3) 倒三角脸

与三角脸恰好相反,可以选择掩饰上部、增宽下部的发型。发型要造成大量的蓬松的发卷,并遮掩部分前额。具体选择时,最忌选往上梳的高头型,这样只会突出细小的下巴,使整个脸部更不平衡。可运用脸部线条之美,使耳边的头发产生分量,并显出额角,令脸部变得丰满一些。这样的脸型不应选择直的短发和长发等自然款式,这样会使窄小的脸部更加单调。刘海可留得美观大方而不全部垂下。面颊旁的头发要梳得蓬松，显得很多，以遮掩较宽的上部分。

（4）椭圆脸

一般认为，椭圆形的脸是东方女性最理想的脸型，所以拥有这种脸型的人梳什么样的发型都不会难看。不过，如果选择中分、左右均衡的发型，更能体现娴静、端庄的美感。若留一袭黑色直发披在肩头，更有飘逸之感。

（5）菱形脸

其特点是棱角突出、下巴稍宽，显得个性倔强，缺乏温柔感。因而，在选择发型时，宜掩盖太突出的棱角感，使脸部看上去长一些，增加柔和感。可以利用波浪形增加脸部的温柔感。宜将前额和头顶的头发上扬，露出部分额头，但切忌全部露出。

（6）圆脸

适宜将头顶部的头发梳高，使脸部视觉拉长，要避免头发遮住额头，相应的，应利用头发遮住两颊，使脸颊宽度减少，另外发分线最好是中分。

（7）长脸型

适宜加厚脸部两旁的头发，以增加量感，将前发剪成"刘海儿"，使脸部显得丰满。发分线采用侧分法。

（8）大脸型

应使头发自然伏贴遮住两颊，以减少脸的宽度，不可以梳过于蓬松的发型，否则脸会显得更大，宜将头发剪短，全部向后梳，不要分线。

（9）小脸型

脸庞较小的人，可选择尽量露出五官的发型，把头发往上、往后梳。

另外，鼻子过于突出的人，可选择留浓密的刘海或将长发向上梳的发型，以平衡脸部，强调顶部。额头太大的人，可将额发剪成一排刘海。下巴内陷的人，可将头发留长，以使下巴显得丰满起来。

2. 发质与发型

各人的发质不一，不同的发质适合不同的发型。当女性选中了适合自己发质的发型以后，就可以配合理发师把自己的头发打扮得更美丽。

（1）自然的卷发

利用自然的卷发，能做出各种漂亮的型。这种发质如果将头发剪短，卷曲度就不太明显，而留长发才能显示出其自然的卷曲美。

（2）伏贴的头发

这种发质的特点是头发不多不少，非常伏贴，只要能巧妙修剪，就能使发根的线条以极美的形态表现出来。这种发质的人，最好将头发剪短，前面和旁边的头发，可以按自己的爱好梳理，而后面则一定要用能显示出发根线条美的设计，才是理想的发型。修剪时，最好能将发根稍微打薄一点，使颈部若隐若现，这样能给人以清新明媚之感。

(3) 细少的头发

这种发质的人应该留长发,将其梳成发髻才是最理想的,因为这样不但梳起来容易,同时也能比较持久。通常这种发质缺乏质感,可以辅之以假发。如果梳在头顶上,适合正式场合;梳在脑后,是家居式;而梳在后颈上时,则显得高贵典雅。

(4) 直硬的头发

这种发质要想做出各种各样的发型是不容易的。在做发型以前,最好能用油性烫发剂将头发稍微烫一下,使头发能略带波浪,稍显蓬松。在卷发时最好能用大号发卷,看起来比较自然。由于这种头发很容易修剪得整齐,所以设计发型时最好以修剪技巧为主,同时尽量避免复杂的花样,适合做出比较简单而且高雅大方的发型。

(5) 柔软的头发

这种发质比较容易整理,想做任何一种发型,都非常方便。由于柔软的头发比较伏贴,因此俏丽的短发比较适合,能充分表现出个性美。

3. 发型与体型

(1) 高瘦型

该种体型的人容易给人细长、单薄、头部小的感觉。要弥补这些不足,发型要求生动饱满,避免将头发梳得紧贴头皮,或将头发搞得过分蓬松,造成头重脚轻。一般来说,高瘦身材的人比较适宜于留长发、直发。应避免将头发削剪得太短薄,或高盘于头顶上。头发长至下巴与锁骨之间较理想,且要使头发显得厚实、有分量。

(2) 矮小型

个子矮小的人给人一种小巧玲珑的感觉,在发型选择上要与此特点相适应。发型应以秀气、精致为主,避免粗犷、蓬松,否则会使头部与整个形体的比例失调,给人产生大头小身体的感觉。身材矮小者也不适宜留长发,因为长发会使头显得大,破坏人体比例的协调。烫发时应将花式、块面做得小巧、精致一些。若盘头也有身材增高的错觉。

(3) 高大型

该体型给人一种力量美,但对女性来说,缺少苗条、纤细的美感。为适当减弱这种高大感,发式上应以大方、简洁为好。一般以直发为好,或者是大波浪卷发。头发不要太蓬松。总的原则是简洁、明快,线条流畅。

(4) 短胖型

短胖者显得健康,要利用这一点造成一种有生气的健康美。譬如选择运动式发型。此外应考虑弥补缺陷。短胖者一般脖子显短,因此不要留披肩长发,尽可能让头发向高度发展,显露脖子以增加身体高度感。头发应避免过于蓬松或过宽。

4. 发型与服装

(1) 西装

着西装时,要将头发梳理得端庄、艳丽、大方,不要过于蓬松,并且可以在头发上适当抹点发油,使之有光泽。

（2）礼服

着礼服时，可将头发挽在颈后结低发髻，显得庄重、高雅。

（3）裙装

着裙装时，可选披肩发、盘发或将长发高束等，使人倍添风采。

二、肌肤的基础护理与面部化妆

（一）面部的清洁

清洁养护是面部修饰的基础，也是广受人们欢迎的仪容礼仪的最基本要求。干净整洁的面部，通常会给人以清爽宜人、淡雅美丽之感。做好面部的清洁养护，不仅需要具备一定的洁容知识和洁容工具，更重要的还需要长年累月、坚持不懈地进行以下细节工作。

1. 选择合适的洗护用品

选择洗护用品应注意两点。

① 根据容貌及身体部位选择相应的洗护用品，洗脸时应选择洗面奶。女士洗脸，如果化过妆，应用卸妆水。

② 在选择洗护用品时，千万不要认为贵的就一定好，应注意根据自己的肤质进行合适选择。目前，测定肤质的方法很多，有专门鉴别肤质的仪器，也有最简单的观察辨别法。问题性皮肤很容易观察判断，而其他类型的皮肤则需要仔细鉴别。

皮肤摸上去细腻而有弹性，不干也不油腻，只是天气转冷时偏干，夏天则有时油光光的，比较耐晒，对外界刺激不敏感，属中性肌肤。

皮肤看上去细腻，只是换季时皮肤变得干燥，有脱皮现象，容易生成皱纹及斑点，很少长粉刺和暗疮，触摸时会觉得粗糙，是干性肌肤。用食指轻压皮肤，就会出现细纹。

面部经常油亮亮的，毛孔粗大，肤质粗糙，皮质厚且易生暗疮粉刺，不易产生皱纹，是油性肌肤。不时出现的斑点和黑头粉刺会令你不胜烦恼。

额头、鼻梁、下颌有油光，易长粉刺，其余部分则干燥。这是混合性皮肤。

皮肤较薄，天生脆弱缺乏弹性，换季或遇冷热时皮肤发红易起小丘疹，毛细血管浅，容易破裂形成小红丝。这是典型的敏感性皮肤。

2. 面部的清洗

清洁面部可以去除新陈代谢产生出的老化物质、空气污染、卸妆等残留物，以及耳、鼻、口的分泌物，收到神清气爽、令人愉悦的功效，同时也可以清洁肌肤。洗脸时应遵守以下几点。

① 使用洗面乳的方法是将洗面乳放在手上揉搓起泡，泡沫越细越不会刺激肌肤，泡沫需揉搓至奶油般细腻才算合格，让无数泡沫在肌肤上移动以吸取污垢，而不是用手去搓揉。

② 基本上是从皮脂分泌较多的T字区开始清洗，额头中心部皮脂特别发达，要

仔细清洗。手指不要过分用力，轻轻地由内朝外画圆圈滑动清洗。

③ 用指尖轻柔仔细地清洗皮脂腺分泌旺盛的鼻翼及鼻梁两侧，这一部分洗不干净将导致脱妆及肌肤出现油光。

④ 鼻子下方容易长青春痘，须仔细洗净多余的皮脂，用无名指轻轻画轮廓，既不会刺激肌肤又可完全去除污垢。

⑤ 注意，嘴巴四周也要清洗，脸部是否仔细洗净，重点在于有没有注意细小的部位，清洗时以按摩手法从内朝外轻柔描画圆弧状。

⑥ 下巴和T区也一样，也容易长青春痘及粉刺。洗脸时应由内朝外不断画圈，使污垢浮上表面。

⑦ 面积较大的脸颊部位需要特别仔细的关照。清洗面颊的诀窍是，不要用指尖，接触皮肤是用指肚，使指肚仅有的面积充分接触脸颊的皮肤，以起到按摩清洁的作用，洗脸的重要技巧是在于不要太用力，以免给肌肤带来不必要的负担。

⑧ 洗时要记得洗到脖子部位，下巴底部、耳下等也要仔细洗净，粉底霜没去除干净将使肌肤引发各种困扰。

⑨ 冲洗时用流水（水龙头不关）充分地去除泡沫，冲洗次数要适度，在较冷的季节，需使用温水，以免毛孔紧闭而影响了清洗效果。

⑩ 洗脸后用毛巾擦拭脸上的水时，不可用力揉搓，以免伤害肌肤。正确使用毛巾的方法是将毛巾轻贴在脸颊上，让毛巾自然吸干水分。

（二）面部的保养

通过卸妆及洗脸去除污垢后，便是补充随污垢一起流失的水分、油脂、角质层内的 NMF（天然保湿因子）等物质，使肌肤恢复原来的状态，化妆水和乳液可以发挥它们的功效。

1. 化妆水的使用

化妆水的任务绝对是补充水分，它的首要职责是补充洗脸时失去的水分，用充足的水分紧缩肌肤，使它变得柔软，紧接其后的乳液才容易渗入，使用化妆水的方法如下。

① 将两片化妆棉重叠、倒入充足的化妆水，使水分刚好浸透整片棉花。

② 两指各夹一片沾满化妆水的化妆棉，按在整个脸上、使肌肤感受到冰凉感。每半边脸用一片化妆棉。

③ 首先，由中心朝外侧浸染，接着，浸湿易流汗的T字区及鼻翼四周，其次，由下而上拍打整个脸部，直到肌肤觉得冰凉为止。

④ 容易因水分不足而干燥的眼部周围要集中浸染，唇部也要补充水分，眼睛四周及唇在白天也要记得用化妆水补充水分。

用化妆水充分补充洗脸失去的水分后，再用乳液补足水分、油分，使肌肤完全恢复原来的状态，这点相当重要。乳液包含水分、油分、保湿成分，这三种成分应调配得十分均匀。乳液是每日保养肌肤不可缺少的产品，它的主要目的是恢复肌肤的柔软性，并为接下来的化妆做好准备。

2. 乳液的使用

① 先用手掌温热使毛孔较易张开，乳液也容易浸透且能加强滑润感。

② 分别贴在脸上5处部位（左右脸颊、额头、鼻头、下巴），由中央朝外、由下朝上的要领边画圆边涂抹均匀。

③ 轻柔地按摩眼睛四周的敏感部位，脸部都涂好后，用手掌裹住脸部，让乳液渗入并去除黏腻感。

除用化妆水与乳液以外，面霜也是一种护肤的佳品。一般人认为面霜属油性，因此油性肌肤的人不应选用，其实这是不完全的认识。本来，面霜的目的是在肌肤渗入含有水分的保湿剂后，制造油分保护膜，使它继续保持湿润。因此一般认为它是替皮脂分泌少的干性皮肤补充人工皮脂膜，但它对天然皮脂膜十分充裕的油性皮肤也是不无益处的。特别是脂多但水分相当缺乏的油性皮肤，面霜更是帮助皮肤保持水分的良好营养品。

3. 皮肤的保养

（1）保持乐观的情绪

"皮肤是健康的晴雨表"，人体内脏器官的健康是保证皮肤健美的内在因素，乐观的情绪是最好的"润肤剂"。俗话说："笑一笑，十年少。"笑的时候，脸部的肌肉舒展，使面部的皮肤新陈代谢加快，促进血液循环，增强皮肤弹性，起到美容的作用。经常笑能使面色红润，容光焕发，给人一种年轻和健康的美感。

（2）养成良好的睡眠习惯

在睡眠状态下，人体所有的器官都能自动休息，细胞加速更新。夜间是皮肤新陈代谢、调整肌理的最佳时间，皮肤可以获得更多的氧气。有了充足的时间睡眠，才能精神振作，容光焕发。

（3）养成多喝水的习惯

皮肤的弹性和光泽是由它的含水量决定的。如果皮肤中含水量低，皮肤干燥，就会无光泽。要使皮肤润泽，每天要保证喝水2000毫升。每天晚上睡前和早上起床后都要喝一杯凉开水，滋润皮肤。

（4）注意合理饮食

皮肤的健美和营养的关系显而易见。健康而营养状况良好的人皮肤光滑，富有弹性和光泽，体弱多病和营养不良的人皮肤暗淡无光。皮肤的蛋白质不足，新陈代谢迟缓，皮肤就缺乏白皙透明感；脂肪摄入过少，皮肤因缺少脂肪的充盈和滋润，也会显得干涩而无光泽；脂肪摄入过多，会使脂腺增大，皮脂分泌过多，造成皮肤的脱屑、脂溢性皮炎及痤疮等病症。

人们从食物中摄取各种营养，其美容功效是任何化妆品所不能及的。在饮食中，除吸取了足够的蛋白质、碳水化合物和脂肪外，还吸取了丰富的维生素和矿物质。

（三）面部化妆

面部修饰需要对面部进行必要的化妆，尤其是女人更是如此。现针对女士化妆的基本技巧介绍如下（如图2-1所示）：

1. 基面化妆

基面化妆又叫打粉底，目的是调整皮肤颜色，使皮肤平滑。化妆者可根据自己的皮肤特质选择合适的粉底，并根据面部的不同区域，分别敷深浅不同的底色，以增强脸部的立体效果。粉底霜上好后，可用粉饼蘸少量香粉由上而下均匀地轻轻抹在面部起到定妆的作用。

2. 涂眼影画眼线

眼影有膏状与粉质之分，颜色有亮色和暗色之别。亮色的使用效果是突出、宽阔；暗色的使用效果是凹陷、窄小。眼影色的亮、暗搭配，在于强调眼睛的立体感。

眼影的使用方法：在眼窝处先打底，由内眼角沿睫毛向上向外描绘，以不超过眉角和眼角连线为宜，再在上眼睑三分之一处开始向外画上第二个颜色，宽度以稍微超过眼皮为原则。涂眼影时，以眼球最高处为线涂暗色，越靠眼睑处越深，越向眉毛处越浅。

3. 眉毛整饰

眉毛的生长规律是两头淡，中间深；上面淡，下面深。标准的眉形是在眉毛的2/3处有转折。整饰眉毛时，应根据个人的脸型特点，确定眉毛的造型。一般是先用眉笔勾画出一个淡淡的眉毛轮廓，然后用棕色或黑色眉笔顺着眉毛生长的方向一根根地画出眉型，并把杂乱的眉毛拔掉。最后，用小刷子顺着眉毛生长的方向轻轻梳理，使眉毛保持自然位置。

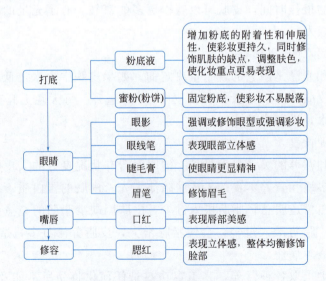

图2-1 职业女性的化妆步骤

4. 涂口红

涂口红时，先要选择口红的颜色，再根据嘴唇的大小、形状、薄厚等用唇线笔勾画出理想的唇线，然后再涂上口红。唇线要略深于口红色，口红不得涂于唇线外，唇线要干净、清晰，轮廓要明显。

5. 涂腮红

涂腮红的部位以颧骨为中心，根据每个人的脸型而定。长脸型要横着涂，圆脸型要竖着涂，但都要求腮红向脸部原有肤色自然过渡。颜色的选用，要根据肤色、年龄、着装和场合而定。

（四）其他卫生礼仪

1. 口腔

要保持口腔清洁。坚持早晚刷牙，可以有效减少口腔中的细菌和异味。工作前不要吃生蒜、生葱等带刺激性味道的食物。不要喝酒、吸烟、喝浓茶，以免牙齿变黄、变黑。进餐时要注意细嚼慢咽，不要在别人面前发出很大的响声，进餐后不可当众剔牙，如果确实有需要，应该用手或者餐纸遮掩。与人交谈时要保持一定的距离，切勿唾沫横飞。

2. 鼻腔

要保持鼻腔清洁卫生，经常清理，并按时修剪鼻毛，切勿在他人面前挖鼻孔，这样很不卫生，也不文雅，很容易引起别人的反感。

3. 手部

在日常生活中，手是接触他人和物体最多的地方。从清洁、卫生、健康的角度谈，手应当勤洗。餐前便后，外出回来及接触到各种东西后，都应及时洗手。

手部的皮脂腺较少而角质层却发达，因此很容易干燥、老化，使手部皮肤看起来粗糙无光。因此职场人士更应精于这方面的护理，更应当注重手部肌肤在细节上的保养护理。

护手霜的主要作用在于及时补充手部皮肤所需油分，对其进行滋润保湿，防止皮肤出现干燥皮裂症状，是一种对手部进行修复保养的好产品。

手指甲要定期修剪，保持整齐。职场人士切勿留长指甲，也不要涂抹有颜色的指甲油，指甲里不能有污垢。在工作时不能用手挖耳鼻、挠头皮，这些都是极不卫生也不文雅的行为。

（五）香水的使用

1. 香水的选用

香水与着装一样，也有不同的适用场合。

（1）不同浓度香水的适用场合

① 香精含量在10%以上的浓香水适合在晚上使用，例如参加晚宴或烛光晚餐时。

② 办公室香水选择的首要标准是"清新淡雅"。在与同事长期相处的办公室中，身体散发出清新淡雅的香水味道，能营造干净、亲和、充满活力的氛围。

③ 探病或就诊，用淡香水比较好，以免影响医生和病人。

④ 参加宴会时，香水涂抹在腰部以下是基本的礼貌，以避免过浓的香水味影响食物的味道。

（2）不同香调香水的选择

① 据调查，在办公室中，最受欢迎的男香香调是木质香和辛香调，最受欢迎的女香香调是清新的花香和果香调。

② 香水的选用可随季节的变化而变化，例如：在秋冬季节，温暖的木质调香水令人感觉温暖，而春夏季节适合清新的花果香调香水。

③ 若想香味更持久一点，可以先用同系列沐浴用品，然后喷上淡香水，最后点上浓度最高的香水或者香精在脉搏部位，这样香味可长时间缠绕不散。

④ 在运动及旅游场合，可以使用运动型香水。

2. 使用香水的方法

① 最好将香水洒在手腕、颈部、耳后、太阳穴、臂弯里、喉咙两旁、膝头等不完全暴露的部位，这样香味随着脉搏跳动、肢体转动而飘溢散发，为避免香水对皮肤的刺激，可洒在衣领、手帕处。千万不要将香水搽在面部，不然会加速面部皮肤老化。

② 不要在毛皮衣服上洒香水，因为它的酒精成分会使毛皮失去光泽。如果将香水洒在浅色衣服上，日晒后会出现色斑。所以，尽量避免直接洒在衣服上。

③ 不可将香水喷在首饰上，应该先喷香水，等完全干后，再戴项链之类的饰物，否则会影响饰物的颜色及光泽。

④ 香水不宜洒得太多、太集中，最好在离身体20厘米处喷射。如果在3米以外还可以嗅到身上的香水味，则表明用得太多。

⑤ 喷洒香水后不宜晒太阳，因阳光的紫外线会使搽过香水的部位发生化学反应，严重的会引起皮肤红肿或刺痛，甚至诱发皮炎。

⑥ 不要同时将不同牌子的香水混用，因为那样会使香水变味或无效。

⑦ 夏日出汗后不宜再用香水，否则汗味和香味混杂在一起，给人留下污浊、不清新的感觉。因此多脂多汗处忌洒香水，以免怪味刺鼻。

⑧ 患有支气管哮喘或过敏性鼻炎的人，最好不要用浓香的香水。

【能力拓展】

一、知识拓展

（一）商务礼仪对个人仪容的要求

商务礼仪对个人仪容的首要要求是仪容美。它的具体含义主要有三层：

首先，要求仪容自然美。它是指仪容的先天条件好，天生丽质。尽管以相貌取人不合情理，但先天美好的仪容相貌，无疑会令人赏心悦目，感觉愉快。

其次，要求仪容修饰美。它是指依照规范与个人条件，对仪容进行必要的修饰，扬其长，避其短，设计塑造出美好的个人形象，增添成功的砝码。

最后，要求仪容含蓄美。它是指通过努力学习，不断提高个人的文化修养和思想道德水准，让自己的气质更高雅。

真正意义上的仪容美应当是上述三个方面的高度统一。忽略其中任何一个方面，都会使仪容美失之于偏颇。在这三者之间，仪容的含蓄美是最高的境界，仪容的自然美是人们的心愿，仪容的修饰美则是仪容礼仪关注的重点。要做到仪容修饰美，自然要注意修饰仪容。通常包括头发的护理和发型的选择、肌肤的护理、化妆等方面。

(二) 各类肤质的自我检测及保养要点

1. 各类肤质特点

（1）干性皮肤

表现特征：皮肤水分、油分均不正常，干燥、粗糙，缺乏弹性，皮肤的pH值不正常，毛孔细小，脸部皮肤较薄，易敏感。面部肌肤暗沉、没有光泽，易破裂、起皮屑、长斑，不易上妆，但外观比较干净。容易产生皱纹和老化现象。

（2）中性皮肤

表现特征：水分、油分适中，皮肤酸碱度适中，皮肤光滑细嫩柔软，富于弹性，红润而有光泽，毛孔细小，无任何瑕疵，是最理想漂亮的皮肤。

（3）油性皮肤

表现特征：油脂分泌旺盛、T部位油光明显、毛孔粗大、触摸有黑头、皮质厚硬不光滑、皮纹较深；外观暗黄，肤色较深、皮肤偏碱性，弹性较佳，不容易起皱纹、衰老，对外界刺激不敏感。皮肤易吸收紫外线，容易变黑，易脱妆，易产生粉刺、暗疮。

（4）混合性皮肤

表现特征：一种皮肤呈现出两种或两种以上的外观（同时具有油性和干性皮肤的特征）。多见于面孔T部位易出油，其余部分则干燥，并时有粉刺发生。

（5）敏感性皮肤

表现特征：皮肤较敏感，皮脂膜薄，皮肤自身保护能力较弱，皮肤易出现红、肿、刺、痒、痛和脱皮、脱水现象。

2. 肤质的自我检测

第一种方式：洗脸测试法

洗脸测试法是利用洁面后绷紧感觉持续的时间来判断。洁面后，不擦任何保养品，面部会有一种紧绷的感觉：

干性皮肤洁面后绷紧感40分钟后消失；

中性皮肤洁面后绷紧感30分钟后消失；

油性皮肤洁面后绷紧感20分钟后消失。

第二种方式：纸巾测试法

晚上睡觉前用中性洁肤品洗净皮肤后，不擦任何化妆品上床休息，第二天早晨起床后，用一面纸巾轻拭前额及鼻部：

油性：鼻、前额、下巴、双颊、脖子中有四个地方出油，纸巾上留下大片油迹；

混合：鼻、前额、下巴、双颊、脖子中有两个或三个部位出油，其他部位较干或较紧滑；

中性：鼻、前额、下巴、双颊、脖子中全部都不干燥或四个以上部位觉得紧实平滑不出油，纸巾上有油迹但并不多；

干性：鼻、前额、下巴、双颊、脖子都觉得干干紧紧无光泽，纸巾上仅有星星点点的油迹或没有油迹。

3. 各类肤质保养要点

中性肤质皮肤基本上没什么问题，日常护理以保湿养护为主。

中性肤质很容易因缺水缺养分而转为干性肤质，所以应该使用锁水保湿效果好的护肤品。如保养适当，可以使皱纹迟至很晚才出现。

干性肤质以补水、营养为主，防止肌肤干燥缺水、脱皮或皲裂，延迟衰老。

干性肤质应选用性质温和的洁面品；选用滋润型的营养水、乳液、面膜等保养品，以使肌肤湿润不紧绷。每天坚持做面部按摩，改善血液循环。注意饮食营养的平衡（脂肪可稍多一些）。冬季室内受暖气影响，肌肤会变得更加粗糙，因此室内宜使用加湿器，并避免风吹或过度日晒。

油性肤质以清洁、控油、补水为主。防止堵塞毛孔，平衡油脂分泌，防止外油内干。

油性肤质应选用具有控油作用的洁面用品，要定期做深层清洁，去掉附着毛孔中的污物。用平衡水、控油露之类的护肤品调节油脂分泌。使用清爽配方的爽肤水、润肤露等做日常护养品，锁水保湿。不偏食油腻食物，多吃蔬菜、水果和含维生素B的食物，养成规律的生活习惯。

混合性肤质以控制T型区（额头、鼻子、下巴）分泌过多的油脂为主，收缩毛孔，并滋润干燥部位。选用性质较温和的洁面用品，定期深层清洁T型部位，使用收缩水帮助收细毛孔。选用清爽配方的润肤露（霜）、面膜等进行日常护养，注意保持肌肤水分平衡。要特别注意干燥部位的保养，如眼角等部位要加强护养，防止出现细纹。

（三）化妆的禁忌

不能在公共场所化妆，这样做既可能有碍于人，也不尊重自己；不能在男士面前化妆；不要非议他人的化妆方式；由于民族、肤色和个人文化修养的差异，每个人的化妆方式不可能都一样，所以要尊重别人的选择；不要借用他人的化妆品，因为这是极不卫生的，也是很不礼貌的。

（四）商务场合的其他仪容提示

商务活动有其特殊性，因此，商务工作者最好能每天洗澡。要勤换内衣裤和袜子，以免身体有异味。商务工作者可以根据实际情况适当选择香水，但一定要正确使用，不要涂抹味道怪异或过于浓郁的香水。

二、案例思考

[案例一]

小美和小娟是一所美容学校的学生，初学化妆，对化妆非常感兴趣，走在大街上，总爱观察别人的妆容，因此发现了一道道奇特的风景线：

一位中年妇女没有做其他化妆，只涂了一个嘴唇，而且是那种很红很艳的唇膏，只突出了一张嘴。一位女士的妆容看起来真的很漂亮，只可惜脸上精彩纷呈，脖子却粗糙马虎，在脸庞轮廓上有明显的分界线，像戴了面具一样。再看，还有的女士用粗的黑色眼线将眼睛轮廓包围起来，像个"大括号"，看上去很生硬、不自然。一位很漂亮的女士，身穿蓝色调的时装，却涂着橘红色的唇膏……

分析：针对以上几种情形，分析自己化妆时应注意哪些问题。

[案例二]

日本的著名企业家松下幸之助从前不修边幅，企业也不注重形象，因此企业发展缓慢。一天，理发时，理发师不客气地批评他不注重仪表，说："你是公司的代表，却这样不注重衣冠，别人会怎么想，连人都这样邋遢，他的公司会好吗？"从此松下幸之助一改过去的习惯，开始注意自己在公众面前的仪表仪态，生意也随之兴旺起来。现在，松下电器的各类产品享誉天下，与松下幸之助长期率先垂范，要求员工懂礼貌、讲礼节是分不开的。

讨论：为什么说当今社会员工形象会影响企业形象？

三、巩固提高

（一）判断题

① 面部修饰的重点在眼部、口部、鼻部和耳部，通过修饰，应使之美观、整洁、端庄。（　　）

② 若工作时允许佩戴眼镜，应注意选择合适的眼镜，注意眼镜的清洁，不能戴太阳镜。（　　）

③ 妆后检查一般指检查左右是否对称，检查过渡是否自然，检查整体与局部是否协调，检查整体是否完美等。（　　）

④ 经常更换化妆品品种对皮肤有益。（　　）

⑤ 女士出席宴会、舞会的场合，妆可以化得浓一些。（　　）

⑥ 身材娇小者适宜留短发或者盘发。（   ）
⑦ 选择发型可不考虑个人气质、职业、身份等因素。（   ）
⑧ 男士的头发应该前发不覆额，侧发不掩耳。（   ）
⑨ 香水可以全身上下随处喷洒。（   ）

（二）选择题

① 眼部化妆的程序是（   ）。
A. 刷睫毛　　　　　B. 画眼线　　　　　C. 画眼影　　　　　D. 画眉毛

② 正确护发的方法有（   ）。
A. 长期坚持护发　　　　　　　　　B. 选择好护发用品
C. 正确的护发方法　　　　　　　　D. 经常剪发

③ 做好口部修饰要（   ）几个方面注意。
A. 刷牙　　　　　B. 洗牙　　　　　C. 禁食　　　　　D. 护唇
E. 剃须

④ 正确的洗脸方式（   ）。
A. 水温不宜太高　　　　　　　　　B. 方向从下往上
C. 方向由里向外　　　　　　　　　D. 洗脸动作要轻柔

四、实战演练

仪容礼仪实训一

实训项目：皮肤护理实训。
实训目标：掌握皮肤护理基本知识和操作要领。
实训学时：1学时。
实训要求：① 了解皮肤类型的自我测试方法；
　　　　　② 掌握皮肤护理的操作程序。
实训准备：洗脸盆、毛巾、清洁纸巾、洗面奶等。
实训考核：皮肤护理实训考核内容，见表2-1所示。

仪容礼仪实训二

实训项目：职场人员工作妆实训。
实训目标：掌握职场人员工作妆的基本操作规程。
实训学时：1学时。
实训要求：掌握工作妆一般的化妆方法。
实训准备：化妆水、棉球、粉底霜、胭脂、眼影、眉笔、口红等。
实训考核：女士工作妆实训考核内容，见表2-2所示。

五、演练检测

表 2-1　皮肤护理实训考核表

姓名：

考核项目	考核要求	分值	得分
洁肤	① 将脸用温水打湿； ② 取适量洗面奶于手心，搓至起泡； ③ 由下巴向额头，用手指轻轻地按摩清洗 1～2 分钟	5 分 5 分 10 分	
爽肤	① 取一小块棉花，把紧肤水（或收缩水）倒到棉花上； ② 把棉花上的紧肤水擦于脸上； ③ 用手轻拍脸颊，使之充分吸收	10 分 10 分 10 分	
护理	① 清晨用日霜； ② 临睡用晚霜； ③ 夏日户外活动可用防晒霜	5 分 5 分 5 分	
特殊护理（家庭）	① 深层清洁，使用磨砂洗面奶； ② 涂面膜，手法由下而上； ③ 撕洗面膜，手法由上而下； ④ 爽肤和护肤，每周 1～2 次	5 分 10 分 10 分 10 分	
总分		100 分	

表 2-2　女士工作妆实训考核表

姓名：

考核项目	考核要求	分值	得分
基本化妆	① 涂化妆水，用棉球蘸取向脸上叩拍；涂乳液； ② 抹粉底霜，用手指或手掌在脸上点染晕抹； ③ 上粉底，用手指或手掌在脸上点染晕抹，不宜过厚； ④ 扑化妆粉，用粉扑由下而上，扑均匀	5 分 5 分 5 分 5 分	
眼部化妆	① 涂眼影：用棉棒蘸眼影，在眼尾、上下眼皮处点抹并打开； ② 画眉：蓝灰色打底，棕色或黑色描出适合的眉型，直线型使脸显短，弯型使人显得温柔； ③ 描眼线：用眼线笔沿眼睫毛底线描画	10 分 10 分 10 分	
抹腮红	用腮红轻染轻扫两颊，以颧骨为中心向四周抹匀；长脸型横打腮红，圆脸型和方脸型竖打腮红。	5 分	
画口红	① 用唇笔描上下唇轮廓，起调整色泽、改变唇形作用； ② 选择适合口红，涂口红，填满	5 分 10 分	
检查	① 发际和眉毛是否沾上粉底霜； ② 双眉是否对称； ③ 腮红是否涂匀； ④ 妆面是否平衡； ⑤ 与穿着是否协调； ⑥ 适当调整修改	3 分 3 分 3 分 3 分 3 分 3 分	

续表

考核项目	考核要求	分值	得分
总体要求	① 眼要自然不着痕,颊宜均匀;	3分	
	② 内容可酌情舍弃或变动次序	3分	
	③ 本次操作仅适合简单快速淡妆或工作妆,用时10分钟左右;	3分	
	④ 不要在男士面前化妆	3分	
总分		100分	

任务二 职业着装礼仪

【知识储备】

一、男士西装礼仪

目前在男装中,尤其是商务男士的着装中,最普遍的是西装。西装以其设计造型美观、线条简洁流畅、立体感强、适应性广等特点而越来越深受人们青睐。西装七分在做,三分在穿。

（一）西装的选择和搭配

西装的选择和搭配是很有讲究的。西装被认作是男士的脸面,因此男士在穿西装时要符合下列礼仪要求。

1. 选好面料与颜色

西装面料与颜色,是最引人注目的方面。就面料而言,鉴于西装在商务活动中往往作为正装穿着,因此面料的选择应力求高档,纯毛面料列为首选,高比例含毛的混纺面料也可以,化纤面料则尽量不用。就颜色而言,适合于在商务交往中穿着的西装首推藏蓝色。此外,还可以选灰色或棕色的西装。黑色是礼服西装的颜色,更适合于庄重而肃穆的礼仪性活动时穿着,平日上班时穿,未免太郑重其事,有小题大做之嫌。其他"杂色"或有格子、条纹等图案的西装,在多数情况下与商界人士无缘。在非正式场合,着休闲西装可另当别论。

2. 穿着合体

穿西装后之所以使人显得精干、潇洒,是因为西装的裁剪合体、制作精良。西装领子的选择应注意,一般长脸型应选用短驳头;圆脸型、方脸型宜选用长驳头。西装领子应紧贴衬衫领口,上衣长度宜在垂下手臂时与虎口相平,袖长至手腕,胸围以穿一件"V"字领羊绒衫后松紧度适宜为好。

西裤要求与上装互相协调,以构成和谐的整体。裤长以裤脚盖住脚背2/3部分最为适合。西裤穿着时,要烫出裤线,裤扣要扣好,拉锁全部拉严。西裤的腰带首选黑色,宽度在2.5～3厘米较为美观,腰带系好后留有皮带头的长度一般为12厘米左右，过长或过短都不合美学要求。

3. 穿好衬衫

穿西服，衬衫是个重点，颇有讲究。一般来说，与西服配套的衬衫首选白色，尤其是在正规的商务应酬中，白色是唯一选择。此外，蓝色、灰色、棕色等也可考虑。其他单色或花色皆不可取。穿着硬领衬衫，领口必须挺括、整洁、无皱。领围以合领后可以伸入一个手指为宜。既不能紧卡脖子，又不可松松垮垮。西装穿好后，衬衫领口应高出西装领口1～2厘米；衬衫袖长应比西装袖长出0.5～1厘米。这样可以避免西装领口、袖口受到过多的磨损，而且能用白衬衫衬托西装的美观，显得更干净、洒脱。衬衫的下摆必须扎在西裤里，袖口扣好，不可卷起。不系领带时，衬衫领口可以敞开。按标准要求，衬衫里面不应穿内衣，若特殊原因需穿时，内衣领和袖口不能外露，否则不伦不类，很不得体。

4. 系好领带

领带被誉为西服的"灵魂"，在西装的穿着中起画龙点睛的作用。一般在正式场合，都应系领带。领带的质地，以丝、毛为好，化纤为次。领带的色彩可以根据西装的色彩搭配，以单色为好；图案以圆点、条纹、方格等几何图形为宜，以达到相映生辉的效果。在用时需保证领带绝对干净、平整，因为系领带是为了进一步表明精神、尊严和责任。领带结是系领带最重要的部分，各种不同的系法可以得到不同大小形状的领带结，可视衬衫领子的角度选择适合的领带系扎方法。系好的领带结要饱满，与衬衫的领口吻合要紧凑。领带系好后，两端都应自然下垂，上面宽的一片必须略长于底下窄的一片。长度以大箭头正好垂到皮带扣为标准。如有西装背心相配，领带应置于背心之内，领带尖亦不可露于背心之外。

领带夹包括领带棒、领带夹、领带针、领带别针等，有各种型号，主要功能是固定领带，不应突出其装饰功能。领带夹除作为企业标志时使用外，其他情况下最好不用。佩戴时领带夹的位置不能太靠上，以从上往下数衬衫的第三粒与第四粒或第四粒与第五粒纽扣之间为宜。西装上衣系好扣子后，领带夹是不应被看见的。

5. 系好纽扣

西装纽扣除实用功能外，还有很重要的装饰作用。西装有单排扣和双排扣之分，双排扣一般要求把扣全部系好。单排扣西装，三粒扣的可系中、上两粒，两粒扣子的可系上面一粒，下粒扣不系或全部不系。在外国人眼中，只系上扣是正统，只系下扣是流气，两粒都系是土气，全部不系是潇洒。在商务场合，一般要求把上面的扣子系上，坐下时可解开。

6. 用好口袋

西装口袋的整理十分重要，上衣两侧的两个衣袋不可装东西，只作为装饰用，不然会使上衣变型。西装上衣胸部的衣袋可以装折叠好花式的手帕，其他东西亦不可装入。装饰手帕式样很多，如三角形、三尖峰形、任意形和V形等，使用得当能起到锦上添花的效果。有些物品可以装在西装上衣内侧衣袋里，左胸内侧衣袋可以装名片夹和笔，右胸内侧衣袋可以装票夹和手机。西裤口袋也不可装物，以求臀围合适，裤型美观。裤子后兜可以装零用钱。

7. 穿好鞋袜

穿西装一定要配皮鞋，而不能穿旅游鞋、轻便鞋、布鞋及露脚趾的凉鞋。商界男士所穿皮鞋应为黑色牛皮鞋，款式庄重而正统，系带皮鞋是最佳之选。穿时应保证鞋内无味、鞋面无尘、鞋底无泥。与皮鞋相配的袜子，以棉、毛最好，混纺次之。袜子起衔接裤子和鞋的作用，穿西装时，袜子的颜色应选与裤子、鞋同类色的颜色，单色为好，忌穿白色或花袜子。男士宜穿中筒长袜，这样坐着谈话时不会露出较重的腿毛。还要保证袜子无臭味、无破洞，以免出现尴尬场面。另外赤脚穿皮鞋的情况也要绝对避免。

8. 整体协调

正确选用西装、衬衫和领带后，尤应注意三者间的和谐搭配。整体协调更会使人风度翩翩，格外优雅。一般来说，单色西服应配单色衬衫；杂色西装，配以色调相同或近似的衬衫，效果也可以。但带条纹的西装不可配方格的衬衫，反之亦然。衬衫、领带和西装在色调上要成对比，西装颜色越深，衬衫、领带越要明快；而西装的色调朴实淡雅，领带则应华丽而明亮。另外应注意的是，穿着西装时，西装的袖口和裤边不能卷起，西装袖口上的商标一定要拆掉，否则有伤大雅。

9. 注意场合

西装有单件上装和套装之分，套装又分为两件套和三件套。如果是三件套西装，在很正式的场合不可脱下外衣。一般非正式场合，如旅游、参观、一般性聚会等，可穿单件上装配以各种西裤，也可视需要和爱好，配以牛仔等时装裤。半正式场合，如一般性会谈、访问、较高级会议和白天举行的比较隆重的活动时，应着套装，但也可视场合气氛在服装色彩图案上大胆一些，花格呢、粗条文、淡色的套装都不失为恰到好处的选择。但在正式场合，如宴会、正式会谈、典礼及特定的晚间社交活动时，必须穿着颜色素雅的套装，以深色、单色最为适宜，花格、五彩图案的选择是不合时宜的。1983年6月，里根出访欧洲四国时，就曾因穿了一套格子西装而引起一场轩然大波，因为按照惯例，在正式的外交场合应穿黑色礼服，以示庄重。

（二）职业男士必备的基本服饰

表2-3是"职业男士必备的基本服饰"。一般说来，这些服饰商务人士应该具备，若还没有，应根据行业和职位高低、工作特质，决定自己是否购买。

表2-3　职业男士必备的基本服饰

一套藏蓝色西装	五至八条单色、条纹图案的真丝领带
一套铁灰色或灰色西装	两条黑皮带
一套普蓝色西装	一双黑色系带皮鞋
六件白色长袖棉衬衫	一双黑色无带扣皮鞋

（三）男士西装配饰

1. 公文包

与西装搭配的公文包是长方形公文包，面料以真皮为宜，并以牛皮、羊皮制品为最佳。颜色一般选择黑色或咖啡色，最好与皮鞋和皮带的颜色一致。造型要求简单大方，除商标之外，公文包在外观上不宜再带有任何图案和文字。再高级的运动包也不要和西装搭配使用，如果需要使用手提电脑，应选择专业的电脑包。

2. 腰带

男士的腰带一般比较单一，质地大多是皮革的，没有太多的装饰。穿西服时，都要扎腰带；而其他的服装（如运动、休闲服装）可以不扎。夏季只穿衬衫并把衬衫扎到裤子里去的时候，也要系上腰带。

3. 饰品的佩戴

作为职场中的男士，一般来说首饰只能佩戴戒指，戒指的佩戴要格外注意，只能佩戴不超过一枚的戒指，而且应该是婚戒，佩戴在无名指上。项链、耳环、手镯等等都不适合职场男士。

另外佩戴一款典雅庄重的腕表，是商务男士最佳的选择。与西服相配的手表要选择造型简约，没有过多装饰，颜色比较保守，时钟标示清楚，表身比较平薄的商务款式。

二、女士职业装礼仪

职业女性要在工作单位和社会之中参与激烈的竞争，合体、合意的服饰将增添女性的自信。女士的服装比男士更具有个性特色，但是有一些礼仪规则却是所有女士都应遵守的。

现代职业女性流行穿套裙，主要包括一件女式西装上衣，一条半截式的裙子。在正规场合，女士须穿着套裙制服，这样会显得精明、干练、成熟、洒脱，而且可以显示出女性的优雅、文静、庄重、大方。商界女性在正式场合要想显得衣着不俗，不仅要注意选择一身符合常规要求的套裙，更要注意的是，套裙的穿着一定要得体。

（一）套裙的选择

女士西装套裙，严格意义上讲，是指西装上衣与和它相配的裙子是成套设计并统一制作的套装，而不是一件西装上衣随便与一条裙子的搭配组合。特别是职业女性对西装套裙的选择应从面料、颜色、图案、款式等几方面加以选择。

1. 面料

面料选择抓两个词：质地上乘、纯天然。

上衣、裙子和背心等必须是用同种面料。要用不起皱、不起毛、不起球的，匀称平整、柔软丰厚、悬垂挺括、手感较好的面料。最佳面料是高品质的毛纺和亚麻。

2. 颜色

最佳的色彩是黑色、灰色、棕色、米色等单一色彩。常用的颜色有各种灰色、藏蓝、黄褐、茶褐、暗红、紫红。

应当以冷色调为主，借以体现出着装者的典雅、端庄与稳重。还须使之与正在风行一时的各种"流行色"保持一定距离，以示自己的传统与持重。一套套裙的全部色彩一般不要超过两种，不然就会显得杂乱无章。

女士套装的颜色，应与工作及周围的环境相适应，这样，可体现出着装者的端庄与稳重。

3. 图案

西装套裙宜选择无图案的各色面料，各种或明或暗宽窄格子及条文图案也可以选择。无论选择有无图案面料的套裙，穿出来应以朴素简洁为好。

4. 款式

其款式的变化体现在上衣的领子、扣子及式样上。上衣领子除了常见的戗驳领、平驳领、"V"字领外，还有披肩领、青果领等。扣子有双排、单排。

一套在正式场合穿着的套裙，应该由高档面料缝制。上衣和裙子采用同一质地、同一色彩的素色面料，上衣注重平整、贴身，最短可以齐腰。

值得注意的是：袖长要盖住手腕。裙子要以窄裙为主，并且裙长要到膝或者过膝，最长则不要超过小腿的中部。

套裙款式造型大致可以分为四种类型，如表2-4所示：

表2-4 套裙款式列表

款式	特点
"H"型	上衣较为宽松,裙子亦多是筒式。这种款式显得优雅、含蓄,可以为身材肥胖者避短
"X"型	上衣多为紧身式,裙子则都是喇叭式。这种可以突出着装者腰部的纤细,可以令着装者看上去婀娜多姿,魅力无穷
"A"型	上衣为紧身式,裙子则为宽松式。这种款式可以适当地遮掩下半身的缺陷,适合上身苗条但臀部大或腿粗的女性
"Y"型	上衣为松身式,裙子多为紧身式,并且以筒式为主。此款式可以遮掩上半身的缺陷,上半身肥胖而下半身苗条的着装者可以看上去亭亭玉立,端庄大方

（二）套裙穿着规范

1. 长短适度

套裙穿着通常有四种造型，即上长下长、上短下短、上长下短、上短下长。

2. 衣扣到位

上衣的扣子一定要到位，如此才能显出女士的端庄与典雅。

3. 穿好衬裙

穿西装套裙，多数时候应穿衬裙，尤其是穿丝、麻、棉等薄型面料套裙时，里面一定要穿一条与外裙相协调的衬裙，以免内衣外现，有失雅观。

4. 女士裙装穿着忌讳

① 不能穿黑皮裙。

② 正式场合不能光腿，要穿双包鞋把易磨的前后都包住。

③ 不能在裙子下加健美裤，不能穿半截的袜子，弄出三截腿。

（三）色彩搭配

女士职业装的色彩应当以冷色调为主，借以体现出着装者的典雅、端庄。为了与时代接轨，也应保持点"流行色"，使传统与现代完美结合。女士职业装色彩搭配原则如下。

① 基础色彩是黑白两色，搭配一些含灰量较多的色彩比较适合，另外点缀些小面积的艳丽色彩。

② 作为内装的搭配注意不要展现辛辣的感觉，在配色方面建议以搭配素雅色彩为主。中灰色是做好配色的基础色，不过要注意搭配的色彩不能有"怯"的感觉。

③ 白衬衫可以说是职业装的最佳搭档，以高雅、清晰的风格成为白领丽人的必备单品。它的魅力在于以不变应万变的百搭风格。比如注重内搭的衬衫，尽量选择明亮色的；利用不同色系的腰带或丝巾，使平淡的着装平添一种青春亮丽的亲和感。

（四）女士职业套装的配件搭配要领

1. 衬衫

① 与职业套裙搭配的衬衣颜色最好是白色、米色、粉红色等单色。也可以有一些简单的线条和细格图案。

② 衬衣的最佳面料是棉、丝绸面料。

③ 衬衫的款式要裁剪简洁，不带花边和皱褶。

④ 穿衬衫时，衬衫的下摆必须放在裙腰之内，不能放在裙腰外，或把衬衣的下摆在腰间打结。

⑤ 除最上端一粒钮扣按惯例允许不系外，其他钮扣不能随意解开。

⑥ 在穿着职业套裙时，不能在外人面前脱下西装，直接以衬衫面对对方。身穿紧身而透明的衬衫时，特别要注意这一点。

2. 皮鞋

职业女性，脚上的一双鞋是绝对不容轻视的。鞋子面积虽小，对整体形象却大有影响。得体的鞋装，能让你的优雅风度无懈可击。注意了以下几项原则，更能让你从头美到脚。

（1）舒适度优先

长时间的工作，需要一双舒服的好鞋相伴。当脚部不再受到压迫束缚时，100%的自信就会油然而生。建议在下午选购鞋子，因为双脚在下午会略微膨胀，此时选购的鞋穿起来会最为舒服。试穿时，相信"第一脚"的感觉，一定要感觉舒适、无压迫。

（2）中性色首选

鞋子切忌成为全身颜色最鲜艳之处，中性色（如黑色、灰色、米色、咖啡色、土黄色）等，可与大多数颜色的服装相配，永远是上班族女士的最佳拍档。

夏天，在严肃的工作场合中，露出脚趾的鞋款无疑会令你的公众形象大打折扣。因此在重要的商务场合是不能穿着凉鞋的。形象专家建议，鞋跟高度1～2厘米的包头凉鞋，可以作为职业女士的选择。若想换换口味，穿双平底鞋，最好搭配长裤。如果在非正式的场合，女士可以穿凉鞋，但要记住，穿凉鞋时，不能穿丝袜，那会给人感觉多此一举。

（3）钟情真皮材质

皮面、皮里加皮底的"真皮"鞋无疑是职场丽人的上上之选。真皮皮鞋吸汗、透气，曲张度好，能给脚部足够的呼吸空间。穿起来舒适自在，看起来也非常有质感，款型绝对优于布面、假皮等材质。

（4）保持最佳款型

在外忙碌了一天，鞋身难免沾染污垢。回家之后要立即清理，擦拭鞋油，并塞入鞋模或报纸来保持鞋型。特殊材质的皮鞋更需要加倍呵护，如鹿皮皮鞋不能用湿布擦拭，而应用毛刷来清理。

（5）精心呵护爱鞋

鞋子和人一样需要休息，不要每天都穿同一双鞋去上班，建议至少准备2～3双鞋轮流替换。若鞋面、鞋跟已磨损，马上"送医急救"，设法修补或换新。千万不要以为穿上长裤或长裙，就可以遮掩住鞋子的缺陷。其实，看不见鞋子污垢与磨损的人只有你自己，旁人都"历历在目"。

（6）与套裙配套

① 与套裙配套的鞋子，宜为皮鞋，且以黑色为正统，袜子的颜色以肉色、黑色、浅灰、浅棕为最佳，最好是单色。

② 与套裙配套的鞋子，应该是高跟、半高跟的船式皮鞋。黑色的高跟或半高跟船鞋是职场女性必备的基本款式，几乎可以搭配任何颜色和款式的套装。

③ 系带式皮鞋、丁字式皮鞋、皮靴、皮凉鞋等等，都不宜在正式场合搭配套裙，露出脚趾和脚后跟的凉鞋和皮拖也不适合商务场合。

④ 鞋子的颜色最好与手袋一致，并且要与衣服的颜色相协调。任何有亮片或水晶装饰的鞋子都不适合于商务场合，这类鞋子只适合正式或半正式的社交场合。

⑤ 鞋袜不可当众脱下，也不可以让鞋袜处于半脱状态，袜口不可暴露在外，或不穿袜子，这些都是公认的既缺乏服饰品位又失礼的表现。

3. 袜子

连裤袜是穿套裙的标准搭配。

① 中筒袜、低筒袜，绝对不能与套裙搭配穿着。

② 正式场合穿职业套裙时，要选择肉色连裤丝袜。

③ 丝袜容易划破，如果有破洞、跳丝，要立即更换。可以在办公室或手袋里预备好一两双袜子，以备替换。

④ 不能同时套穿两双袜子，也不能把健美裤、羊毛裤当成长筒袜来穿。

4．胸针

胸针是西服裙装最主要的饰品，穿西装套裙时，别上一枚精致的胸针，能造成视线上移，让身材显得高挑一些。胸针是不可或缺的配饰，无论是艳丽的花朵襟针或是细闪烁的彩石胸针，只要花点心思配上简洁服饰，就足以令人一见难忘。在正式场合，别胸针的部位多有讲究。穿西装时，应别在左侧领上；穿无领上衣时，则应别在左侧胸前。发型偏左时，胸针应当居右；发型偏右时，胸针应当偏左。高度应在从上往下数的第一粒、第二粒纽扣之间。胸针还应注意与脸型协调。长脸型宜配近与圆形的胸针；圆脸型应配长方形胸针；如果是方脸型，适宜用圆形胸针。

5．项链

项链要与脸型相搭配。如果你属于脸部清瘦且颈部细长型的，建议你戴单串短项链。脸圆而颈部粗短的女性，宜戴细长的项链，如果项链中间有一个显眼的大型吊坠，效果会更好。椭圆形脸的女士最好戴中等长度的项链，这种项链在颈部形成椭圆形状，能够更好地烘托脸部的优美轮廓。颈部漂亮的女士可以戴一条有坠的短项链，突出颈部的美丽。

6．耳环

身材短小的人，戴蝴蝶形、椭圆形、心形、圆珠形的耳环，显得娇小可爱。方形脸适宜佩戴圆形或卷曲线条吊式耳环，可以缓和脸部的棱角。圆形脸戴上"之"字形、叶片形的垂吊式耳环，在视觉上可以造成修长感，显得秀气。心形脸宜选择三角形、大圆形等纽扣式样的耳环。倒三角形脸最好戴上窄下宽的悬吊式耳环，使瘦尖的下颌显得丰满些。耳环的佩戴要注意，尽可能简洁明了，不能太过繁琐。重要的商务场合以佩戴耳钉最为适合。

7．戒指

戒指应与指形相搭配。手指短小，应选用镶有单粒宝石的戒指。如橄榄形、梨形和椭圆形的戒指，指环不宜过宽，这样才能使手指看来较为修长。手指纤细，宜配宽阔的戒指，如长方形的单粒宝石，会使玉指显得更加纤细圆润。手指丰满且指甲较长，可选取圆形、梨形及心形的宝石戒指，也可选用大胆创新的几何图形。

【能力拓展】

一、知识拓展

职场女士佩戴饰物的原则

佩戴饰物应遵守礼仪规范，它可以向对方传递某种信息。使用首饰时，通常应当恪守如下八条原则。

1. 数量原则

戴首饰时，数量上的原则是以少为佳，点到为止。一般说来，女士可戴多种首饰，而男士所适宜佩戴的只有结婚戒指一种。具体而言，女士在佩戴首饰时要遵守的一项重要规则，就是在公共场合中首饰至多不能超过三件，而且场合越正规，适宜其佩戴的首饰就应当越少。

2. 场合原则

佩戴饰物，应与所处的环境、场合相适应。一般说来，只有在社交场合或休闲场合，才能佩戴饰物，而课堂教学、执行公务、进行运动或旅游时则不宜戴首饰。

3. 质地原则

戴首饰时质地上的原则是争取同质。在正式场合中不戴首饰是可以的，戴就要戴同质地且做工俱佳的，千万不能戴粗制滥造的制品。

4. 体形原则

戴首饰时要使首饰与自己的体形相配，突出个性，不盲目模仿，扬长避短。

5. 搭配原则

戴首饰时，搭配上要尽力使服饰协调。例如，猫眼石、钻石不要与珍珠首饰同时佩戴，不要显得过分夸耀。同时要注意，如果已经佩戴了胸花，就不宜再佩戴耳环等突出女性魅力的饰品。

6. 习俗原则

戴首饰时要懂得寓意，避免尴尬。

7. 身份原则

戴首饰时要令其符合身份，显优藏拙。

8. 色彩原则

戴首饰时色彩上的原则是力求同色。

二、案例思考

[案例一]

王宁是一名下岗人员，下午她决定到一家公司应聘，为了给单位领导留下好印象，她决定好好装扮一下，想了很长时间，她选中了一条大花连衣裙，穿上高跟凉鞋，戴上项链、耳环、手链，还化了浓妆。她认为这样一定能在外形上取得优势。结果，适得其反。试想，一个打扮得像花蝴蝶一样的女生，招聘单位会认为她有真才实学吗？且不说她的能力怎样，单凭外表，给人的印象就不够稳重、大方。

分析：王宁的着装错在哪里？

[案例二]

某旅游团在泰国旅游期间，导游告诉游客在芭堤雅西服革履的人并不被认为是有钱人。于是在游览曼谷大皇宫时，有些客人穿着就很随便。其中有一位苏小姐穿着没有后带的拖鞋式凉鞋被拦在外面，还有一位王女士穿着健美裤（贴身的）也被拦在外面不准进去。

分析：这两位女士为什么被拦在外面？如何能让这两位女士进去参观？

三、巩固提高

（一）判断题

① 穿西装时一定要加穿背心。（   ）

② 穿着要与年龄、职业、场合等协调。（   ）

③ 穿冷色、深色服装使人感觉更苗条，只是因为冷色、深色属于收缩色的缘故。（   ）

④ 穿的是两个扣子的西服，一般只扣下面一个。（   ）

⑤ 女士一套套裙的全部色彩不要超过两种。（   ）

⑥ 领带夹的合适位置一般在衬衣的第四个及第五个纽扣间。（   ）

⑦ 穿西装又不打领带时，领扣应打开。（   ）

⑧ 胸花一般佩戴在左胸部。（   ）

⑨ 西服上衣两侧的两衣袋以及裤袋不可装物。（   ）

⑩ 西服上衣胸部的衣袋可以装折叠好的花式手帕。（   ）

⑪ 西服裤袋后兜可装手帕。（   ）

⑫ 打领带时，衬衫的第一颗纽扣一定要扣上。（   ）

⑬ 年轻人穿西装可以搭配白袜子和休闲鞋。（   ）

（二）选择题

① "妆成有却无"指的是（   ）。

　A. 工作妆　　　B. 舞会妆　　　C. 晚宴妆　　　D. 休闲妆

② 男士穿西装只能配以下哪种鞋？（   ）

　A. 便鞋　　　　B. 布鞋　　　　C. 旅游鞋　　　D. 皮鞋

③ 穿着西装，纽扣的扣法很有讲究，穿（   ）西装，不管在什么场合，一般都要将扣子全部扣上，否则会被认为轻浮不稳重。

　A. 两粒扣　　　B. 三粒扣　　　C. 单排扣　　　D. 双排扣

④ "三一定律"是指男士穿着西装时，（   ）颜色必须协调统一。

　A. 皮鞋、皮带、公文包　　　　　B. 皮鞋、皮带、领带

　C. 袜子、皮带、西装　　　　　　D. 衬衫、皮鞋、公文包

⑤ 女士穿着西装套裙时，袜口应（   ）裙摆。

　A. 低于　　　　B. 高于　　　　C. 相平于　　　D. 无所谓

⑥ 服饰美的最高境界是"和谐"，主要包括（   ）。

　A. 与环境和谐　B. 与人体和谐　C. 与社会角色和谐　D. 与时节和谐

⑦ 适合于庄重的社交场所选择的着装配色方法是（   ）。

　A. 同色搭配法　B. 对比搭配法　C. 呼应搭配法　D. 时尚搭配法

四、实战演练

仪表礼仪实训一

实训项目：男士西装穿着实训。

实训目标：掌握男士西装的穿着要求和搭配方法，掌握打领带要领。

实训学时：1学时。

实训准备：领带、衬衫、西装等。

实训方法：① 男生每五人一组，上台展示打领带的过程；

② 男生每五人一组，上台展示西装、衬衫、裤子、鞋袜等的搭配；

③ 教师点评学生存在的共性和个性，评出数名"最佳搭配先生"。

仪表礼仪实训二

实训项目：女士套裙穿着实训。

实训目标：掌握女士套裙的穿着要求和搭配方法。

实训学时：1学时。

实训准备：套裙、衬衫、丝巾、鞋袜、饰物等。

实训方法：① 女生每五人一组，上台展示套裙、衬衫、丝巾、鞋袜、饰物等的搭配；

② 教师点评学生存在的共性和个性，评出数名"最佳搭配女士"。

五、演练检测

职场男士仪容仪表自我检测

① 发型款式大方不怪异，头发干净整洁，长短适宜。无浓重气味，无头屑，无过多的发胶发乳。

② 鬓角及胡须已剃净，鼻毛不外露。

③ 脸部清洁滋润。

④ 衬衣领扣整洁，纽扣已扣好。

⑤ 耳部清洁干净，耳毛不外露。

⑥ 领带平整，端正。

⑦ 衣、裤袋口平整伏贴。衬衣袖口清洁，长短适宜。

⑧ 手部清洁，指甲干净整洁。

⑨ 衣服上没有脱落的头发和头皮屑。

⑩ 裤子熨烫平整，裤缝折痕清晰。裤腿长及鞋面。拉链已拉好。

⑪ 鞋底与鞋面都很干净，鞋跟无破损，鞋面已擦亮。

职场女士仪容仪表自我检测

① 头发保持干净整洁，有自然光泽，不要过多使用发胶；发型大方、高雅、得

体、干练,前发以不要遮脸遮眼为好。

② 化淡妆:眼亮、粉薄、眉轻、唇浅红。

③ 服饰端庄:不太薄、不太透、不太露。

④ 领口干净,脖子修长,衬衣领口不过分复杂和花哨。

⑤ 饰品不过于夸张和突出,款式精致、材质优良,耳环小巧,项链精细,走动时安静无声。

⑥ 公司标志牌佩戴在要求位置,私人饰品不与之争夺别人的注意力。

⑦ 衣袋中只放小而薄的物品,衣装轮廓不走样。

⑧ 指甲精心修理过,不太长、不太怪、不太艳。

⑨ 裙子长短松紧适宜,拉链拉好,裙缝位正。

⑩ 衣裤或裙子以及上衣的表面无明显的内衣轮廓痕迹。

⑪ 鞋整洁,款式大方简洁,没有过多的装饰与色彩,鞋跟不太高不太尖。

⑫ 衣服上没有掉落的头发和头皮屑。

⑬ 丝袜无勾丝、无破洞、无修补痕迹,包里有一双备用丝袜。

任务三 职业仪态礼仪

【知识储备】

一、体姿仪态

(一) 站姿

站姿是人的一种本能。常言说:"站如松",就是说,站立应像松树那样端正挺拔。站姿是静力造型动作,显现的是静态美。站姿又是训练其他优美体态的基础,是表现不同姿态美的起始点。

1. 规范站姿的要求

① 头正。两眼平视前方,嘴微闭,收颌梗颈,表情自然,稍带微笑。

② 肩平。两肩平正,微微放松,稍向后下沉。

③ 臂垂。两臂自然下垂,中指对准裤缝。

④ 躯挺。胸部挺起、腹部往里收,腰部正直,臀部向内向上收紧。

⑤ 腿并。两腿立直,贴紧,脚跟靠拢,两脚夹角成60度。

这种规范的礼仪站姿,同部队战士的立正是有区别的。礼仪的站姿较立正多了些自然、亲近和柔美。

2. 商务活动中常见的几种站姿

男士的站姿有两种。

① 在一般商务场合,身体立直,挺胸抬头,下颌微收,双目平视;两腿分开或两

脚平行，两脚间距离不超过肩宽，以 20 厘米为宜，两手叠放在背后或交叉在体前，一般为右手握住左手。如一手持公文包，另一只手可自然垂放，姿态稳重。

② 在正式场合，身体直立，抬头挺胸；两膝并严，脚跟靠紧，脚掌分开呈"V"字形，提髋立腰，吸腹收臀；双手放置裤缝处，双眼看着主要人物。

女士的站姿一般也为两种。

① 在一般场合，女士站姿应做到身体立直，挺胸抬头，下颌微收，双目平视，面带微笑；两膝并严，脚跟靠紧，脚掌分开呈"V"字形或呈平行；提髋立腰，吸腹收臀；双手在腹前交叉，即右手搭在左手上，置于腹部。

② 在正式场合，女士站姿应体现挺、直、高的姿势，抬头平视，表情自然，收腹，胸部上挺，自然、舒展、大方，右手放在左手上，轻贴腹前，两脚尖向外略展开，右脚（左脚）在前，将右脚跟（左脚跟）靠于左脚（右脚）内侧（脚弓处），形成左丁字步或右丁字步。

3. 站姿禁忌

在商务场合，站立时以下站姿应当禁忌。

① 忌全身不够端正。

② 忌站立时头歪、斜肩、臂曲、胸凹、肚凸、背弓、臀撅、膝曲等均为不良姿态。

③ 忌双腿叉开过大。在他人面前禁止双腿叉开过大，女士尤其应当谨记。

④ 忌双脚随意乱动。人在站立时，双脚不可肆意乱动。例如，脚尖乱点乱划，双脚踢来踢去，蹦蹦跳跳，用脚蹭痒痒，脱下鞋子或半脱不脱，脚后跟踩在鞋帮上，脚一半在鞋里一半在鞋外。

⑤ 忌表现自由散漫。站立时随意扶、拉、倚、靠、趴、踩、蹬、跨等，显得无精打采，自由散漫。

（二）走姿

走姿是一种动态美。每个人都是一个流动的造型体，优雅、稳健、敏捷的走姿，会给人以美的感受，产生感染力，反映出积极向上的精神状态。

1. 规范走姿的要求

① 头正。双目平视，收颌，表情自然平和。

② 肩平。两肩平稳，防止上下前后摇摆。双臂前后自然摆动，前后摆幅在 30～40 度，两手自然弯曲，在摆动中离开双腿不超过一拳的距离。

③ 躯挺。上身挺直，收腹立腰，重心稍前倾。

④ 步位直。两脚尖略开，脚跟先着地，两脚内侧落地，走出的轨迹要在一条直线上。

⑤ 步幅适当。行走中两脚落地的距离大约为一个脚长，即前脚的脚跟距后脚的脚尖相距一个脚的长度为宜，不过不同的性别，不同的身高，不同的着装，都会有些差异。

⑥步速平稳。行进的速度应当保持均匀、平稳，不要忽快忽慢，在正常情况下，步速应自然舒缓，显得成熟、自信。

行走时要防止八字步，防止低头驼背，不要摇晃肩膀，双臂大甩手，不要扭腰摆臀，左顾右盼，脚不要擦地面。

2. 变向走姿

变向走姿是指在行走中，需转身改变方向时，采用合理的方法，体现出规范和优美的步态。

① 后退步。与人告别时，应当先后退两三步，再转身离去，退步时脚轻擦地面，步幅要小，先转身后转头。

② 引导步。引导步是用于走在前边给宾客带路的步态。引导时要尽可能走在宾客左侧前方，整个身体半转向宾客方向，保持两步的距离，遇到上下楼梯、拐弯、进门时，要伸手示意，并提示请客人上楼、进门等。

③ 前行转身步。在前行中要拐弯时，要在距所转方向远侧的一脚落地后，立即以该脚掌为轴，转过全身，然后迈出另一脚。即向左拐，要右脚在前时转身，向右拐，要左脚在前时转身。

3. 穿高跟鞋的走姿

由于穿上高跟鞋后，脚跟提高了，身体重心就自然地前移，为了保持身体平衡，膝关节要绷直，胸部自然挺起，并且收腹、提臀、直腰。使走姿更显挺拔，会平添几分魅力。穿高跟鞋走路，步幅要小，脚跟先着地，两脚落地脚跟要落在一条直线上，像一枝柳条上的柳叶一样，这就是所谓的"柳叶步"。

4. 不同着装的走姿

所穿服饰不同，步态应有所区别。走姿要展现服装的特点。

① 穿西装。西服以直线为主，应当走出穿着者的挺拔、优雅的风度。穿西装时，后背保持平正，两脚立直，走路的步幅可略大些，手臂放松，伸直摆动，手势简洁大方。行走时男士不要晃动，女士不要左右摆髋。

② 穿旗袍。行走时，要求女士身体挺拔，胸微含，下颌微收，不要塌腰撅臀。走路时，步幅不宜过大，以免旗袍开衩过大，露出皮肉。两脚跟前后要走在一条线上，脚尖略微外开，两手臂在体侧自然摆动，幅度也不宜过大。站立时，双手可交叉于腹前。

③ 穿裙装。穿着长裙显出女性身材的修长和飘逸美。行走时要平稳，步幅可稍大些。转动时，要注意头和身体相协调，调整头、胸、髋三轴的角度。穿着短裙，要表现轻盈、敏捷、活泼、洒脱的风度，步幅不宜过大，但脚步频率可以稍快些，保持轻快灵巧的风格。

（三）坐姿

坐是一种静态造型，是非常重要的仪态。在日常工作和生活中，离不开这种举

止。对男士而言,更有"坐如钟"一说。端庄优美的坐姿,会给人以文雅、稳重、大方的美感。

1. 规范坐姿的要求

① 入座时要轻稳,动作协调从容,不要赶步,以免"抢座"。就坐时,转身背对座位,如距离较远,走到座位前转身后,右脚向后退半步,待腿部接触座位边缘后,轻轻坐下。女士着裙装入座时,应用双手拢平裙摆再坐下,不要坐下后再站起来整理衣服。一般应从座位的左边入座。

② 落座后上体自然挺直,双膝自然并拢,双脚平正放松,两臂自然弯曲,双手放在膝上,也可放在椅上或沙发扶手上,掌心向下。目视前方,面容平和。

③ 正式场合,一般不应坐满座位,通常是坐椅子2/3的位置。

④ 离座时要自然稳当,右脚向后收半步,然后起立,动作不可过猛。

⑤ 谈话时,身体可以有所侧重,但要注意上体与腿的协调配合。

2. 商务场合常见的三种坐姿

① 正坐式。一般用于男士。上身挺直、头部端正,双膝分开,双脚基本与肩同宽,小腿垂直地面呈90度,双手放在两膝上或椅子的扶手上。

② 侧坐式。一般用于女士。上身挺直,两膝并拢,双腿斜放,以与地面构成45度夹角为最佳,侧坐时,双手宜叠放或以相握的姿势放于身体侧面的那条大腿上。

③ 交叉式。一般用于女士。上身挺直,坐正,一小腿正放与地面垂直,另一脚脚背在前脚脚踝处交叉,两膝部靠紧。

3. 坐姿禁忌

坐时不可前趴后仰、东倒西歪、摇头晃脑、左顾右盼、抖腿跷脚、双手端臀、以手摸脚。不论何种坐姿,女士切忌两膝盖分开或两脚呈八字形。坐下时也不要随意挪动,身体不要萎缩前倾。

(四) 蹲姿

商务场合的蹲姿,主要是为了捡拾物品,基本要领是:上身挺直,略低头,左脚在前,右脚在左脚后一脚远的距离,前脚全脚着地,小腿基本垂直于地面。后脚前掌着地,脚后跟提起。女士蹲姿要右膝紧贴左小腿内侧,男士蹲时两膝自然分开。

下蹲时,应是单腿弯曲下蹲,不要整个弯腰低头;下蹲时应尽可能避免后背朝人,应正面朝人。

(五) 鞠躬

鞠躬是我国古代传统礼节之一,至今仍是人们见面时表示恭敬、友好的一种人体语言。在日本、朝鲜、新加坡等国,这种礼节也普遍被人们所接受和使用。

1. 鞠躬方式

行鞠躬礼时,行礼者在距受礼者2米左右,身体立正,面带微笑,目视受礼者。女士鞠躬时手合拢,自然放在身前并弯下身子;男士则将双臂自然下垂在身体两侧,弯腰到一定程度后恢复原态。受礼者一般鞠躬还礼，长者、贤者、女士、宾客还礼时可不鞠躬，欠身点头即可。

2. 鞠躬程度及含义

弯腰角度因场合、对象的不同而有所区别。一般而言，角度越大，表示越谦恭，对被问候者越尊敬。

① 一般致礼：15度左右，表示一般致敬、致谢、问候。

② 敬礼：30度左右，表示恳切致谢或表示歉意。

③ 敬大礼：45度左右，表示很诚恳的致敬、致谢和歉意。

④ 敬最大礼：90度左右，在特殊情境，如婚礼、葬礼、谢罪、忏悔等场合才行90度大鞠躬礼。

3. 鞠躬礼的使用

各种鞠躬礼的使用视场合和对象而定。

① 通常隆重和欢迎的场合用45度鞠躬礼，其他情况用30度和15度鞠躬礼。

② 第一次见面用45度鞠躬礼，第二次及其以后（尤其是较短时间内的第二次见面）用30度或15度鞠躬礼，甚至可以用点头礼。

③ 鞠躬礼的幅度随双方在较短时间内见面次数的增加而减少。鞠躬礼的幅度视行礼者对受礼者的尊重程度而定。

（六）递物与接物

递物与接物是常用的一种动作，应当双手递、双手接，表现出恭敬与尊重的态度。递接物时要注意以下几点。

① 行走时，文件应拿在左手；递接时，文件、名片等要将正面朝向对方，双手拿在文件、名片的上部，大拇指在上，四指在下，同时要行微鞠躬礼。

② 递笔、刀、剪之类尖利的物品时，应将尖利一方朝向自己，而不应指向对方。递无刀鞘水果刀时，应将刀刃朝向自己的虎口。

③ 接物时两臂适当内合，自然将手伸出，两手持物，五指并拢，将东西拿稳，同时点头致意或道声"谢谢"漫不经心，单手接物，甚至将物品掉在地上，都是非常失礼的行为。

二、表情仪态

（一）心灵的语言——目光

在人与人之间进行交流时，目光的交流总是处于最重要的地位。交流过程中，双方要不断地应用目光表达自己的意愿、情感，还要适当观察对方的目光，探测"虚实"。交流结束时，也要用目光作一个圆满的结尾。在各种礼仪形式中，目光有重要的位置，目光运用得当与否，直接影响礼仪的质量。

一双炯炯有神的眼睛，给人以感情充沛，生机勃发的感觉；而目光呆滞、麻木，

则给人留下疲惫厌倦的印象。

因此,职场人士应该学会正确地使用目光进行交流,用目光来表达自己的意愿、情感,并学会从客人的目光中了解客人的意图。

1. 注视位置

① 公务注视:在洽谈、磋商、谈判等场合,眼睛应看着对方双眼或双眼与额头之间的区域。这样注视显得严肃、认真,别人也会感到你有诚意。

② 社交注视:在茶话会,朋友聚会等场合,眼光应看向对方双眼到唇心这个三角区域。这样注视会使对方感到礼貌、舒适。

③ 亲密注视:在亲人、恋人和家庭成员之间,眼光可注视对方双眼到胸部之间的区域。这样注视表示亲近、友善。但对陌生人来说,这种注视有些过分。

2. 用目光进行交流

职场人士和客人之间是一种社交关系,他们之间的目光交流至少应该停留在社交注视的阶段。社交注视,是指接待人员的目光只应该停留在客人的双眼与嘴唇之间的三角形区域内,不能老盯着客人的嘴唇或者身体的其他部位看,否则很容易引起客人的误会,让人觉得你这个人很轻浮,从而带来不必要的麻烦。

工作中在与客人交往时,需注意以下几个方面。

① 与客人初次见面时,应行注目礼,头部轻轻一点,就可以表示出尊敬和礼貌了。

② 与客人交谈时,注意始终保持和客人目光的接触,显示出你对你们之间所谈话题有兴趣。千万不可左顾右盼。即使你对你们之间的话题不感兴趣,也要始终注视着对方。但必须明白:注视并非紧盯。注视时,瞳孔的焦距是呈散射状态,目光笼罩着对方的面部,同时辅以真挚、热诚的面部表情。

随着你和客人之间谈话内容的转换,眼神和面部表情也应做出相应的变化,不要让人觉得你是在敷衍了事。

③ 面对众多的客人讲话时,要先用目光扫视全场,提醒大家注意,"我要开始讲话了"。

3. "阅读"客人的目光

在正确运用自己目光的同时,还要学会"阅读"客人的目光,从对方的目光变化中,分析他的内心活动和意向。

① 当客人的目光长时间地中止接触或者游移不定时,则表示客人对你们交谈的内容不感兴趣,应尽快结束谈话。

② 当客人在左顾右盼或不停地看表时,则表示客人可能有急事要提前离开。

③ 客人交谈时,目光紧盯,表示疑虑;偷眼相觑,表示窘迫;瞪大眼睛,表示惊讶,等等。

在沟通中,听的一方通常应多注视说的一方,目光与对方接触时间,一般占全部相处时间的1/3。谈话时,若对方为关系一般的同性,应该不时与对方双目对视,以示尊重；如果双方关系密切，则可较多较长地注视对方，以拉近心理距离；如果对方是异性，目不转睛长时间地注视不仅使对方不自在，也是失礼的表现。

（二）沟通心灵的钥匙——微笑

微笑可以表现出温馨、亲切的表情，能有效地缩短沟通双方的距离，给对方留下美好的心理感受，从而形成融洽的交往氛围，因而微笑不仅是一种外化的形象，也是内心情感的写照。在人际交往中，"笑"有着重要的作用，面对不同的场合、不同的情况，如果能用微笑来接纳对方，可以反映出本人高超的修养，待人的至诚，是处理好人际关系的一种重要手段。

1. 微笑的要求

发自内心、自然大方，显示出亲切，要由眼神、眉毛、嘴巴、表情等方面协调动作来完成。要防止生硬、虚伪、笑不由衷。要笑得好并非易事。

2. 微笑的技能要领

微笑时面部肌肉要放松，嘴角微翘。男士嘴唇微闭。女士嘴唇微启，露出上边六颗牙齿，但应避免露出牙龈。自觉控制发声系统，笑不出声。练习方法如下。

① 照镜训练法。对着镜子，心里想着使你高兴的情景，嘴角两端做出微笑的口型，找出自己认为最满意的微笑，天天练习，使之自然长久地呈现在脸上。

② 词语训练法。默念英文单词"Cheese"或普通话中的"钱"字、"茄子"，这些字、词形成的口型，正是微笑的最佳口型。

在正式场合，不能放肆大笑，使人感到没有教养。在商务活动中不要讥笑，使对方恐慌；不要傻笑，令对方尴尬；不要皮笑肉不笑，使对方无所适从；不要冷笑，使对方产生敌意。总之，笑也要因时、因地、因事而宜，否则毫无美感且令人生厌。

（三）人际交往距离

俗话说，人就像冬天的刺猬，太近了会刺痛对方，远了又觉得孤独和寒冷。这是对距离最好的诠释了。人际交往就是这样一种存在，既需要距离，又试图超越距离。但人在超越时空距离的同时，却又小心地保持着人与人之间的距离。美国人类学家爱德华·霍尔博士划分了四种区域或距离，各种距离都与对方的关系相称。

1. 亲密距离

亲密距离的范围是 50 厘米之内，就交往情境而言，亲密距离属于私下情境，只限于在情感上联系高度密切的人之间使用，在社交场合，大庭广众之前，两个人（尤其是异性）如此贴近，就不太雅观。在同性别的人之间，往往只限于贴心朋友，彼此十分熟识而随和，可以不拘小节，无话不谈。在异性之间，只限于夫妻和恋人之间。因此，在人际交往中，一个不属于这个亲密距离圈子内的人随意闯入这一空间，不管他的用心如何，都是不礼貌的，会引起对方的反感，也会自讨没趣。

2. 个人距离

个人距离的范围为 50～120 厘米，任何朋友和熟人都可以自由地进入这个空间，不过，在通常情况下，较为融洽的熟人之间交往时保持的距离在50～80厘米，而陌生人之间谈话则在80～120厘米之间。

3. 社交距离

社交距离的范围为120～360厘米，一般在工作环境和社交聚会上，人们都保持这种程度的距离。如企业或国家领导人之间的谈判，工作招聘时的面谈，教授和大学生的论文答辩等等，往往都要隔一张桌子或保持一定距离，这样就增加了一种庄重的气氛。在社交距离范围内，已经没有直接的身体接触，说话时，也要适当提高声音，需要更充分的目光接触。如果谈话者得不到对方目光的支持，他（或她）会有强烈的被忽视、被拒绝的感受。这时，相互间的目光接触已是交谈中不可或缺的感情交流形式了。

4. 公众距离

这是公开演说时演说者与听众所保持的距离。其范围为360厘米之外，这个空间的交往，大多是当众演讲之类，当演讲者试图与一个特定的听众谈话时，他必须走下讲台，使两个人的距离缩短为个人距离或社交距离，才能够实现有效沟通。

显然，相互交往时空间距离的远近，是交往双方之间是否亲近、是否喜欢、是否友好的重要标志。因此，人们在交往时，选择正确的距离是至关重要的。我们了解了交往中人们所需的自我空间及适当的交往距离，就能有意识地选择与人交往的最佳距离，而且，通过空间距离的信息，还可以很好地了解一个人实际的社会地位、性格以及人们之间的相互关系，更好地进行人际交往。

【能力拓展】

一、知识拓展

肢体语言的重要性

人类学家雷·博威斯特（Ray Birdwhistell）是最初非语言交际——他称之为"动作学"的倡导者。针对人与人之间发生的非语言交流，博威斯特也作出了相似的推断。他指出：一个普通人每天说话的总时间大约为10～11分钟，平均每说一句话所需的时间大约只有25秒。同时，他还推断出，我们能够作出并辨认的面部表情大概有25万种。

博威斯特还发现，在一次面对面的交流中，语言所传递的信息量在总信息量中所占的份额还不到35%，剩下超过65%的信息都是通过非语言交流方式完成的。我们对发生于二十世纪七八十年代的上千次销售和谈判过程进行了详细的研究，其结果表明，商务会谈中谈判桌上60%～80%的决定都是在肢体语言的影响下作出的。同时，人们对一个陌生人的最初评判中，60%～80%的评判观点都是在最初不到四分钟的时间里就已经形成了。除此之外，研究成果还指出，当谈判通过电话来进行的时候，那些善辩的人往往会成为最终的赢家，可是如果谈判是以面对面交流的形式来进行的话，那么情况就大为不同了。因为总体而言，当我们在做决定的时候，在所见到的情形与所听到的话语中，会更加倾向于依赖前者。

二、案例思考

[案例一]

把自己看小　把事情做大

2006年6月，浪琴表邀请林志玲到西安宣传，与当地100多位经销商一起吃饭，当一桌一桌的经销商走到台上，和林志玲合照、握手时，身高174厘米又穿高跟鞋的林志玲，一定会膝盖微弯，蹲到和对方一样的高度，眼神平视地和对方握手。

这个场合，她总共蹲了80多次。当时在场的浪琴表全球总裁也看到了林志玲的这个举动，对她大加赞赏。后来也因而邀请林志玲代表出席瑞士巴塞尔钟表赛，也因为那次出席，林志玲有机会在国际媒体前曝光，成为大家注目的焦点。

讨论：林志玲膝盖微弯，眼神平视地和对方握手体现了她怎样的形象？

本案例对你有哪些启示？

[案例二]

在外事活动中，周总理始终保持着昂扬的精神面貌，整洁的仪态仪表。在机场迎送外宾、举行仪式的时候，无论夏日里骄阳似火，寒冬里狂风凛冽，始终坚持既不戴遮阳帽，也不戴防寒帽。遇到降雨飘雪的恶劣天气，他不仅自己不打雨伞，不穿雨衣，也要求外交部礼宾司的同志们不打雨伞不穿雨衣。他说，往往第一印象会给人留下最深刻的记忆。

讨论：怎样培养自己的仪态美？

三、巩固提高

（一）判断题

① 交际场合最基本的姿势是站立。（　　）

②"丁字式"站姿，是只限于女性使用的站立姿势。（　　）

③ 仪态是一种无声的语言和有行的语言，他可以表达情感。（　　）

④ 可以对异性运用捻指作响的手势。（　　）

⑤ 一般来讲，递接物品用右手为最佳。（　　）

⑥ 在人际交往中眼神和微笑的应用，应共同遵循谦恭、友好、适时、真诚的标准和原则。（　　）

⑦ 坐在椅子上，一般坐椅子的二分之一到三分之二处。（　　）

⑧ 在交际场合，双手叉腰属于不良姿势。（　　）

⑨ 与人交谈时手势不宜过多，幅度不宜过大。（　　）

⑩ 在交际场合，女士可叠腿就座。（   ）

(二) 选择题

① 入座离座时的基本礼仪是（   ）。

A. 左进左出　　　B. 右进右出　　　C. 左进右出　　　D. 右进左出

② 与人交往时常采用的注视角度为（   ）。

A. 正视　　　　　B. 平视　　　　　C. 仰视　　　　　D. 侧视

四、实战演练

仪态礼仪实训一

实训项目：站姿。

实训目标：通过站姿训练，使学生掌握站姿的基本要领和不同形式的站姿，并能自己发现错误站姿，纠正不良站姿，养成良好的职业习惯，为各项工作打下基础。

实训学时：2学时。

实训方法：① 面向镜子，按照动作要领体会站姿姿势。

② 头顶放本书，练习颈直和头颈部的稳定性。

③ 靠墙站立或两人一组背靠背站立，要求脚跟、小腿、双肩、后脑勺都贴紧墙或另一个人，练习身体直立，腰身挺拔，每人膝盖上部各夹一张纸片或薄书，不能让其掉下。

④ 以上训练每次应坚持20分钟左右，统一服装，女士穿半高跟鞋进行练习。

⑤ 训练时配优美音乐，减轻单调、疲劳感。

实训准备：准备一间两面墙安装长度及地镜子的形体训练室和练习音乐。

仪态礼仪实训二

实训项目：坐姿。

实训目标：通过对坐姿的训练，使学生掌握坐姿的基本要领，不同形式的坐姿和起坐、落座的要点，并能自己发现错误坐姿，纠正不良坐姿，养成良好职业习惯，为各项工作打下基础。

实训学时：1学时。

实训方法：① 加强腰部、肩部的力量及灵活性训练。具体方法：经常进行舒肩展背动作的练习，同时利用器械进行腰部力量的训练。

② 面对镜子，按照动作要领体会不同坐姿，经常性的纠正和调整不良习惯。

③ 以上训练每次坚持10分钟左右，统一服装，女性穿半高跟鞋进行练习。

④ 训练时配优美音乐，减轻单调、疲劳感。

实训准备：准备一间两面墙安装长度及地镜子的形体训练室和练习音乐。

仪态礼仪实训三

实训项目：走姿。

实训目标：通过走姿训练，使学生掌握走姿的基本要领，在特定情况下的走姿标准，并能发现错误走姿，纠正不良走姿，养成良好习惯，为各项工作打下基础。

实训学时：2学时。

实训方法：① 靠墙站立，背靠墙壁，将后脑、肩背、臀部和脚跟靠在墙上，进行整体的直立和挺拔训练。

② 双肩双臂摆动训练：身体直立，以身体为轴，双臂前后自然摆动。摆幅要适度，注意纠正双肩过于僵硬，双臂左右摆动的毛病。

③ 步位、步幅训练：在地上放一长绳进行步位训练。即行走时检查自己的步位和步幅是否正确，纠正"外八字""内八字"及步幅过大、过小的毛病。

④ 顶书训练：将书本置于头顶，保持行走头正，颈直，目不斜视，纠正走路摇头晃脑，东张西望的毛病。

⑤ 步态综合训练：训练走路时各种动作的协调性，最好配上节奏感较强的音乐，注意掌握好走路时的速度、节拍。保持身体平衡，双臂摆动对称，动作协调。

⑥ 训练时配优美音乐，减轻单调、疲劳感。

实训准备：准备一间两面墙安装长度及地镜子的形体训练室和练习音乐。

仪态礼仪实训四

实训项目：递物。

实训目标：通过递物训练，使学生掌握递物的基本要领，养成良好习惯，为各项工作打下基础。

实训学时：1学时。

实训方法：① 将学生两两进行分组，分别扮演接待人员和客户，用书本、鲜花、名片、小刀作为交接的物品。

② 用双手递接物品；递给他人的物品应直接交到对方手中。

③ 若双方相距过远，递物者应主动走向接物者。

④ 带有文字的物品递交他人时，要使之正面面向对方。

⑤ 将尖利的物品递交给他人时，应使尖、刃朝向自己或是朝向别处。

⑥ 面带微笑，面部表情自然。

仪态礼仪实训五

实训项目：眼神。

实训目标：通过眼神训练，使学生能正确使用眼神，并在训练中发现不足，及时纠正，养成良好习惯，为各项工作打下基础，提高气质。

实训学时：1学时。

实训方法：① 睁大眼睛训练法。

② 转动眼球训练法。

③ 钟摆式训练法。

④ 目光集中训练法。

⑤ 观察体会训练法。

⑥ 训练时配以优美音乐，有利于保持愉快的心境。

实训准备：每人准备一面小镜子，欢快的音乐。

仪态礼仪实训六

实训项目：微笑。

实训目标：通过微笑训练，使学生能在工作和生活中正确使用微笑，并在训练中发现不足，及时纠正，养成爱微笑的好习惯，为各项工作打下基础，提高气质。

实训学时：1学时。

实训方法：① 加强心理素质的锻炼，增强自控力。

② 情绪记忆。将生活中最美好的情绪牢记在心，在需要微笑的时候，经常回忆这些美好的东西，会使微笑更加自然和大方。

③ 对镜练习，对着镜子微笑，调整自己的嘴型和面部其他部位及眼神，找到自己认为较为完美的状态，经常进行练习，形成习惯。

④ 可借助普通话中的"茄子""田七""前"等的发音来进行口型训练。

⑤ 训练时配以优美的音乐，有利于保持愉快的心境，塑造自然的笑容。

实训准备：每人准备一面小镜子，欢快的音乐。

五、演练总结

实训小记：＿＿＿＿＿＿＿＿＿＿＿＿＿＿＿＿＿＿＿＿＿＿＿＿＿＿＿＿＿＿＿

＿＿＿＿＿＿＿＿＿＿＿＿＿＿＿＿＿＿＿＿＿＿＿＿＿＿＿＿＿＿＿＿＿＿＿＿

＿＿＿＿＿＿＿＿＿＿＿＿＿＿＿＿＿＿＿＿＿＿＿＿＿＿＿＿＿＿＿＿＿＿＿＿

＿＿＿＿＿＿＿＿＿＿＿＿＿＿＿＿＿＿＿＿＿＿＿＿＿＿＿＿＿＿＿＿＿＿＿＿

实训收获：＿＿＿＿＿＿＿＿＿＿＿＿＿＿＿＿＿＿＿＿＿＿＿＿＿＿＿＿＿＿＿

＿＿＿＿＿＿＿＿＿＿＿＿＿＿＿＿＿＿＿＿＿＿＿＿＿＿＿＿＿＿＿＿＿＿＿＿

课下需加强的方面：

项目三 职场社交礼仪

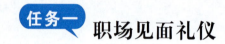

任务一 职场见面礼仪

【知识储备】

一、握手礼

热情、文雅而得体的握手能让人感受到愉悦、信任和接受，能促进彼此间的交流。因此，在各种社交场合中应注意正确使用握手礼。

（一）握手时机

握手之前要审时度势，听其言观其行，留意握手信号，选择适当时机。何时应行握手礼，这是一个复杂而微妙的问题。若你希望自己在商务交往中彬彬有礼，在以下场合，你就必须与你的交往对象行握手礼：

当遇到久未谋面的熟人时，与其握手，可表示因久别重逢而万分惊喜；

当被介绍给不相识者时，与其握手，可表示乐于结识对方；

当在社交场合与公众、来宾见面时，与其握手，可表示对对方的欢迎；

在较正式的场合与人道别时，与其握手，可表示自己的惜别之情；

在家中、办公室等地迎接、送别来访者时，与其握手，可表示欢迎或欢送；

当向他人道贺、恭喜时，与其握手，以示贺喜；

当对他人表示感激、理解、支持、肯定时，与其握手，以示诚意；

当对他人表示安慰时，与其握手，以示慰问；

当他人向自己赠送礼品或颁奖时，与其握手，以示感谢；

当向他人赠送礼品或颁奖时，与其握手，以示郑重。

握手时还应注意，尽量避免出手过早，造成对方慌乱，同时也应注意不可出手太晚，以免失礼。

有以下情况时，可不必握手，采用对方理解的其他方式致意效果会更好：

当对方右手负伤时；当对方携带较多重物时；当对方正忙于其他事物时；当对方和自己距离较远时；当时环境不适宜握手时。

（二）握手方式

1. 距离

行握手礼时，双方相距1米左右。

2. 神态

握手时，应自然、热情、专注。要面带微笑，目视对方的脸，亲切问候。这一点很重要。

一般的问候语是："你好！""见到你很高兴！""恭喜！恭喜！"等。

3. 姿势

双腿立正，上身略向前倾，伸出右手，四指并拢，拇指张开，掌心向内，右手掌与地面垂直，手的高度大致与双方腰部平齐。握手时，适当用力，上下轻摇几次。伸直相握时，双方手臂应大致形成一个直角，虎口交叉。这是标准的握手姿势，也叫平等式握手。

4. 力度

握手的力度要适中，一般以不捏疼对方的手为限度。不可用力过猛，也不可柔软无力或伸而不握，否则会给人缺乏热忱或敷衍之感。若对方是亲朋好友，握手时力度可稍大些，若对方是异性或是初次见面的朋友，则千万不可用力过猛。试想当对方久久地、强有力地握着你的手，且边握边上下晃动时，则说明他对你的感情是真挚而热烈的；当对方握你手时连手指都不愿意弯曲，只是例行公事般地敷衍一下，没有任何力度，则说明对方对你的感情是冷淡的。另外，男士握女士的手时应该轻一些，不要握满全手，只要握住手指部分即可。

5. 时间

握手时间的长短因人因地因情而异。在通常情况下，握手的时间不宜过短或过长，一般应控制在3秒钟左右。另外，应注意的是，在与异性或初次见面者握手时，握手时间不宜过长，应控制在3秒以内，否则容易造成对方的误会或不快。

6. 握手的其他姿势

（1）支配式握手

也称控制式握手，即用手掌向下的姿势握住对方的手。用这种方式握手的人是想表示自己的优势、主动和支配地位。因此，采用这种方式握手的人很难同接受者建立平等的友好关系。

（2）顺从式握手

也称谦恭式握手或友善式握手。与支配式握手相反，顺从式握手是用手掌向上的姿势与对方握手。这种方式握手表示自己的谦恭、谨慎或对对方的尊重、敬仰，甚至含有几分畏惧的心理。

（3）双握式握手

握手时，用右手紧握对方的右手，同时再用左手加握对方的手背、前臂、上臂乃至肩部。这种握手方式表达着一种热情真挚、诚恳友好的情感。握手时，从手背开始，加握的部位越高，所表达的热情友好的程度也就越高。这种握手方式一般用于亲朋故友之间，表达自己的深厚情意。初识者或异性之间使用这种握手方式会显得失态。

（4）捏指式握手

这种握手方式主要用于不熟识的异性之间，表示双方的稳重与矜持。采用这种方式握手时只握住对方的手指部分，而不是两手的虎口接触相握。

（三）握手次序

在比较正式的社交场合，握手礼中体现出来的最为重要的礼仪问题，就是握手时双方应由谁先伸手。倘若对此一无所知，在与他人握手时，轻率地抢先伸出手去，这是很失礼的。因此，要遵守握手时"尊者决定"的原则，遵守这一原则，既是为了恰当地体现对位尊者的尊重，也是为了维护在握手之后的寒暄中位尊者的自尊。

这一原则的具体体现是，在社交场合中：

上级与下级握手，应由上级先伸手；

长辈与晚辈握手，应由长辈先伸手；

女士与男士握手，应由女士先伸手；

主人与客人握手，应由主人先伸手。

值得注意的是，当握手双方符合其中两个或两个以上顺序时，一般以先职位再年龄，先年龄再性别的顺序握手。如，一位年长的职位低的女士和一位年轻的职位高的男士握手时，应由这位男士先伸手。

应该强调的是，上述握手次序，主要用于律己，不可处处苛求他人。在社交场合中，无论谁先向我们伸手，即使他忽视了握手礼的先后顺序，我们都应将其看作是友好的表示，要马上伸手与其相握。拒绝他人的握手有背礼仪规范。

二、介绍礼

介绍是指经过自己主动沟通或者通过第三者从中沟通，从而使交往双方相互认识、建立联系、增进了解的一种交往方法。它是人与人相互沟通的出发点，也是在与人交往时显得平易近人，有较强亲和力的有效方式。

（一）介绍的类型

根据介绍者的不同，介绍可分为自我介绍、介绍他人和集体介绍三种类型。

1. 自我介绍

自我介绍是社交场合中运用最多的一种介绍方式。它是指当自己与他人初次见面时，由自己担任介绍的主角，自己将自己介绍给他人，以使对方认识自己。

自我介绍是商务人员跨入社交圈、结交更多朋友的好办法。学会自我介绍，可以改变胆怯的社交心理，以更好的心态面对公众。

（1）时机

商务交往中，何时把自己介绍给他人，是一个复杂的问题，它和场合有关，也和当时的气氛、现场人员的互动有关。一般情况下，总是在以下环境中介绍自己：

当主人无法抽身或忘了介绍，你与周围的人不认识，而又十分想认识他们时，最好的方法就是自我介绍，以表明自己的身份；

若希望结识某个人，又无人引见时，也可以自己充当自己的介绍人，将自己介绍给对方。有时，如果拿不定对方是否愿意认识你时，你不妨先请问对方的尊姓大名，如对方马上告诉你，则说明对方想与你认识，此时，你便可以马上介绍自己的情况。

（2）内容

自我介绍应根据当时的具体场合、具体对象以及实际需要来确定自我介绍的内容。一般来说，自我介绍的内容比较简单，但要实事求是，真实可信。在一些场合，除了报上自己的姓名和单位、部门、身份外，再提及与正在进行的活动是什么关系就可以了。如：

"我是李信，毕业于山东师范大学，现在旺彩集团人力资源部任职。"

（3）时间

在自我介绍的实施过程中，要注意介绍的时间。一般来说，自我介绍的时间不宜太长，不超过一分钟即可。

（4）自我介绍时应注意的礼仪细节

进行自我介绍时，态度要自然、友善、随和。

如果两人正在交谈，你想加入，而你们又彼此不认识，这时作自我介绍就应选择两人谈话停顿的时候，并说"二位好！对不起，可以打扰一下吗？我是××……"。

如果是参加一个集体活动迟到了，你又想让大家了解你，这时就应当说："女士们、先生们，你们好！很抱歉，我来晚了，我是××，是××公司的公关部经理，很高兴与大家在此见面。还请大家多多关照！谢谢！"等。

2．介绍他人

介绍他人，又称第三者介绍，它是指由第三者为彼此不相识的双方所进行的引见、介绍。介绍他人通常是双向的，也就是说，要把被介绍双方各自作一番介绍。有时，也可以进行单向的他人介绍，即只把被介绍者中的某一方介绍给另一方，这样做的前提是前者认识后者，而后者不认识前者。在为他人做介绍时，要注意以下几个问题。

（1）介绍者的确定

在介绍他人时，由谁来充当介绍者是颇有讲究的。一般情况下，介绍者是由单位专门负责此事的相关人员担任，如秘书、办公室主任、公关礼宾人员或专职接待人员等。

当有外单位人员来访,但来访者又与本单位其他人员不认识时,一般由和对方有业务联系的相关人员担任介绍者。

作为主人,一般有主动充当介绍者的义务。

如果来访者身份较高,本着"身份对等"的惯例,一般应由东道主一方在场人士中身份最高者担任介绍者,以示对被介绍者的重视。

有时,需要征求某一方的意见,看他是否乐意把自己介绍给某人,此时,应先征求身份较高者的意见。

(2) 介绍时的顺序

在为他人做介绍时,先介绍谁,后介绍谁,是一个比较敏感的礼仪问题。虽然在商务交往中,所有人的人格都应当是平等的,但是,人与人之间仍然有许多不可少的顺序和先后关系。这就必须遵守"尊者优先"的原则,即在为他人介绍前,先要确定双方地位的尊卑,然后先把位卑者介绍给位尊者,后把位尊者介绍给位卑者,这样做,可以让位尊者优先了解位卑者的情况,以便见机行事,在交际中掌握主动权。

目前,国际上公认的为他人介绍的顺序是:

先将职位低的人介绍给职位高的人;

先将年轻者介绍给年长者;

先将男性介绍给女性;

先将主方人士介绍给客方人士;

先将未婚者介绍给已婚者;

先将晚到者介绍给早到者。

当所要介绍的双方符合其中两个或两个以上顺序时,一般以先职位再年龄,先年龄再性别的顺序做介绍。如,要为一位年长的职位低的女士和一位年轻的职位高的男士作介绍时,应该将这位女士介绍给这位男士。

(3) 内容和方式

应该注意的是,正式介绍他人之前,最好先了解双方是否有结识的愿望,切不可冒昧引见。最客气的介绍方法是先以询问的口气问尊者,如"张经理,我可以介绍小王和你认识吗?"等。如对方同意,在正式介绍时,最好先对尊者说诸如"请允许我向您介绍……""让我来向您介绍一下"等礼貌语。介绍时,应面带微笑,说话简洁,介绍的基本内容包括姓名、单位、部门、职务、爱好等。

完整的介绍表述是:"钱总,请允许我为您做介绍,这位是常胜集团公司的赵博文主任。赵主任,这位是文辉集团的总经理钱俊先生。"

当介绍者走上前为被介绍者做介绍时,被介绍双方应起身站立,面含微笑。

一般来说,介绍者位于中间,介绍时用右手,五指伸开朝向被介绍者中的一方,此时,介绍者的眼睛要看着另一方。

介绍完毕,双方应依照礼仪顺序握手,彼此问候,"您好!""认识您很高兴。"

"久仰大名！""幸会，幸会！"等是最常见的问候语。

3. 集体介绍

集体介绍是指介绍者在为他人介绍时，被介绍者其中一方或者双方不止一人甚至是许多人在场。因此，集体介绍可分两种：一种是为一人和多人作介绍；另一种是为多人和多人作介绍。

集体介绍时，若被介绍者双方地位、身份大致相似或难以确定时，应遵循"少数服从多数"的原则，即先介绍人数较少的一方或个人，后介绍人数较多的一方。在介绍人数较多一方时，仍应由尊而卑逐一介绍。有时，就只介绍前者，而不必再向前者一一介绍人数较多的一方。

若被介绍双方地位、身份存在明显差异，这时应以地位、身份高者为尊，即使尊者人数少或甚至只有一人，仍应被置于尊贵的位置，最后加以介绍。

集体介绍尤其要注意采用规范、准确的措辞，不要用简称。如不要讲"南航"，而应讲"南京航空航天大学"。

（二）介绍时应注意的问题

① 介绍时，不能背对任何一方，应面带微笑，目视对方，举止端庄得体。

② 为他人介绍时，语言应清晰明了，以便让双方记住对方的姓名及简单资料。

③ 为他人介绍时，要记住加上被介绍者的头衔，如经理、局长等。在介绍时头衔应冠在姓名之后。

④ 为他人介绍时，被介绍者双方应起身或欠身，以示相互尊重。介绍后，双方应主动握手，可寒暄几句，也可交换名片。

⑤ 为他人介绍后，介绍者应略停片刻，引导双方交谈后再离开。

⑥ 在公务交往中，介绍人应由公关礼仪人员、秘书担任；在社交场合，东道主、长者、女主人、身份较高者或与被介绍的双方均有一定交情者都可以担任介绍人。

三、名片礼

（一）名片的递送

1. 递送的顺序

名片递送的先后顺序没有太严格的讲究。一般来说，是由职位低的先向职位高的递送名片，晚辈先向长辈递送名片，男士先向女士递送名片。当对方人数不止一人时，应先将名片递给职位较高或年龄较大者；如果分不清职位高低和年龄大小时则可先和自己对面左侧方的人交换名片。总之，在与多人递送名片时，应讲究先后顺序，由尊而卑、由近而远，顺时针依次进行。

名片代表一个人的身份，在未确定对方的来历之前，不要轻易递出自己的名片。否则，不仅有失庄重，而且可能日后名片被他人冒用。同样，为了尊重对方的意愿，尽量不要向他人索要名片。

2. 递送的方式

向他人递送名片时，应面带微笑，双目注视对方，将名片的正面朝向对方，用双手的拇指和食指分别持握名片上端的两角送给对方，并说"这是我的名片，请多关照！"等寒暄语。注意，在递送名片时，如果是坐着，应当起身或欠身。

（二）名片的接收

接收他人递过来的名片时，除了长者、女性外，应尽快起身或欠身，面带微笑，用双手接住名片的下方两角，并说"谢谢！""认识您很高兴！"等寒暄语。名片接到手后，应十分珍惜，认真看一下、稍加赞许后妥善保管好。切不可在手中摆弄，或随意放置在桌上，或放在手中揉来揉去。如果是初次见面，最好将名片上的重要内容（如对方的职务、头衔等）读出声来。如果对方的组织名气大或个人知名度高，也可只重读组织名称或对方姓名。

另外，接到名片后，应立即将自己的名片递出。如果自己没有名片或没带名片，首先向对方表示歉意，再说明理由。

名片在当今社会交往中，已经成为最有效的交际工具。有一位名人曾经说过："在现代生活中，一个没有个人名片，或是不会正确使用个人名片的人，就是一个缺乏现代意识的人。"他的这句话并非小题大做，而是切中要害。可以说，这句话充分说明了名片的重要性。

（三）名片的放置

随身携带的名片应使用较为精致的名片夹，且应放置在容易拿出的地方，不要与其他杂物混在一起，以免用时手忙脚乱，甚至拿不出来。在穿西装时，名片夹只能放在左胸内侧的口袋里。因为名片是一个人身份的象征，而左胸是靠近心脏的地方，将名片放在靠近心脏的地方，其含义无疑是对对方的一种礼貌和尊重。在不穿西装时，名片夹可放置于自己随身携带的小提包里。将名片放置于其他口袋，尤其放在后侧袋里是一种很失礼的行为，由于在社交活动中需要接收的名片很多，因此，最好将他人的名片与自己的名片分开放置。否则，一旦慌乱中误将他人的名片当作自己的名片送给对方，是很糟糕的。

【能力拓展】

一、知识拓展

（一）握手禁忌

在当今社交场合中，握手礼虽是司空见惯，看似寻常，但并非人人都掌握其中要领。由于施礼过程中可传递多种信息，因此在行握手礼时应尽量做到合乎规范。

① 不可东张西望。

握手时不可东张西望或与他人打招呼。

② 不可坐着握手。

行握手礼时，除长者和妇女外，都应起身站立。

③ 不可左手握手。

尤其是在与阿拉伯人、印度人打交道时，更要注意这一点，因为在他们看来，左手是不洁净的。

④ 不可交叉握手。

在多人同时握手时，不可交叉握手。当自己伸手时发现别人已经伸手，应主动收回，并说声"对不起"，待别人握完手后再伸手相握。

⑤ 不可戴着手套握手。

无论男女，在公共场合中，与人握手均不能戴手套，即使你的手套十分洁净也不行。但有两种情况例外，一是当女士穿着礼服，戴着长纱手套时。因为此时长纱手套作为礼服的一部分，可以戴着行握手礼；二是军人、武警仪仗队员在执行公务时，可戴所配礼服手套行握手礼。

⑥ 不可在握手时将另一只手放在衣袋里。

⑦ 不可用不洁之手与他人相握。

当自己的手不干净时，应伸出手掌，示意声明，并表示歉意。

⑧ 不可在握手时戴着墨镜，只有患有眼疾或眼部有缺陷者方能例外。

⑨ 不可在与他人握手之后，立即擦拭自己的手掌。

⑩ 不可拒绝与他人握手。在任何情况下都不能这样做。

（二）什么时候不该与人握手

如果遇到以下几种情况，则不适宜握手：对方手部有伤；对方手上提着重物；对方正在忙于他事，如打电话、用餐、喝饮料、主持会议、与他人交谈等等；对方与自己距离较远；对方所处环境不适合握手。

如果自己的手是脏的，可以不与对方握手，但要及时向对方说明原因并诚恳表示歉意。

（三）名片制作中需注意的问题

一张名片最多体现2种文字。制作名片时，最佳做法是在一枚名片的两面，分别以简体汉字、少数民族文字或外文印制相同的内容，但不要把两种文字交替印在名片的同一面上。

（四）名片语

西方人在使用名片时通常写有几个法文单词的首字母，它们分别代表如下不同含义：

① P. P. (Pour Presentation)：意即介绍，通常用来把一个朋友介绍给另一个朋友。当你收到一个朋友送来左下角写有"P. P."字样的名片和一个陌生人的名片时，

便是为你介绍了一个新朋友，应立即给新朋友送张名片或打个电话。

②P. F. (Pour Felicitation)：意即敬贺，用于节日或其他固定纪念日。

③P. C. (Pour Condoleance)：意即谨唁，在重要人物逝世时，表示慰问。

④P. R. (Pour Remerciement)：意即谨谢，在收到礼物、祝贺信或受到款待后表示感谢。它是对收到"P. F."或"P. C."名片的回复。

⑤P. P. C. (Pour Prendre Conge)：意即辞行，在分手时用。

⑥P. F. C. (Pour Feliciter Congratulation)：意即恭贺新禧。

⑦N. B. (Nota Bene)：意即请注意，提醒对方注意名片上的附言。

按照西方社交礼仪，递送名片应注意，一个男子去访问一个家庭时，若想送名片，应分别给男、女主人各一张，再给这个家庭中超过18岁的妇女一张，但绝不在同一个地方留下三张以上的名片；一个女子去别人家做客，若想送名片，应给这个家庭中超过18岁的妇女每人一张，但不应给男子名片；如果拜访人事先未约，也不想受到会见，只想表示一下敬意，可以把名片递给任何来开门的人，请他转交主人。若主人亲自开门并邀请进去，也只应稍坐片刻。

二、案例思考

[案例一]

某年中石化领导到我们单位视察，我们列队欢迎，领导与我们一一握手，我们是工人，领导与我握手时我是伸出右手去握，领导是双手握我的手。

分析：领导跟工人握手，领导是双手，我当时是单手，这样是否礼貌？

请学生模拟领导视察的合理握手情景。

[案例二]

某公司王经理约见一位重要的客户经理。见面之后，客户就将名片递上。王经理看完名片就将名片放到了桌子上，两人继续谈事。过了一会儿，服务人员将咖啡端上桌，请两位经理慢用。王经理喝了一口，将咖啡杯子放在了名片上，自己没有感觉，客户经理皱了皱眉头，没有说什么。

讨论：王经理的失礼之处。

接到对方名片后应该如何处置。

三、巩固提高

(一) 判断题

① 不管什么场合，都可以戴着手套和墨镜与人握手。（   ）

② 介绍礼的顺序是先向上级、长辈、地位高者、女士、官方人士、客人等介绍下级、晚辈、地位低者、非官方人士、主人。（   ）

③ 与人握手时目光应注视对方，以表示对对方的尊重。（   ）

④ 上下级握手，下级要先伸手，以示尊重。（　　）
⑤ 应先将未婚女子介绍给已婚女子。（　　）
⑥ 递名片时，名片的文字正面要朝向自己。（　　）
⑦ 接受他人名片时，应恭恭敬敬，双手捧接，并道感谢。（　　）
⑧ 当你介绍别人时，若突然想不起对方的名字，最好实事求是告诉对方。（　　）
⑨ 当别人介绍你时，说错了你的名字，不要去纠正，免得对方尴尬。（　　）
⑩ 为他人做介绍时，应该先把身份高的一方介绍给身份低的一方。（　　）

（二）选择题

① 在握手场合中，以下哪种是正确做法（　　）。
　A. 男士与女士见面时男士先伸手　　B. 上级与下级见面时上级先伸手
　C. 可以用左手与人相握　　　　　　D. 可以交叉握手

② 在餐桌上递送名片时，以下哪种是正确做法（　　）。
　A. 随缘递送
　B. 先给在场女士递送
　C. 严格按职位高低递送
　D. 先递给职务最高者，然后依次顺时针递送

四、实战演练

社交礼仪实训一

实训项目：为他人做介绍。

实训目标：通过训练，使学生了解为他人做介绍的语言技巧及动作规范，将所学到的礼仪知识运用到日常交际场合，熟练应用。

实训学时：1学时。

实训方法：① 教师先分别以介绍人和被介绍人的身份进行讲解示范，然后学生按规定程序操作。学生之间进行互相点评，教师指导纠正。
　　　　　② 学生3人或4人一组，自设情景，完成为他人做介绍。

实训考核：为他人做介绍训练考核内容，见表3-1所示。

五、演练检测

表3-1　为他人做介绍训练考核表

姓名：

考核内容	操作标准	分值	得分
语言	口齿伶俐,发音标准,介绍内容重点突出,主要分明,不零乱,不啰嗦,不冗长	40分	

续表

考核内容	操作标准	分值	得分
目光	注视被介绍人,目光和蔼亲切,不盯视,不打量	20分	
手势及站姿	右手掌心向上,拇指向外张开,其余四指并拢,随语言内容在两位被介绍人之间做手势辅助,身体直立,不倾斜,不将身体重心只放在一条腿上	20分	
顺序	先向上级、长辈、地位高者、女士、官方人士、客人等介绍,下级、晚辈、地位低者、男士、非官方人士、主人	20分	
总分		100分	

任务二 职场电话礼仪

【知识储备】

一、接打电话礼仪

（一）打电话的礼仪

就打电话的实际流程来看,要注意以下三个方面。

1. 事先准备

为了获得最佳的通话效果,每次打电话之前都要做好充分准备。比如,把受话人的姓名、电话号码、通话要点等内容列出一张"清单"。这样一来,通话的时候就可以以此办理,不至于出现边说边想、缺乏条理、丢三落四的情况。

这种方法简单易行,只要养成习惯,就会成为自己的自觉行动。它不仅于己方便,而且也能使通话对象感到自己办事情有板有眼、训练有素。

2. 打电话时间

按照惯例,通话的最佳时间有二:一是双方预先约定的时间;二是对方方便的时间。双方预先约定的时间不必再做介绍。

对方方便的时间。可以理解为对方在工作的时间,而且是比较方便接电话的时间。对于公事来讲,这个时间段一般是:上午9点至11点和下午14点至16点。这段时间是人们办公效率最高的时间,这段时间通话往往能够引起对方一定的重视,会很快收到有效答复。如果太早通话,对方可能还处于上班前的准备工作状态,没有完全安顿下来;如果临近下班时间打电话,对方可能已经在做下班准备了,注意力可能会不集中,影响事情的办理。中午休息的时间,也不要给对方打电话。

如果不是遇到十万火急的情况,不要在节假日、用餐时间和休息时间给别人打工作电话。

如果是打国际电话，必须要考虑时差。时差是由于世界各国所处地理位置不同而引起的时间差异，比如北京和纽约时差约 13 小时，如果北京时间下午 14 点给美国纽约打电话，那么美国纽约当时是凌晨 1 点钟左右。因此如果不注意时差问题，就会在错误的时间段给对方打电话，从而引起对方的不满。因此在拨打国际长途电话之前，一定要考虑到时差问题。

3. 通话长度

既然电话因公而打，就必须对通话的具体长度有所控制，因为在工作岗位上大家都很忙，不可能假借因公电话之名行煲电话粥之实。基本的要求是：以短为佳，宁短勿长。

作为因公的电话，刚开始基本的寒暄是必要的，但要点到为止，然后就开门见山、直奔主题。寒暄不要没完没了、本末倒置。交谈完毕后，再简单复述一下通话内容，然后就结束电话。

电话礼仪的"三分钟原则"，实际上就是"以短为佳，宁短勿长"基本要求的具体体现。但意思绝不是掐到三分钟的时候就断然挂电话，而是尽可能限制通话长度，以做到简练、明确，不要一件事反反复复地说，让对方听得厌烦。

如果是一次较长的电话交谈，在通话之初就要告诉对方这次通话的大致时间长度，在获得对方许可的情况下再继续。

（二）接电话的礼仪

接电话的礼仪，可以分为本人受话、代接电话以及录音电话等三方面。

1. 本人受话

本人受话，就是自己亲自接听别人打给自己的电话。自己接听电话的时候，按照电话礼仪的要求，需要注意三个问题。

（1）接听及时

接听电话是不是及时，实质上也反映着一个人待人接物的真实态度。一般情况下应该保证在电话铃响三声之内接听电话。但要避免在电话刚刚响起就接电话，否则说不准会让对方吓一跳。当电话响第二声以后接电话是最合适的时间。如果因为其他原因在电话铃响三声之后才接起的话，在接起电话后首先要说声："对不起，让您久等了！"

（2）应对谦和

接电话的时候，受话人要努力使自己的所作所为合乎礼仪，要注意：拿起话筒后，首先就要问好，然后自报家门。向打电话的人问好是出于礼貌；为了说明有人在接听。严禁以"喂"字开头，因为"喂"表示是希望先知道对方是谁，在等着对方告诉你。而且，如果"喂"时语气不好，就极容易让人反感。所以，接电话时的问候应该是热情而亲切的"您好！"。如果对方首先问好，就要立即问候对方，不要一声不吭，故弄玄虚。

至于要自报家门，则是为了告诉对方，这里是哪个单位或是哪个部门或是具体哪

一位。

通话的时候,不应该心不在焉,更不要把话筒放在一旁,任其"自言自语"。在通话过程中,对打电话的人的态度要谦恭友好,尤其是在打来业务电话咨询或有求于己的时候,更要表现得不卑不亢、热情亲切。

通话终止的时候,不要忘记向发话人说声"再见"。如通话因故暂时中断后,要等候对方再拨进来。对于重要的客人或上级,要主动拨回去。不要扬长而去,也不要为此而责怪对方。

接到误拨进来的电话,需要耐心、简短地向对方说明。如有可能,还要给对方提供必要的帮助,或者为其代转电话就行了,不要生气动怒,甚至出口伤人。

(3) 主次分明

接听电话的时候,要暂时放下手中的工作,不要和其他人交谈,或做其他事情。如果正在和别人谈话,要示意自己接电话,一会儿再说,并在接完电话后向对方道歉。同时也不要让打电话的人感到"电话打的不是时候"。但如果目前的工作非常重要,那么就要在接到电话后向来电者说明原因,表示歉意,并再约一个具体时间,到时候自己再主动打过去,当然要在通话的开始,再次向对方致歉。

纵然再忙,都不能拔下电话线,或者来电不接就直接挂断。这些都是非常不礼貌的行为。

2. 代接电话

每个人都会经常为同事代接、代转电话。代接电话的时候要注意以下几点。

(1) 礼尚往来

接电话的时候,假如对方所找的不是你,不要表现出失望和不乐意的情绪,也不要拒绝对方代找别人的请求,尤其是不要对对方所要找的人口有微辞。更不能因为个人感情就硬说对方要找的人是"没这个人"。同事之间互相代接电话,也是互利互助的事情,所以要讲究礼尚往来,有来有往。

(2) 尊重隐私

代接电话,不要充当"包打听"的角色,不要向来电者询问对方和他所找之人的关系。当打电话的人有求于己,要求转达某事给某人的时候,要诚实守信、不曲解意思地转告,而且没有必要对不相干的人提及。

当所要找的人就在附近,也不要大呼小叫地找人。当别人来电话的时候,不要进行"旁听",更不要插嘴。

在没有授权的情况下,不要随便说出对方所要找的人的私人手机号码。

(3) 准确记录

如果要找的人不在,要先向来电者说明,再问对方需不需要帮忙转达。对于来电者要求转达的具体内容,最好认真做好笔录。在对方讲完之后,还要重复一遍,以验证自己的记录是否正确无误。需记录别人电话时,要认真记下通话者单位、姓名、通话时间。

(4) 及时传达

当接到寻找别人的电话，先要弄明白"对方是谁""现在找谁"这两个问题。如果对方不愿讲第一个问题，也不必勉强。如果对方要找的人不在，应该先以实相告，再询问对方有什么事情。

如果要找的人就在旁边，要立即通知。如果答应替打电话者代为传话，就要尽快落实，不要置之脑后，或是存心拖延时间。

不到万不得已的时候，不要把代人转告的内容，再托付其他人转告。否则，既容易使内容走样，还容易耽误时间。

3. 录音电话

录音电话现在被越来越多的单位所使用。在使用录音电话时要注意以下两个方面。

(1) 留言制作

使用录音电话，少不了要制作一段录音留言。留言的常规内容有：问候语、电话机主的单位或是姓名、致歉语、留言的原因、对来电者的要求以及道别语等。

(2) 来电处理

工作中，如果不是十分必要则不必使用录音电话，如果使用就一定要做到"言必信，行必果"。在处理录音电话的时候要注意：对于正常的来电，要及时进行必要的处理。不可以一拖再拖，或者置之不理。不要以录音电话为借口托词自己的疏忽和错误。

(三) 接打电话的礼仪用语

1. 打出电话的礼仪用语

您好！我是××公司××部的×××，我要找贵公司经理×××先生。

您好！我是×××，我找×××经理。

2. 接听电话的礼仪用语

您好！××公司人力资源部×××，请讲。

您好！设计部，请讲。

3. 电话留言礼仪用语

您好！这里是×××公司×××部。本部门工作人员现在因公外出，请您在提示音响过之后留言，或者留下您的姓名和电话号码。我们将尽快与您联系。谢谢，再见。

二、手机礼仪

(一) 手机的放置

工作场合，手机要放在合乎礼仪的常规位置，如随身携带的公文包里或者上衣的内袋里。不要在不用的时候拿在手里或挂在上衣口袋外面，挂在脖子上或腰带上也不妥。

开会的时候可以把手机交给秘书、会务人员代管。也可以放在不起眼的地方，如背后、手袋里、衣服口袋里，但不要放在桌上。

（二）接打的声音

不管是接还是打，讲话的声音都要适度，没必要大声嚷嚷。特别是在公共场所更要注意，接听和拨打电话不要妨碍和影响别人，以免引起大家的侧目和反感；也不要当众表演，不注意自己的隐私。

如果遇到有些地方手机信号不好而导致无法通讯的时候，可以先挂机，过一会儿再联络，千万不要大声一味"喂！喂！"地呼叫，以免对别人产生干扰、引起别人的反感。

（三）手机微信

在一切需要把手机调到震动状态或是关机的场合，如果微信的声音此起彼伏，和直接接打手机又有什么区别呢？一边和别人说话，一边查看手机微信，同样说明你对别人不尊重、对谈话内容不在意。

对于微信内容的选择和编辑，应该和通话一样重视。通过你发出的微信，即使是你转发的，都意味着你赞同或至少不否定微信的内容，它反映了你的个人素质和水准。所以不要编辑或转发低俗、不健康的微信。

（四）铃声的使用

传统的手机铃声似乎已经无法满足人们的需要了。现在越来越多的人，特别是年轻人喜欢使用彩铃。有些彩铃很搞笑，或很怪异，和千篇一律的铃声比较起来，确实有独特之处。但是彩铃是给打电话的人听的，如果你需要经常用手机联系业务，最好不要用过于怪异、格调低下的彩铃，以免影响你和单位的形象。

【能力拓展】

一、知识拓展

（一）接打电话的特别提示

接打电话的质量，反映了一个人对待工作的真实态度。对方通过你接、打电话的方式、表现，对你的形象、性格、素质会进行无限的描述、想象。

一般情况下，如果是主动打出的电话，应该自己先挂电话；比较通行的借鉴方式，就是让尊者先挂电话。挂电话的方式，是先按断扣机键，然后再轻轻扣上电话机。

（二）不适合用手机的场合

① 在参加会议、宴会、舞会、音乐会，观看一些体育比赛，及参观各类展览等公

共场合活动或身处电影院、图书馆时，应将手机铃声调至静音或震动。尽量不要使用手机。若有重要来电必须接听时，应避开众人后再开始与对方通话；如果实在不能离开，又必须接听，则要压低声音，一切动作以不影响在场的其他人为原则。

② 在和客人洽谈时，关掉手机或者至少把手机调成震动状态是必要的，以免分散自己的精力，也是对对方的尊重。

③ 在驾驶车辆时，不能接打手机，否则由于精力的分散极易导致交通事故的发生。有些国家法律规定驾驶车辆时严禁接打手机，否则就是触犯法律。

④ 在飞机起飞和降落停稳前，一定要关闭手机。因为移动电话信号能干扰飞机导航系统，影响飞行安全。

⑤ 在加油站附近严禁使用手机，否则有可能酿成火灾。

⑥ 在医院探视病人时，一些医疗仪器设备附近不允许使用手机，否则会影响医疗设备的正常使用。

⑦ 此外，在一切标有文字或图示禁用手机的地方，均须遵守规定。

二、案例思考

[案例一]

爱迪森企管顾问有限公司的总经理巫文瑜女士讲了一个她自己经历的事情。有一次，一家公司的老总邀请她到自己的公司去商谈一些事情，希望巫文瑜女士的公司为他策划一些事情。时间已经定好了。到了那天，巫文瑜女士准备去这家公司。出于礼貌，去之前，她先给这家公司的办公室打了一个电话，告诉对方自己要去了。但是对方拿起电话后第一句却是："喂，你是谁？"非常不礼貌，巫文瑜女士就说："我是巫文瑜，请你告诉你们老总我一会儿就去见他。"对方却大声大气地说："他不在。"接着"啪"地一声挂了电话。巫文瑜女士很气愤，但她毕竟是一位老总，气度大，于是又打了第二个电话。这一次还没等她说话，对方就很不耐烦地说："已经告诉你了，他不在。烦人。""啪"地一声又挂了电话。这一次巫文瑜女士真的生气了。从此以后，这家公司老总的邀请都被她婉言谢绝了，尽管这位老总保证不会再出现类似事件，而且还炒了那位接线员的鱿鱼。就这么一个电话，这个公司的形象全被毁了。

讨论：电话礼仪对一个企业来说意味着什么？

[案例二]

日本有一个特别有名的销售员，有人结合他的经历写了一本书，叫《史上最伟大的推销员》。这个推销员的伟大之处在哪儿呢？

有一天晚上，他回到家后，比较累了，决定先睡一觉。但他定了一个闹钟，同时告诉他妻子，晚上十点的时候，一定要把他叫起来，因为他跟一个很重要的客户约好在十点半的时候打电话。

到十点的时候，不等他妻子催他，他听到闹钟就醒了，然后去洗手间洗漱，接着又是刮胡子，又是穿衬衫、打领带的，还穿上了西装和皮鞋。最后拿了个本子，在电话机旁正襟危坐，一到十点半就准时给对方打电话。

业务倒是谈得很顺利，十几分钟就搞定了。但是他这番怪举动让他妻子感到很奇怪：不就一个电话吗？有必要搞得跟个神经病似的吗？大半夜的还要起来精心打扮一通，好像现在不是晚上，而是星期一一大早。

你猜他是怎么解释的？他跟他妻子说，如果我很邋遢、很懒散的话，对方虽然看不到我的样子，但是我自己的精神面貌不好，而这会通过我的语气变化传达到对方那里。经过这么一番打扮，我看起来正式多了，人也精神多了。虽然看不见对方，我也要尊重对方，我相信，对方一定能感受得到！

一个人的成功与伟大，从来都不是无缘无故的。他凭借着这样的好心态赢得了众多的客户，很多客户觉得，不管什么时候和这个推销员打电话，都会感觉他精神百倍，好像全心全意地在做这件事。客户要是感觉到你是全心全意的，哪怕只是一通电话，他也会觉得受到了极大的尊重。

讨论：这个案例对你有什么启示？

三、巩固提高

（一）判断题

① 工作人员可利用节假日、午休或用餐时间打工作电话给他人。（　　）

② 听到对方挂断电话后，方可收线，收线时要轻放电话。（　　）

③ 当对方要找的人就在附近时，要告知对方"请稍后"，然后立即去找，注意不要大声喊人，不要让对方等候过久。（　　）

④ 工作人员在与他人互通电话时，尤其是在接听电话时，不需要进行记录。（　　）

⑤ 对重要的电话记录，尤其记录涉及行业秘密时，要严格保密。（　　）

⑥ 电话语言要求礼貌、简洁明了，以准确地传递信息。（　　）

⑦ 早晨七点前、晚上十点后一般不宜给人打电话。（　　）

⑧ 假如是与上级、长辈、客户电话，无论你是接电话还是打电话，都最好让对方先挂断。（　　）

⑨ 见特别重要的客人时，手机调到震动就可以。（　　）

⑩ 使用手机微信时，尽量使用清楚明白的语言，不随意简化省略。（　　）

（二）选择题

① 双方通电话，应由（　　）挂断电话。

A. 主叫先挂电话

B. 被叫先挂电话

C. 尊者先挂电话

D. 不做要求，谁先讲完谁先挂，最好同时挂

② 当您的同事不在，您代他接听电话时，应该（　　）。
A. 先问清对方是谁　　　　　　　　B. 先告诉对方他找的人不在
C. 先问对方有什么事　　　　　　　D. 先记录下对方的重要内容
③ 接电话时，拿起话筒的最佳时机应在铃声响过（　　）之后。
A. 一声　　　　B. 两声　　　　C. 四声　　　　D. 六声
④ 在正常情况下，每一次打电话的时间最好遵循（　　）原则。
A. 10分钟原则　　　B. 5分钟原则　　　C. 3分钟原则　　　D. 1分钟原则

四、实战演练

社交礼仪实训二

实训项目：电话用语。

实训目标：掌握电话用语的规范使用，并能熟练运用，以帮助从事工作的职场人员在服务场合能正确地使用电话用语，从而体现对接待对象的尊重。

实训学时：1学时。

实训方法：① 将学生分组，每组5~6人。由学生分组练习，教师指导。
　　　　　② 学生分组考核，用摄像机等记录学生考核过程。
　　　　　③ 回放考核过程，学生进行自我评价，教师总结点评学生存在的个性与共性的问题。

实训准备：职业装、电话、大屏幕教室等。

实训考核：实训考核内容见表3-2所示。

五、演练检测

表3-2　电话用语训练考核表

姓名：

程序	操作标准	评分标准	配分	得分
通话前准备	① 打电话前：备好电话号码，想好通话内容，慎选通话时间，挑准通话地点； ② 接听电话前：确保畅通，专人值守，预备记录	① 备好电话号码 ② 想好通话内容 ③ 慎选通话时间 ④ 挑准通话地点	2分 3分 2分 3分	
通话初始	① 通话初始问候； ② 双方自我介绍； ③ 双方进行确认	① 通话初始问候 ② 双方自我介绍 ③ 双方进行确认	5分 5分 5分	
通话中	① 内容紧凑； ② 主次分明； ③ 重复重点； ④ 积极呼应	① 内容紧凑 ② 主次分明 ③ 重复重点 ④ 积极呼应	5分 5分 5分 5分	

续表

程序	操作标准	评分标准	配分	得分
通话结束	① 再次重复重点； ② 暗示通话结束； ③ 感谢对方帮助； ④ 代向他人问好； ⑤ 互相进行道别； ⑥ 话筒轻轻挂上	① 再次重复重点 ② 暗示通话结束 ③ 感谢对方帮助 ④ 代向他人问好 ⑤ 互相进行道别 ⑥ 话筒轻轻挂上	5分 5分 5分 5分 5分 5分	
代接电话	① 若对方要找的人就在附近，应告诉对方"请稍后"然后立即去找，注意不要大声喊人，不要让对方等候过久； ② 若对方要找的人已外出，应告诉对方，并询问对方：请问您是哪位？是否有事需要转达，您愿不愿意留下姓名和电话？如对方有事需要转达，应认真记录，并尽快转达； ③ 若对方要找的人不便接听，可请对方稍后再打	① 当对方要找的人就在附近，告知对方后立即去找 ② 当对方要找的人已外出，应先告知，然后再询问对方 ③ 对方要找的人不便接听时，请对方稍后再打	5分 5分 5分	
做好 电话记录	① 记录内容：来电时间，通话地点，来电人情况，主要内容及处理方式等； ② 电话记录精心保管； ③ 重要的电话记录，尤其是涉及行业秘密时，要严格进行保密； ④ 电话记录转达后，对其进行必要处理	① 记录内容全面 ② 记录簿精心保管 ③ 记录内容保密 ④ 对记录进行处理	3分 2分 2分 3分	
总分			100分	

任务三 职场沟通礼仪

【知识储备】

一、称呼礼仪

称呼语是指接待人员对宾客的尊称。正确地称呼对方是人与人交流的第一步，不仅是尊重对方的重要表现，也显示出自身的修养和风度。如果称呼语使用不当，就会伤害客人的感情，还会给企业的声誉带来负面影响。在接待工作中，使用礼貌用语是对接待人员的基本要求，接待人员在称呼上要掌握一些常用的习惯性的称呼，在为客人提供服务时正确使用，以免造成误会。

（一）一般称呼

男宾无论其年龄大小与婚否，可统称为"先生"。女宾则应该根据其婚姻状况来确定称呼：对已婚女子称"夫人"（东南亚国家称"太太"）或"女士"；对未婚女子称"小姐"；对婚姻状况不明的女宾，可称"小姐"或"女士"。对成年女士贸然称呼"夫人"，很有可能因为误解而激起对方的恼怒。

以上称呼可以连同姓名、职衔、学位一起使用。如"史密斯先生""格林太太""布朗小姐""总裁先生""法官先生"等。

（二）称呼职务

在公务活动中，可以对方的职务相称。例如，称其为"部长""经理""处长""校长"等。

对在政府部门、企业公司任职的人来说，称呼他们的职务是对他们的尊重和赞美，这种称呼方式在我国最为常用。如果知道其姓氏，在其所担任的职务前加上则会更礼貌，如王市长、李经理、赵厂长、张主任等，称职务会给对方以尊严感和荣誉感。

对职务高的官方人士，如部长以上的高级官员，可称之"阁下"。例如"总统阁下""大使先生阁下"等。对有高级官衔的妇女，也可称"阁下"。但在美国和德国等国家没有称"阁下"的习惯，对这些国家的相应人员，应称"先生"或"女士"。

（三）称呼职业

对于没有职务的人，我国习惯以对方的职业为特点来称呼，如周老师、刘秘书、王律师、司机师傅、导游女士等。这种称呼方式也能很好地体现出对对方的礼貌和尊重，较有亲切感。

（四）按与对方的关系称呼

对同事、同学、朋友、邻居等彼此熟悉的人，称呼一般简单随便。除了可用以上称呼职务或职业的方式外，为了体现亲切感，对比自己年长者，可在其姓氏前加一个"老"，如老李、老马；而比自己年幼者可称其小李、小马；关系更好的还可称呼对方的名字。

（五）特殊性的称呼

对于君主制国家的王室成员和神职人员应该用专门的称呼。如在君主制国家，按传统习惯称国王、王后为"陛下"，如"国王陛下""王后陛下"；称王子、公主、亲王为"殿下"；对有爵位的人士可称爵位，也可称"阁下"或"先生"。对教会中的神职人员，一般可称其在教会的职称。知其姓名的，称其姓名和职称，如"福特神父"；不知其姓名的，称其职称和先生，如"传教士先生""牧师先生"等。有时主教以上的高职位神职人员也可称为"阁下"，如"大主教阁下"。

对于军人，一般称军衔。知其姓名的，可称其姓名和军衔，如"莫利上校"；不知其姓名的，称其军衔和先生，如"上校先生"等。有些国家对将军、元帅等高级军官也称"阁下"，如"戴维斯将军阁下"。

接待服务人员在为客人提供服务的过程中,切忌使用"喂"来招呼客人,即使客人离你较远,也应该使用敬称。切记,不能对客人使用不礼貌、不尊重的称呼。

二、问候礼仪

问候礼通常简称为问候、问好、问安,或者称之为打招呼。它是指在与他人相见时,以专用的语言或动作向他人询安问好。见面打招呼是最普通的礼仪,它发生在瞬间,却影响久远。在接待工作中,接待人员在需要问候接待对象时,应注意如下三个问题。

(一)问候次序

会面时,特别是在正式会面的时候,宾主之间的问候要讲究一定的次序。

1. 一个人问候另一个人

一个人和另外一个人之间的问候,通常是"位低者先问候"。即身份较低者或年轻者首先问候身份较高者或年长者。

2. 一个人问候多人

这时候既可以笼统地加以问候,比如说"大家好";也可以逐个加以问候。当一个人逐一问候许多人时,既可以由"尊"而"卑"、由长而幼地依次而行,也可以由近而远依次而行。

(二)问候态度

问候是敬意的一种表现,态度上需要注意以下几点。

1. 要主动

问候别人,要积极、主动。当别人首先问候自己后,要立即予以回应,不要不理不睬摆架子。

2. 要热情

问候别人的时候,通常要表现得热情、友好。毫无表情,或者表情冷漠的问候不如不问候。

3. 要自然

问候别人的时候,主动、热情的态度,必须表现得自然而大方。矫揉造作、神态夸张,或者扭扭捏捏,反而会给人留下虚情假意的不好印象。而且要专注。问候的时候,要面含笑意,以双目注视对方的两眼,以示口到、眼到、意到,专心致志。不要在问候对方的时候,眼睛已经看到别处,让对方不知所措。

(三)问候内容

"您好"是最常用的问候语,适用于任何场合、任何时间,但切忌一味地使用"您好"。接待人员应当根据具体的时间和地点,选择合适的问候语。

与客人初次见面时,应主动对客人说:"您好!欢迎光临!"或"您好,见到您很高兴。"若是已认识的客人则说:"××小姐(××先生),欢迎再次光临……"或

"××小姐（××先生），我们一直在恭候您的再次光临。"

在一天之中不同的时间问候客人，应注意采用不同的问候语，如"早上好""您早""中午好""晚上好"等。

与西方人打招呼，一定不要用中国人见面时常用的"你上哪儿去呀？"或"你到哪儿去了？"等问候语，这会被他们认为是想要探知别人隐私的失礼行为。也不要见面就问："你吃过饭了吗？"这样问往往会被误解成你要请他们一起用餐。

当前在国际交往中，问候用得比较多的是"您好"，需要注意的是：在关系比较熟悉的情况下才使用这样的招呼用语；在关系不太熟悉的情况下，或是为了表示尊重，最好不要使用"您好"，比较有把握的问候用语是"早晨好！""下午好！""晚上好！"

美国人与人问候比较随便，大多数情况下，只要不是初次见面，都可以用"您好"来打招呼，很少讲究身份、年龄和级别等；欧洲人就不那么随便了，比如年轻人对年长者、身份低的对身份高的，就不宜随便使用最简单的用语"Hello"（你好）来打招呼，而应该用"早晨好""下午好""晚上好"等用语来打招呼。

在巴基斯坦及中东地区国家，由于多信奉伊斯兰教，问候的第一句话就是"真主保佑"，以示祝福。在泰国、缅甸、斯里兰卡等信奉佛教的国家则说："愿菩萨保佑。"

三、赞美的技巧

赞美他人，是我们在日常生活中常常碰到的。要建立良好的人际关系，恰当地赞美他人是必不可少的。美国一位著名社会活动家曾推出一条原则："给人一个好名声，让他们去达到它。"事实上被赞美的人宁愿作出惊人的努力，也不愿让你失望。赞美是对他人的行为、举止及进行的工作给予正面的评价，赞美是发自内心的肯定与欣赏。赞美的目的是传达一种肯定的信息。你所赞美的人会因有了激励更自信，想要做得更好。

（一）赞美的态度要真诚

每个人都珍视真心诚意，它是人际沟通中最重要的尺度。英国专门研究社会关系的卡斯利博士曾说过："大多数人选择朋友都是以对方是否出于真诚而决定的。"古人说得更好："精诚所至，金石为开。"如果你在与人交往时不是真心真意，那要与他建立良好的人际关系是不大可能的。所以在赞美时，你必须确定你赞美的人确实有此优点，并且要有充分的理由赞美他。

（二）赞美的内容要具体

赞美要依据具体的事实评价，除了用广泛的用语如："你很棒！""你表现得很好！""你不错！"最好加上具体事实的评价。例如："你的调查报告中关于技术服务人员提升服务品质的建议，是一个能针对目前问题的好解决方法，谢谢你提出对公司这么有用的办法。""你这次处理客户投诉的态度非常好，自始至终婉转、诚恳，并针对问题提出解决方案，你的做法正是我们期望员工能做的标准典范。"

(三) 注意赞美的场合

在众人面前赞美，对被赞扬人而言，当然受到的鼓励是最大的，这是一个赞扬他人的好方式，但公开赞扬最好是能被大家认同及公开评价的事项。例如：业务竞赛优胜者，或是社会大众认同的义举，对公司产生重大的贡献，在公司服务20年的资深员工等，这些值得公开赞扬的行为都是在公平竞争下产生的，或是已被社会大众或公司全体员工认同的。

(四) 赞美技巧的运用

1. 锦上添花式

锦上添花式的赞美就是好上加好，不过所添之"花"必须有特色。我们用锦上添花的方法赞美同事、朋友时，一定要有真诚的态度。这时的同事、朋友已经有了"锦"，不一定需要别人的"花"了，如果赞美没有真诚的态度，就容易引起对方的反感甚至是误会；而如果所添之"花"有特色，就能够引起对方的共鸣。

2. 雪中送炭式

雪中送炭式的赞美是最具有功德性的赞美，在人们最需要他人鼓励的时候能够听到我们的一声真诚的赞美，将有十分明显的激励作用，能够更加坚定他人奋发努力的信心。在同事、朋友遇到困难或者心情不太愉快的时候，我们可以使用这种赞美方式，抓住同事、朋友的某个特点或某一件事情赞美他们，使同事、朋友获得真诚的鼓励。

3. 笼统模糊式

笼统模糊式的赞美主要适宜浅层次的赞扬，属于策略性的赞美。一般多用于与同事、朋友相关的各种主客观的整体性因素的表扬，比如，对大多数同事、朋友所代表的整个企业的表扬、对友人家乡的各种情况的赞扬等。

4. 具体清晰式

具体清晰式的赞美主要是赞美的内容要具体，最好具体到赞美什么、为什么赞美等内容。比如，听说某一同事、朋友的家乡在杭州，你就赞美说："杭州可是一个好地方啊，俗话说'上有天堂，下有苏杭'，白居易也抒发了'未能抛得杭州去，一半勾留是此湖'的慨叹。这些对杭州的吟咏、赞美不能不使没去过杭州的人愈发向往杭州，不能不使去过杭州的人愈发怀恋杭州。"不用说，无论多么有个性的同事、朋友听了都会由衷地感到高兴的，都会理解你的善意。

5. 直接鼓励式

在一般社交礼仪中，直接鼓励式的赞美多用于有地位级差的情况，即多用于从高到低的情况。但是在组织中，即使你的身份地位低于同事、朋友，也可以使用直接鼓励式赞美同事、朋友。比如，一位年长同事非常准时地按照约定的时间到指定地点集合了。你就应该立刻进行直接性的表扬："您真是太准时了，长辈人的时间观念就是强啊，公德修养就是高啊！"你的年长同事、朋友绝不会因为你是年轻人，就会对你的这种赞美不以为然的。

6. 间接迂回式

间接迂回式的赞美主要是含蓄地表达赞美意向，从而不露痕迹地巧妙地称赞对方，让对方在不知不觉之中潜移默化地受到融洽气氛的感染。如果要间接地赞美某一个同事、朋友，可以从他的职业、籍贯、民族、习俗、地域、特产、气候特点等方面进行。比如，可以赞美同事、朋友："到底是教师啊，素养就是高。""真是天堂出靓女呀，杭州的女孩子就是漂亮。""听说您的母校非常有名，出了许多优秀的人才。""您是山东人呀，山东真是太厉害了，中国一些大名牌都让你们山东给包了。"这些赞美虽然不是直接针对同事、朋友，但有时候比直接赞美他的效果更好，受到恭维的同事、朋友一样会喜不自禁、眉开眼笑的。他们会生出一种自豪感，为自己的职业、家乡、民族和习俗等感到由衷的骄傲。

7. 对比显长式

对比显长式的赞美常常是以比较对象之短来对比赞美对象之长。使用这种方式，一定要特别讲究表达方式，追求良好的表达效果。首先，赞美对象的"长"是清晰而具体的，比较对象的"短"则应该是笼统而模糊的，不能指向特定对象，否则，就会影响赞美的效果。其次，比较时不能当着有"短"的一方的面说，否则就会伤害这一方，赞美的效果同样要受到影响。比如，你赞美一位老年同事的毛衣外套，说："您的外套真是太好看了，这种花色与款式的妙处只有像您这样有眼光的长辈才能发现，现在的年轻人就不太会体会其中的审美效果了。"老年同事听了以后当然高兴，但是一定不能当着年轻同事说这种话，否则，会引起年轻同事的不满。

8. 显微放大式

抓住每一个具体的小事及时赞扬，表现出一种十分细致的体贴入微，这会使同事、朋友感到由衷的高兴。一个人值得赞美的地方不仅是因为其具有明显的优点或长处，而且还蕴藏着许多不明显的或尚未明显表现出来的可贵之处。我们运用显微放大的方式赞美同事、朋友，有助于进一步发掘同事、朋友的各种潜能，从而进一步发挥他们的积极性。

【能力拓展】

一、知识拓展

（一）接待工作中的称呼禁忌

人际交往中，在使用称呼时，一定要避免以下几种错误的做法。其共同的特征，是失敬于人。

1. 使用错误的称呼

使用错误的称呼，主要在于粗心大意，用心不专。常见的错误称呼有两种：

（1）误读

误读，一般表现为念错被称呼者的姓名。比如"郇""查""盖"这些姓氏就极易弄错。要避免犯此错误，就一定要做好先期准备，必要时不耻下问，虚心请教。

（2）误会

误会，主要指对被称呼的年纪、辈分、婚否以及与其他人的关系作出了错误判断。比如，将未婚妇女称为"夫人"，就属于误会。

2. 使用过时的称呼

有些称呼，具有一定的时效性，一旦时过境迁，若再采用，难免贻笑大方。比方说，在法国大革命时期，人们彼此之间互称"公民"；在我国古代，对官员称为"老爷""大人"。若将它们全盘照搬进现代生活里来，就会显得滑稽可笑，不伦不类。

3. 使用不通行的称呼

有些称呼，具有一定的地域性，比如，北京人爱称人为"师傅"，山东人喜欢称呼"伙计"；但是，南方人听来，"师傅"等于"出家人"，"伙计"肯定是"打工仔"。中国人把配偶称为"爱人"，小孩称为"小鬼"。而外国人则将"爱人"理解为进行"婚外恋"的"第三者"，将"小鬼"理解为"鬼怪""精灵"。可见，相同的称呼理解起来却"南辕北辙"，容易产生误会。

4. 使用不当的行业称呼

学生喜欢互称为"同学"，军人经常互称"战友"，工人可以称为"师傅"，道士、和尚可以称为"出家人"，这并无可厚非。但以此去称呼"界外"人士，想表示亲近，没准对方不仅不领情，反而产生被贬低的感觉。

5. 使用庸俗低级的称呼

在人际交往中，有些称呼在正式场合切勿使用。例如"兄弟""朋友""哥们儿""姐们儿""磁器""死党""铁哥们儿"等一类的称呼，否则就显得庸俗低级，档次不高。它们听起来令人肉麻不堪，而且带有明显的黑社会人员的风格。逢人便称"老板"，也显得不伦不类。

6. 使用绰号作为称呼

对于关系一般者，切勿自作主张给对方起绰号，更不能随意以道听途说来的对方的绰号去称呼对方。至于一些对对方具有侮辱性质的绰号，例如，"北佬""阿乡""鬼子""鬼妹""拐子""秃子""罗锅""四眼""肥肥""傻大个""柴禾妞""北极熊""黑哥们儿""麻杆儿"等，则更应当免开尊口。另外，还要注意，不要随便拿别人的姓名乱开玩笑。要尊重一个人，必须首先学会去尊重他的姓名。每一个正常人，都极为看重本人的姓名，而不容他人对此进行任何形式的轻贱。对此，在人际交往中，一定要予以牢记。

(二) 沟通时的细节处理

沟通时，细节的处理上要遵守一定的既成惯例。

1. 注意倾听

在交谈时，倾听可以通过专注的眼神和语言表现出来，倾听对方谈话时应注视对方，全神贯注，眼神是自然、柔和的。还应适时地配合对方的谈话，用语言或身体来表示自己在认真聆听对方的谈话。例如，适当的点头、微笑、手势等以及配合语言，如"是吗？""真遗憾啊！"等都表明自己在认真倾听，会使谈话气氛更加活跃、融洽。

2. 谨慎插话

交谈中不应当随便打断别人的话，要尽量让对方把话说完再发表自己的看法。如确实想要插话，应向对方打招呼："对不起，我插一句行吗？"但所插之言不可冗长，一两句点到即可。

3. 礼貌进退

参加别人谈话之前应先打招呼，征得对方同意后方可加入。相应地，他人想加入己方交谈，则应以握手、点头或微笑表示欢迎。如果别人在个别谈话，不要凑上去旁听。若确实有事需与其中某人说话，也应等到别人说完后再提出要求。谈话中若遇有急事需要处理，应向对方打招呼并表示歉意。值得注意的是，男士一般不宜参与妇女圈子的交谈。

4. 注意交流

交谈是一个双向或多向交流过程，需要各方的积极参与。因此在交谈时切勿造成"一言堂"的局面。自己发言时要给其他人发表意见的机会，别人说话时自己要适时发表个人看法，互动式促进交谈进行。

二、案例思考

[案例一]

你把照顾金鱼和给盆栽小西红柿浇水的任务交给了孩子，可他不是一天喂两次金鱼就是三天忘了喂食，更想不起要给小西红柿"喝水"了。但是最近三天，他却很好地完成了任务。你心里虽然满意，嘴里却说："你这几天终于记住了自己该做的事，真是太阳从西边出来了！明天可别再忘了！"

分析：这样的赞美对吗？该怎样赞美？

[案例二]

众多的宾客在恭维台湾吴老先生来大陆投资，吴老先生神采飞扬，高兴地应承着这些祝贺的话。宾主频频碰杯，服务员小姐忙进忙出，热情服务。

不料，过于周到的服务员小姐偶一不慎，将桌上的一双筷子拂落在地。"对不起"服务员小姐忙道歉，随手从邻桌上拿过一双筷子，褪去纸包，搁在老先生的台上。

吴老先生的脸上顿时多云转阴，煞是难看，默默地注视着服务员小姐的一连贯动作，刚举起的酒杯一直停留在胸前。众人看到这里，纷纷帮腔，指责服务员小姐。

服务员小姐很窘，一时不知所措。

吴老先生终于从牙缝里挤出了话："晦气，"顿了顿："咳，你怎么这么不当心，你知道吗？这筷子落地意味着什么？"边说边瞪大眼睛："落地即落第，考试落第，名落孙山，倒霉呀，我第一次在大陆投资，就这么讨个不吉利。"

服务员小姐一听，更慌了，"对不起，对不起"，手足无措中，又将桌上的小碗打碎在地。服务员小姐尴尬万分，虚汗浸背，不知如何是好，一桌人有的目瞪口呆，有的吵吵嚷嚷地恼火，有的……

就在这时，一位女领班款款来到客人面前，拿起桌上的筷子，双手递上去，嘴里发出一阵欢快的笑声："啊，吴老先生。筷子落地哪有倒霉之理，筷子落地，筷落，就是快乐，就是快快乐乐。"

"这碗嘛，"领班一边思索，同时瞥了一眼服务员小姐，示意打扫碎碗。服务员顿时领悟，连忙收拾碎碗片，"碗碎了，这也是好事成双，我们中国不是有一句老话吗——岁岁平安，这是吉祥的兆头，应该恭喜您才是呢。您老这次回大陆投资，一定快乐，一定平安。"

刚才还阴郁满面的吴老先生听到这话，顿时转怒为喜，马上向服务员小姐要了一瓶葡萄酒，亲自为女领班和自己各斟了满满一杯，站起来笑着说："小姐，你说得真好！借你的吉言和口彩，我们大家快乐平安，为我的投资成功，来干一杯！"

分析讨论：接待人员的语言的重要作用。

三、巩固提高

（一）判断题

① 雅语是在与师长或身份、地位较高的人交谈时使用的语言。（　）
② 在公共汽车上或地铁车厢内遇到熟人要主动大声招呼对方。（　）
③ 观看足球比赛时，当自己崇拜的球队失利时，要冷静对待，不应出现过激行为，要使用文明语言鼓励队员。（　）
④ 对陌生人和初次交往者称呼较为随便，不受限制。（　）
⑤ 交谈是建立良好人际关系的重要途径，也是日常接待的主体。（　）
⑥ 在与人交谈时，如果无其他重要约会，最好少看自己的手表。（　）
⑦ 初次见面可以谈健康问题。（　）
⑧ 与人交谈时要目不转睛地盯着对方看。（　）
⑨ "年龄"不属于隐私类话题，可以在交谈中使用。（　）
⑩ 交谈时应该是等对方把话说完，再进行发言。（　）
⑪ 在闲谈的时候要注意选择安全性话题。（　）
⑫ 与人交谈时要注意聆听。（　）

（二）选择题

① 问候是敬意的一种表现，以下不属于态度上需要注意的是（　）。
　A. 要主动　　　B. 要刻意准备　　　C. 要热情　　　D. 要自然
② 称呼有其特殊性，以下不属于称呼特殊性的是（　）。
　A. 教授　　　B. 殿下　　　C. 阁下　　　D. 牧师先生

项目四

职场公务礼仪

 职场接待礼仪

【知识储备】

 接待前的准备

（一）确定接待规格

公务接待必须要根据来访者的身份确定接待规格。接待规格是从主陪人的角度而言的。确定接待规格一定要考虑到多方面的因素。并不是规格越高越好。经常用高规格接待会影响领导的工作。

1. 高规格接待

所谓高规格接待，就是主要的陪同人员比主要来宾的职务高的接待方式。如一个公司副总经理接待上级单位派来了解情况的工作人员，或接待一位重要客户，而该客户的职务不过是某公司部门经理。采取高规格接待的目的是要表示对对方的重视和礼遇。

2. 对等接待

所谓对等接待，就是主要的陪同人员与主要来宾的职务相当的接待方式。这是最常用的接待规格。来宾是什么级别，本单位也安排相应级别的人接待作陪。

3. 低规格接待

所谓低规格接待，就是主要的陪同人员比主要来宾的职务低的接待方式。这种接待规格常用于基层单位，比如某上级领导到下属企业视察，其企业最高领导的职务也不会高于该领导，这就属于低规格接待。这种接待要特别注意热情、礼貌，否则很容

易让人有种受冷落的感觉。

高规格接待固然能表现出重视、友好，但它会占用主陪人的很多时间，经常使用会影响主陪人的正常工作。低规格接待有时是因单位的级别造成的，有时是另有原因，用得不好，会影响与对方的关系。对等接待是最常用的接待方式。

影响接待规格的因素还有如下一些：

① 对方与我方的关系。当对方的来访事关重大或我方非常希望发展与对方的关系时，往往以高规格接待。

② 一些突然的变化会影响到既定的接待规格。如上司生病或临时出差，只得让他人代替，遇到这类情况，必须向客人解释清楚，向客人道歉。

③ 对以前接待过的客人，接待规格最好参照上一次的标准。

④ 接待规格的最终决定权在上司那里。当接待规格定下来以后，工作人员应当把我方主要陪同人员的姓名、身份以及日程安排告知对方，征求对方意见，得到对方认可。

（二）接待前的物质准备

1. 环境准备

整齐干净的环境会让来宾有舒适、规范、郑重其事的感觉。如果要张贴欢迎海报、横幅，一定要张贴在显眼的地方。

接待环境应该清洁、整齐、明亮、美观、无异味。接待环境包括前台、会客室、办公室、走廊、楼梯等处。

办公桌上的文件、文具、电话等物品要各归其位、摆放整齐。不常用的东西和私人用品，应该放到抽屉里固定的地方，以便使用时立即就能找到。

2. 办公用品准备

与接待工作相关的用品有以下几种：

① 前厅：为客人准备的座椅。让客人站着等候是不礼貌的。座椅样式应该线条简洁、色彩和谐。

② 会客室：桌椅摆放整齐，桌面清洁，没有水渍、污渍。墙上可挂与环境协调的画，也可挂公司领导与国家领导人的合影，或某次成功的大型公关活动的照片，以提高公司的信誉度。桌上可放一些介绍公司情况的资料。另外，茶具、茶叶、水果、饮料要准备齐全。一般客人可以用一次性纸杯，重要客人还是用正规茶具为好。会客室应有良好的照明及空调设备。复印机等即使不放在会客室，也不要离得太远。

客人走后，要及时清理会客室，清洗茶具、烟灰缸，换空气，然后关好门。否则，下一批客人会感到不受重视。

3. 交通食宿准备

在客人到来之前，要事先了解客人乘坐的交通工具，如果是带车来访，只要在门口做好准备即可；如果是乘汽车、火车、轮船、飞机而来，要做好接站准备。

要安排好客人食宿。为客人选择住宿地点,既要考虑来宾的身份,又要符合本单位的具体规定。另外,选择的住宿地要考虑到交通、环境、卫生、饮食、气温、朝向等因素,还要考虑到来宾有无特殊的宗教信仰或生活习惯。如果是外宾,应优先考虑安排他们入住国际连锁酒店,这样无论在环境、语言还是饮食上,都更符合他们自己的习惯。

(三)接待前的心理准备

无论来访的客人是预约的还是未预约的,是易于沟通的还是脾气急躁的,都要让对方感到自己是受到欢迎、得到重视的。接待客人要抱有"感谢光临"的态度和心理。当客人很多或难于应对的时候,要暗示自己"别急,别急,一件一件解决,总能办完"。当客人发火或急躁时,不要受其影响,是自己的问题就应道歉;是公司的或其他人的问题,作为接待人员也应该道歉,因为接待人员被客人看作是公司的代表。看到同事在招待客人,要有主动协助的精神,不能认为不是自己的客人就不予理睬。

(四)接待前的知识准备

1. 了解来宾的基本情况

接待的准备工作是为接待好客人而做的。要想使接待工作做好,就必须事先详细了解客人的情况。比如来访者的人数、姓名、性别、年龄、职务、所搭乘的交通工具、到达的具体时间,甚至还应该包括饮食习惯、民族以及宗教信仰。这样的话就方便安排接待、住宿、用餐,以及可以一定程度上规避忌讳、冲突的发生等。了解来访者的具体身份,也便于安排接待规格。

2. 自我情况的了解

要考虑到此次接待将要讨论的问题,对于客人谈什么,怎么谈,承诺什么,怎样承诺,询问什么,怎么询问等问题,要做到心中有数。这样的话,当谈到这些问题的时候,才能迅速、规范地做出反应,以免被动。

3. 业务知识和能力的准备

接待人员要熟悉本企业的发展历史,产品特点、规格、种类,部门设置及领导员工的情况;准备与接待有关的各项资料,如当地宾馆、名胜古迹、游览路线,娱乐场所的名称、地点、联系方式,以及本市的政治、经济、文化等情况。

(五)制订接待计划

与来访一方联络协商,并得到上级的同意后,制订出接待的详细计划,如来访的具体起止时间、来访期间活动的日程安排等。接待计划应该得到上级或主管经理人员的批准,并及时传送给来访一方,让其心中有数。

接待计划的主要内容有以下三项:

1. 确定接待规格

接待规格决定了其他的陪同人员、日程安排及经费开支。包括谁到机场、车站迎接；谁全程陪同；宴请的规格、地点；住宿的宾馆等级、房间标准等，这些都受到接待规格的制约，都要在计划中写清楚。涉及的具体内容有以下几项：

① 主要陪同人员；
② 主要工作人员；
③ 住宿地点、标准、房间数量；
④ 宴请时间、标准、人数；
⑤ 会见及会谈时间、地点、参与人员。

2. 拟订日程安排

为了让所有有关人员都准确地知道自己在此次接待活动中的任务，提前安排好自己的时间，保证接待工作的顺利进行，可制订并填写如下两份表格，印发给各有关人员：

① 人员安排表。包括时间、地点、事项、主要人员、陪同人员。
② 日程安排表。日程安排要具体，包括日期、时间、活动内容、地点、陪同人员等内容。

3. 提供经费列支

接待经费列支包括以下几项：

① 工作经费：租借会议室、打印资料等费用；
② 住宿费；
③ 餐饮费；
④ 劳务费：讲课、演讲、加班等费用；
⑤ 交通费；
⑥ 参观、游览、娱乐费用；
⑦ 纪念品费；
⑧ 宣传、公关费用；
⑨ 其他费用。

二、接待实施

（一）热情迎客

客人来访有两种情况。一种情况是客人事前预约了来访时间；另一种情况是客人事前未预约时间，突然来访。当接待人员看到来访的客人进来时，应马上放下手中的工作起立，面带微笑，有礼貌地问候来访者。

1. 运用基本的迎客语言

"您好，欢迎您！""您好，我能为您做些什么？""您好，希望我能帮助您。"

2. 热情迎接

① 如果客人进门时接待人员正在接打电话或正在与其他的客人交谈，应用眼神、

点头、伸手等表示请进的肢体语言表达自己已看到对方，并请对方先就座稍候，而不应不闻不问或面无表情。

如果手头正在处理紧急事情，可以先告诉对方："对不起，我手头有点紧急事情必须马上处理，请您稍候。"以免对方觉得受到冷遇。

② 对前来欢迎的人不认识，应向客人一一进行介绍。客人进屋入座后，其他欢迎者若要离开，应礼貌地对客人说"你们谈吧，我有点事，失陪了！""您歇着吧，我待会儿再来看望您。"等一类的客气话，然后离开。

③ 遇到事先你并不知道的预约来访者时，当你问客人："事先约好时间了吗？"来访者答："约好两点钟见面。"你才知道这已是约好的客人，这时你一定要赶紧道歉："啊，真对不起，失礼了。"因为站在客人的立场来说，既然是约好时间才来的，却被问有没有约好，内心一定感到不太高兴，而且也显示出公司本身信息传达没做好，或是领导忘交代，所以一定要道歉。

④ 有些来访者事先并未预约面谈时间，属临时来访，作为接待人员，也应热情友好，让客人感觉是受欢迎的。然后询问客人的来意，再依当时的情况，判断适当的应对方法。若遇客人突然来访，不能因为事前未预约而面露不悦。如果需要领导接待，要先问清你的领导是否愿意和是否有时间接待。假如领导正在开会或正在会客，并同意见客，你便可以对临时来访者说："抱歉，经理正在开会，您稍等一会儿。"如果领导没时间接待，你要记下对方的要求，日后予以答复，不能推诿、拖延或敷衍了事。

⑤ 来访者没有预先约定会谈时间，却突然来访，你向领导汇报，领导说不能会见，并请你找借口打发来访者，这时你的应对方式可以有两种情形：

一种是请示领导可否派人代为接见来客，如果领导同意派人代理，你可以告诉来访者："不巧，经理正在会客（或开会），我请××来与您谈，好吗？"

另一种是以既热情又坚定的态度回答领导确实无法接待的来客，帮助领导挡驾。接待人员还要学会在领导受到来访者纠缠不休时代为解围。

⑥ 上级、贵宾、外单位团队来访，应当组织适当规模的欢迎仪式。接到客人后，应致以问候和欢迎，同时作自我介绍。问候寒暄之后，应主动帮客人提取装卸行李。取行李时，最好不要主动去拿客人的公文包或手提包，因为里面一般是放置贵重物品或隐私物件的。将客人送到住宿处后，不宜久留，以便让客人尽快洗漱、休息，但别忘了告诉客人与你联系的方式及下次见面的时间。

3. 迎客中的礼节

① 握手。按传统习惯，我国在接待来客时的礼节一般是握手。宾主之间，主人有向客人先伸手的义务，主人主动、热情、适时的握手会增加亲切感。

② 问候。如果是第一次来访的客人，接待人员可以说："您好！见到您很高兴。我是××办公室的秘书，请问您有什么事情需要我帮忙吗？"对于曾经来过的客人，相别甚久，见面则说："您好吗？很久没见了。"客人即将离去时，应主动对客人说

"请对我们的工作提出宝贵的意见。"等。

③ 称呼。接待客人时的称呼，应视具体环境、场合，并按约定俗成的规矩而定。目前，在国内，政府机关多称"同志"；在企业界和社交场合多称男性为"先生"，称女性为"小姐"或"女士"；知道其职务时，在一定场合可称其职务，如"×处长""×经理""×厂长"等。用恰如其分的称谓来称呼客人，是礼仪素养的一种表现，也是与客人交谈的良好开端。

④ 接递名片。接递名片时，也要注意礼节。客人递过来名片时，应用双手接住。接过名片后，要认真仔细地看一看，并小声重复一遍名片上的名字及职务，以示确认。同时，还要向对方表示感谢。然后，很郑重地把名片放入名片夹内，或放进上衣上部的口袋里。千万不要看也不看即装入口袋，也不要顺手往桌上一扔，更不要往名片上压东西，这样会使对方感到受轻视。

如需要交换名片，接待人员可以掏出自己的名片与对方交换。递送名片时，要用双手的食指和拇指拿住名片的左右端递过去，名片上有字的正面应朝向对方，便于对方立即阅读。

接待人员不要生硬地向客人索要名片，而应以请求的口气说："假如您方便的话，是否可留下名片，以便今后加强联系。"可以含蓄地向对方询问单位、通信地址、电话号码等。

（二）友好待客

1. 交谈

人们都通过语言进行情感交流和信息交流，所以接待人员与来访客人间的语言交流必不可少。接待人员在交谈时，必须精神饱满，表情自然大方，语气和蔼亲切。与客人交谈时要保持适当距离，不要用手指指人或拉拉扯扯。要善于聆听来访客人的谈话，目视对方以示专心。谈话中要使用礼貌语言并注意谈话内容，一般不问询女士年龄、婚否，不直接询问对方的个人私生活以及宗教信仰、政治主张等问题，不宜谈论自己不甚熟悉的话题。

2. 引见

接待人员在问清来访者的身份、来意后，需要领导出面会见或其他部门人员出面会见的，接待人员要在请示领导并得到领导同意后，为其引见。

① 接待人员在引领来访者时，要配合对方的步幅，在客人左侧前方一米处引导。在引路时，上身稍向右转体，左肩稍前，侧身向着来客，保持两三步距离，可边走边向来宾介绍相关情况。

② 转弯或上楼梯时，应先做指示性动作，让对方明白所往何处。

③ 如要乘电梯，则应先告诉客人楼层，然后在电梯侧面按住按钮，请客人先入电梯，接待人员进去后再按楼层键；下电梯时也应请客人先行。

④ 到达会客室或领导办公室前要指明"这是会客室"或"这里就是……"，进门

前应先敲门表示礼貌。得到允许后，把门打开，左手扶门，右手示意"请进"。如果门是向外开的，接待人员拉开门后，侧身在门旁，用手扶住门，让客人先进入；如果门是向内开的，接待人员推开门后，自己先进入，扶住门后再请客人进入。一般右手开门，再转到左手扶门，面对客人，请客人进入门后再关上门，通常叫做"外开门客先入，内开门己先入"。

⑤ 到达会客室或领导办公室后，要引导客人就坐。在就坐时，要遵守"右为上，左为下"的礼节，用手势示意客人，请客人坐在上座。一般离门较远的座位为上座。

⑥ 客人落座后，接待人员要主动用消过毒的干净杯子为客人倒好茶水并双手递上，手指不能触及杯口，并有礼貌地说："请用茶。"

3. 介绍

接待人员引领来访者进入会客室或领导的办公室后，当领导与来访者双方见面时，如果是第一次来访的客人，应由接待人员简洁地将双方的职务、姓名、来访者的单位和来访的主要目的作一介绍。如果双方已是熟人，多次见面打过交道，则可免去这一过程。

(三) 礼貌送客

当接待人员与来访者交谈完毕或领导与来访者会见结束时，接待人员一般都应有礼貌地送别客人。"出迎三步，身送七步"是迎送宾客最基本的礼仪。

1. 亲切相送

当客人起身告辞时，接待人员应马上站起来相送。切忌没等客人起身，接待人员先于客人起立相送，这是很不礼貌的。若客人提出告辞，接待人员仍端坐在办公桌前，嘴里说"再见"，而手中却还忙着自己的事，甚至连眼神也没有转到客人身上，则更是不礼貌的行为。

2. 注意客人物品

客人临走时主动帮助客人确认并拿取所携带的行李物品，这是一种体贴客人的行为，不要让客人回头再来一趟，还可减轻自己保管客人物品的麻烦及责任，对双方都有好处。当客人带有较多或较重的物品，送客时应帮客人将行李小心提送到车上，安放好行李后，向客人作一下交代。

3. 告知路线

客人离开前应询问是否熟悉回程路线及搭乘交通工具的地点和方向，尤其对远道而来的来访者更应表达关心之情。一般情况下要帮客人预订好返程票。

4. 目送远离

礼貌送客时，只说一声"再见"，有时显得太简单，不妨加上一两句话，如"今天能和你谈话很高兴""今天谈话受益很大，谢谢""欢迎下次再来"。一般接待人员在接待完成后站在门口鞠躬相送，目送客人离开，当客人偶然注意到你有礼的态度时，心中会感到十分温馨。一般的客人送到楼梯口或电梯口即可，重要的客人则应送到办公楼外或单位门口。身份地位愈高的贵宾通常也愈有礼貌，往往于上车后将车窗摇下挥手道别，因此接待人员不可于客人上车后就离去，而应等客人的车辆启动时，面带微笑，挥手告别，目送车子离开后才能离开。

【能力拓展】

一、知识拓展

1. 对较远来访的客人要准备接站牌

对远道而来的客人，要做好接站工作，要掌握客人到达的时间，保证提前等候在迎接地点。接站时还要准备一块迎客牌，上书"欢迎（恭迎）×××代表团"或"欢迎×××先生（女士）"或"×××接待处"等。同时，要高举迎客牌，以便客人辨认。

2. 接待行进中的位次

在并排行进时，总的原则是中央高于两侧，内侧高于外侧。一般情况下，应把内侧（靠墙一侧）让给职位高者、长辈或客人，以把方便留给尊者。

单行行进时，一般是前方高于后方，即若没有特殊情况时，应让尊者走在前面。

不过，公务场合，陪同人员在引领时，标准位置是陪同人员在客人的左斜前方约1米处。

3. 上下楼梯时的礼仪

上楼梯时，尊者走在前方，但若遇到着裙装（特别是短裙）的女士，上楼时宜令女士居后，以免短裙走光。下楼梯时，一般尊者在后。

4. 搭乘自动扶梯的礼仪

在公共场合搭乘自动扶梯时应保持良好姿势，握住扶手，靠边站立，让出一侧通道给急需快速通过的人，在我国是"左行右立"，在英国等国家是靠左边站立。

5. 接待时的茶水礼仪

倒茶时要讲究"茶七酒八"的规矩，不要太满。

敬茶时应先客后主，如客人较多，应按级别或长幼敬上。从客人右侧递过茶杯，右手递上，手指不要搭在茶杯口上，也不要让茶杯撞到客人手上。如妨碍客人交谈，应先说一声"对不起"。

二、案例思考

[案例一]

重要的引资对象济南轩辕公司派专员程副总经理，乘飞机前往深圳鸿鑫公司访问。可是，原来准备亲自接待来宾的韩总临时有急事，不能分身。

分析：鸿鑫公司应如何解决下列问题：

1. 迎接人员将改由谁担任？
2. 接待规格是哪种？

3. 如何举行，列出接待计划。

[案例二]

小郑来单位已经一年了。但不论是同科室还是其他部门的同事或领导，都和他相处得不太融洽。倒并不是其他人故意冷落他，用同事们的话说，小郑"什么事都不和别人沟通"。

正如同事们所说的，无论生活上，还是工作上的事情，小郑能不和别人沟通就不和别人沟通，喜欢自己一个人"闷着干"。也因此小郑常常和同事们的工作进度不一致、出现工作失误，甚至影响整体进度的事也时有发生。

而且，工作进展情况从不主动向领导汇报，再大的事情也从不向领导请示，都按自己的想法操作，越权做事的事情经常发生。

分析：小郑的行为有什么问题？小郑应如何改变他的工作现状？

三、巩固提高

（一）判断题

① 与客人同行时，应遵循"以右为尊"的原则，接待人员在左侧。（　　）
② 接待人员在引导客人上下楼梯时行在后。（　　）
③ 在任何情况下，接待人员都必须对接待对象采用恰当的称呼。（　　）

（二）选择题

① "出迎三步，身送七步"具体指的是（　　）。
　A. 亲切相送　　　　　　　　B. 注意客人物品
　C. 告知路线　　　　　　　　D. 目送远离
② 接待前的知识准备是指了解来宾的（　　）情况。
　A. 宗教信仰　　B. 职务　　C. 人数　　D. 工资
③ 以下（　　）是最常用的接待规格。
　A. 高规格接待　　　　　　　B. 对等接待
　C. 低规格接待　　　　　　　D. 以上三个都是

四、实战演练

办公接待礼仪实训

实训项目：办公接待场景模拟。

实训目标：通过模拟训练，培养同学自觉得体的接待礼仪意识，提高职场自我调节能力。

实训学时：1学时。

实训方法：① 将学生分组，每组4～5人。由学生分组练习，教师指导。

②通过人为设置的场景（如办公室、接待室、公众场合等环境），模拟职场人员在不同场合所应具备的姿态、表情和所表现出来的气质、修养及办公礼仪规范。

③回放考核过程，学生进行自我评价，教师总结点评学生存在的个性与共性的问题。

实训准备：职业装、数码照相机、电话、大屏幕教室等。

五、演练总结

实训小记：_____
_____
_____
_____

实训收获：_____
_____
_____
_____
_____

课下需加强的方面：_____
_____
_____
_____

任务二 职场位次排列礼仪

【知识储备】

一、会议接待座次

（一）会晤时的座次排列

会晤，亦称会面、会见，一般是指在较为正式的场合，与他人郑重其事地见面。

在接待活动中，凡正式会晤多属礼节性活动，通常不会安排主客双方就实质性的问题进行深入磋商，但却可以直接反映出主客双方关系的现实发展程度。

我国民间在接待来宾时，有一条古老的规矩是"坐，请坐，请上座"。由此可见，让座问题在接待工作中的重要性。处理这一问题时，一方面要注意把上座让给来宾就坐；另一方面，在就坐之时，为了表示对客人的敬意，主人应请客人先行入座。按照约定俗成之礼招待来宾。

座次的安排主要遵循以下四个原则：面门为上；以右为上；以远为上；居中为上。

所谓上座，在接待客人时通常指的是：主客并排就座时的右座；距离房门较远的座位；宾主对面就座时面对正门的座位；以进门者面向为准，位于其左侧的座位；较高的座位与较为舒适的座位，往往也被视为"上座"。

在正常情况下，适用于会晤场合的座次排列主要有以下五种情况。

1. 相对式

相对式排座，指的是宾主双方面对面就座。此种方式显得主次分明，往往易于使宾主双方公事公办，保持适当距离。它多用于公务性会晤，具体又分为以下两种情况。

① 双方就座后，一方面对正门，另一方面则背对正门。此时讲究"面门为上"，即面对正门之座为上座，应请来宾就座；背对正门之座为下座，宜由主人就座，如图4-1所示。

② 双方就座于室内两侧，且面对面就座。此时讲究进门后"以右为上"，即进门时以右侧之座位为上座，应请来宾就座，左侧之座为下座，宜由主人就座，如图4-2所示。

图4-1 相对式排座（1）

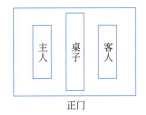

图4-2 相对式排座（2）

具体座次排列如图4-3所示。

2. 并列式

① 双方一同面门而坐。此时讲究就座后静态的"以右为上"，即宜请来宾就坐于自己的右侧（如图4-4所示）。若双方人员不止一名时，其他人员可各自分别在主人或主宾一侧按其地位、身份的高低，依次就座，如图4-5、图4-6所示。

② 双方一同在室内的右侧或左侧就座。此时讲究"以远为上"或"内侧高于外侧"，即应以距门较远之座为上座，将其留给来宾；以距门较近之座为下座，将其留给主人。

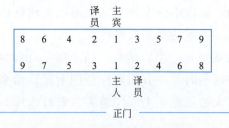

图 4-3 相对式具体座次图

图 4-4 并列式排座

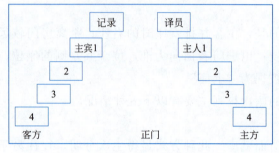

图 4-5 并列式具体座次图（1）

图 4-6 并列式具体座次图（2）

3. 居中式

所谓居中式排座，实际上是并列式排座的一种特例。它指的是当多人一起并排就座时，讲究"居中为上"，即以中央的位置为上座，请来宾就座；以其两侧的位置为下座，由主方人员就座，如图 4-7～图 4-9 所示。

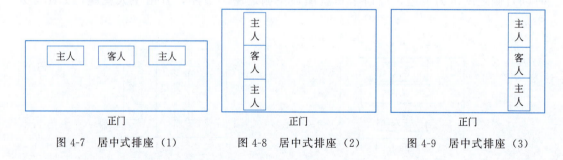

图 4-7 居中式排座（1）　　图 4-8 居中式排座（2）　　图 4-9 居中式排座（3）

（二）大型会议主席台座次

1. 国内惯例主席台的座位安排礼仪

① 我国除大型商务会议外，我国党政机关召开的大型会议，主席台的位置安排，都使用中国传统做法——"以左为尊"，即将客人安排在主人的左侧。在会议结束合影留念时，也通常用这种排法。其他企事业单位的大型会议基本参照这一做法执行。

目前国内排定主席团位次的三项基本原则：前排高于后排；中央高于两侧；左侧高于右侧。

② 身份最高的领导人（有时可以是声望较高的来宾）安排在主席台前排中央就座。

③ 其他人员按先左后右（以主席台的朝向为准）、一左一右的顺序排列。

④ 当领导人数为奇数时，1号首长居中，2号首长排在1号首长左边，3号首长排在1号首长右边，其他依次排列，如图4-10所示。

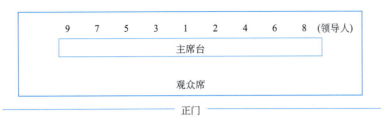

图4-10　国内惯例主席团的排座

2. 国际惯例主席台的座位安排礼仪

按照国际惯例，排定主席团位次的三项基本原则：前排高于后排；中央高于两侧；右侧高于左侧。如图4-11所示。

图4-11　国际惯例主席团的排座

3. 主持人坐席

会议主持人，又称大会主席。其具体位置有三种方式可供选择：一是居于前排正中央；二是居于前排的两侧；三是按其具体身份排座，但不宜令其就座于后排。

4. 发言者席位

发言者席位，又叫做发言席。在正式会议上，发言者发言时不宜就座于原处发言。发言席的常规位置有两种：一是主席团的正前方（图4-12）；二是主席台的右前方（图4-13）。

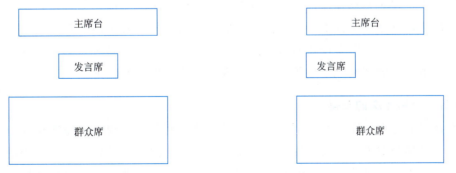

图4-12　发言席位于主席台正前方　　　图4-13　发言席位于主席台右前方

（三）公司会议座次安排

一般会议，可以把会场布置成圆桌型或方桌型，领导和会议成员可以互相看得见，大家可以无拘无束地自由交谈。如工作周例会、月例会、技术会议、董事会。它的主要特征，是全体与会者均应排座，不设立专用的主席台。小型会议的排座，目前主要有以下几种具体形式。

1. 面门设座

它一般以面对会议室正门之位为会议主席之座，即尊位。通常会议主席坐在离会议门口最远的桌子末端。主席两边是为参加公司会议的客人和拜访者的座位，或是给高级管理人员、助理坐的，以便能帮助主席分发有关材料、接受指示或完成主席在会议中需要做的事情，如图4-14所示。

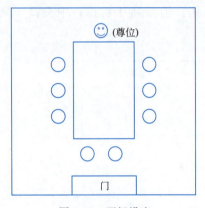

图4-14　面门设座

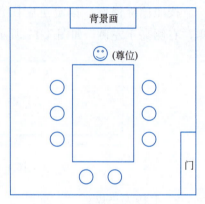

图4-15　依景设座

2. 依景设座

所谓依景设座，是指会议主席的具体位置，不必面对会议室正门，而是应当背依会议室之内的主要景致，如字画、背景墙等，如图4-15所示。

3. 以右为上

有时，宾主双方在正式会见时，为了显示彼此之间的亲密无间，常采用"平起平坐式"就座，即宾主双方并排就座，以右为上。这种座次安排又称"并列式"。"并列式"排位法，有分宾主各坐一方，也有一位客人与一位陪客穿插坐在一起的。但通常的安排是主宾、主人席安排在面对正门位置，主宾在主人的右边一侧，其他客人按礼宾顺序在主宾一侧就座，主方陪同人在主人一侧按身份高低就座。

（四）谈判座次的安排

谈判时的座次位序，是一个比较突出且敏感的问题。谈判中的座次位序包含两层含义：一是谈判双方的座次位置；二是谈判一方内部的座次位置。一个敏锐的谈判行家，会有意识地安排谈判人员的座次位置，并借以进行对己方最有利的谈判。

如何安排双方人员的谈判座位，对谈判结果颇有影响。恰当的座次安排，能够充分发挥谈判人员最佳的传播功能。

1. 谈判座次安排的基本原则

（1）次序原则

安排座次时，按照职位的次序，首先要考虑主人、主宾和翻译的位置。在大多数情况下，主人、主宾的位置确定后，主方、客方的其他人员可以自行入座。双方参加人员确定后，就可准备座位卡。

（2）以右为尊

在安排座次时，要遵守"以右为尊"的国际惯例。其含义是：并排排列时，以右为尊位。在主宾的位置确定后，其他人员的安排一般是越重要的人员离主人、主宾就越近（翻译一般紧靠主人或主宾，在其旁边或身后就座）。

2. 双边谈判座次安排

比较正式的谈判一般安排在会议室进行。涉外谈判中，会议桌上通常摆放两国国旗。

（1）双边谈判长桌横放时座次安排

宾主相对而坐，以正门为准，主方人员在背门一侧就座，客方人员面向正门就座（图 4-16 所示）。具体位次如图 4-17 所示。

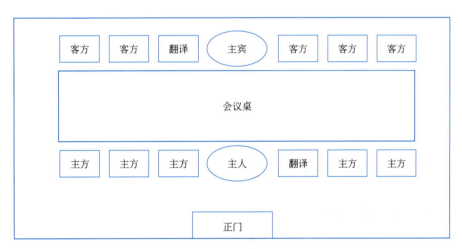

图 4-16　双边谈判长桌横放时座次安排

（2）双边谈判长桌竖放时座次安排

如果会议桌的摆放位置与会议室的正门平行，则以入门方向为准。右侧为客方，左侧为主方，主要谈判人居中，翻译安排在主要谈判人右侧，记录员安排在其后面（图 4-18）。最好设计座位卡放在桌上，以便与会人员清楚自己应该坐在哪个位置。涉外谈判中，座位卡要用中文、外文两种文字双面书写，以便与会人员相互认识对方。

在非正式场合或条件不具备时，只要遵循"以右为尊"这个基本原则就可以了。一般是等主人或主宾就座后，其他人就座于主人或主宾两旁。

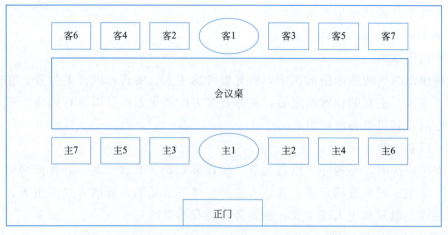

图 4-17 双边谈判长桌横放时的具体位次

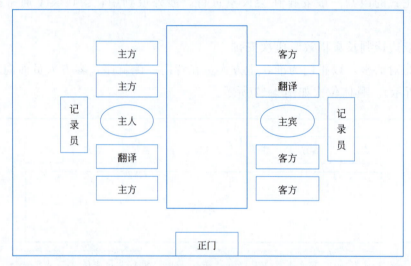

图 4-18 双边谈判长桌竖放时座次安排

(五) 签约仪式座次安排

根据"面门为上"的原则,签字桌前的座位主左客右。桌上摆放的是各自保存的文本,文本前面放有签字文具。桌子中间摆一旗架,悬挂双方国旗,双方助签人员分别站在各自人员的外侧,双方参加仪式的其他人员,按身份顺序排列于各自签字人员的座位之后,如图 4-19 所示。

有些国家则在签字厅内安放两张方桌为签字桌,双方签字人各坐一桌,双方的小国旗分别悬挂在各自的签字桌上,参加仪式的人员坐在签字桌的对面,如图 4-20 所示。

还有的国家则是安排一张长方桌为签字桌,签字人分坐左右,国旗分别悬挂在签字人身后,参加签字仪式人员分坐签字桌前方两旁,如图 4-21 所示。

多边签字仪式与双边签字仪式大体相似,若只有三四个国家,一般只相应地多配备签字人员席位、签字文具、国旗等物。如果签字国家众多,通常只签 1 份正本,签

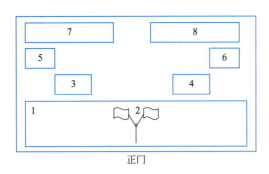

图 4-19　签字仪式座次安排（1）

1—签字桌；2—双方国旗；3—客方签字人；4—东道国签字人；

5—客方助签人；6—东道国助签人；7—客方参加签字仪式人员；8—东道国参加签字仪式人员

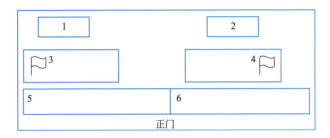

图 4-20　签字仪式座次安排（2）

1—客方签字人席位；2—东道国签字人席位；3—客方国旗；

4—东道国国旗；5—客方参加签字仪式人员席位；6—东道国参加签字仪式人员席位

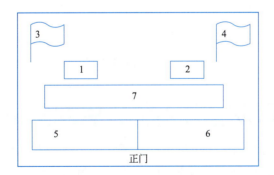

图 4-21　签字仪式座次安排（3）

1—客方签字人席位；2—东道国签字人席位；3—客方国旗；4—东道国国旗；

5—客方参加签字仪式人员席位；6—东道国参加签字仪式人员席位；7—签字桌

字人员座次可按国家英文名称当头字母顺序排列，排列最前的国家居中，其余按顺序先右后左排开。

二、合影的位次排列

一次较为正式的会面，主客双方往往需要合影留念。在涉外交往中，对此尤为讲究。

正式的合影，既可以排列座次，也可以不排列座次。需要排列座次时，应首先考虑到方便拍摄与否、场地的大小、人数的多少、身材的高矮、内宾或外宾等。

正式合影的人数，一般宜少不宜多。在合影时，主客双方一般均应站立。必要时，可安排前排人员就座，后排人员可梯级站立。但是，通常不宜要求合影的参加者蹲着参加拍照。

合影时，若安排其参加者就座，应先在座位上贴上便于辨认的名签。具体涉及合影的位次排序问题时，关键是内外有别。

（一）国内合影的位次安排

国内合影时的位次安排，一般讲究居前为上、居中为上和居左为上。通常，合影时主方人员居右，客方人员居左，如图 4-22 所示。

图 4-22 国内合影的位次安排

（二）涉外合影的位次安排

在涉外场合合影时，应遵守国际惯例，宜令主人居中，主宾居右。简言之，就是讲究以右为尊，主客双方间隔排列。为了表示对客人的尊重，两侧最靠边的位置尽量安排主方人员站立，如图 4-23 所示。

图 4-23 涉外合影的位次安排

三、接待乘车座次礼仪

汽车是在商务迎送活动中使用最多的交通工具。商务人员在乘坐轿车外出，尤其是当乘坐轿车外出参加较为正式的应酬时，或是与他人一同乘坐轿车时，应当使自己的所作所为处处符合礼仪规范的要求。在轿车礼仪中，最重要的问题是轿车上的座次排序。

商务礼仪中确定任何一种轿车上座次的尊卑，应当考虑的问题有车的驾驶者、车的类型、座次的安全系数、嘉宾的本人意愿这四个基本要点。

（一）车的驾驶者

何人驾驶轿车，是关系座次尊卑的头等大事。通常认为：轿车的座次应当后排为上座，前排为下座。这一规定的基本依据，是因为轿车的前排座，即驾驶座与副驾驶座最不安全。

所谓轿车座次的后排为上座、前排为下座，实际只是在由专职司机驾驶车辆时，即由出租车司机或单位的专职司机开车时，才有此讲究。若是主人亲自开车时，情况就截然不同了。

符合商务礼仪规范的做法是：

① 若主人亲自开车，前排的副驾驶座为上座。车上只有一名客人时，则客人应务必就座于前排。如果客人偏要坐到后排去，那就表示自己对主人极度地不友好、不尊重。主人会由于你的表现而对你产生失望的情绪。

② 车上若有其他人在座，至少应当推举一人为代表，坐在副驾驶座上作陪。通常应推举其中地位、身份最高者，在副驾驶座上就座。如果他于中途下车，则应立即依次类推"替补"上去一个，总之始终不能让该座位"空空如也"。

③ 当全家外出时，轿车应由男主人驾驶，在其身旁的副驾驶座上就座的应当是女主人。他们的孩子，则应当坐在后排座位上。

④ 如果主人夫妇开车接送客人夫妇，则男女主人的座次应如前面一样，客人夫妇应当坐在后排。

⑤ 若主人一人开车接送一对夫妇，则男宾应就座于副驾驶座上，而请其夫人坐在后排。

（二）车的类型

轿车的类型不同，其座次的尊卑也不一样，这是显而易见的。在我国，车辆座次排序有以下几种情况。

1. 双排五人座轿车

若乘坐小双排座轿车，驾驶座居左，由专职司机开车时，座次的尊卑应当是：后排上，前排下，右为尊，左为卑。具体而言，除驾驶座外，车上其余4个座位的顺序，由尊而卑依次应为：后排右座、后排左座、后排中座、前排副驾驶座（如图4-24所示）。应当特别说明的是，按照国际惯例，乘坐有专职司机驾驶的轿车时，通常不应当让女士在副驾驶座上就座。

由主人亲自驾驶双排座轿车时，车上其余4个座位的顺序，由尊而卑依次应为：副驾驶座、后排右座、后排左座、后排中座，如图4-25所示。

图4-24　双排五人座轿车（1）　　图4-25　双排五人座轿车（2）

2. 三排七人座轿车

由专职司机驾驶三排七人座轿车时，车上其余6个座位（中排为2个折叠座椅）

的顺序，由尊而卑依次应为：后排右座、后排左座、后排中座、中排右座、中排左座、副驾驶座，如图 4-26 所示。

由主人亲自驾驶三排七人座轿车时，车上其余 6 个座位的顺序，由尊而卑依次应为：副驾驶座、后排右座、后排左座、后排中座、中排右座、中排左座，如图 4-27 所示。

图 4-26　三排七人座轿车（1）　　　　图 4-27　三排七人座轿车（2）

3. 三排九人座轿车

由专职司机驾驶三排九人座轿车时，车上其余 8 个座位的顺序，由尊而卑依次应为：中排右座、中排中座、中排左座、后排右座、后排中座、后排左座、前排右座、前排中座，如图 4-28 所示。

由主人亲自驾驶的三排九人座轿车座次，车上其余 8 个座位的顺序，由尊而卑依次应为：前排右座、前排中座、中排右座、中排中座、中排左座、后排右座、后排中座、后排左座，如图 4-29 所示。

图 4-28　三排九人座轿车（1）　　图 4-29　三排九人座轿车（2）　　图 4-30　越野车座次

4. 越野车和其他多排座客车

越野车，又叫吉普车，属轻型越野客车，大都是四座车。不管由谁驾驶，越野车上座次由尊而卑均依次为：副驾驶座，后排右座，后排左座，如图 4-30 所示。

多排座客车，指的是四排以及四排以上座位的大中型客车。不论由何人驾驶，均以前排为上，以后排为下；以右为尊，以左为卑；以距离前门的远近来排定其具体座次的尊卑。

（三）座次的安全系数

乘坐轿车外出，除了迅速、舒适之外，安全的问题也是不容忽视的。从某种意义上讲，甚至应当将安全作为头等大事来对待。

客观地讲，在轿车上，后排座比前排座要安全得多。最不安全的座位，当数前排右座。最安全的座位，则当推后排左座（驾驶座之后），或是后排中座。

（四）嘉宾的本人意愿

在遵守以上礼仪规范的同时，不要忘了尊重嘉宾本人的意愿和选择，并应将这一条放在最重要的位置。如果不是出席一些重大的礼仪性场合的话，对于轿车上座次的尊卑，不宜过分地墨守成规。应当认定：必须尊重嘉宾本人对轿车座次的选择，嘉宾坐在哪里，就认定那里就是上座。即使嘉宾不明白座次，坐错了地方，也不要对其指出或纠正。

以上这四个因素往往相互交错，在具体运用时，可根据实际情况而定。

【能力拓展】

一、知识拓展

（一）签约仪式程序

1. 签字仪式正式开始

有关各方人员进入签字厅，在既定的位次上各就各位。

2. 签字人正式签署合同文本

通常的做法，是首先签署己方保存的合同文本，再接着签署他方保存的合同文本。

3. 签字人正式交换已经有关各方正式签署的合同文本

此时，各方签字人应热情握手，互致祝贺，并相互交换各自一方刚才使用过的签字笔，以示纪念。全场人员热烈鼓掌，表示祝贺。

4. 共饮香槟酒互相道贺

交换已签的合同文本后，有关人员，尤其是签字人当场干一杯香槟酒，是国际上通行的用以增添喜庆色彩的做法。

5. 礼毕退场

主持人宣布仪式结束后，应让双方最高领导及宾客先退场，然后东道主再退场。

（二）签约仪式的特别提示

每个签字人在由己方保留的合同文本上签字时，按惯例应当名列首位。因此，每个签字人均应首先签署己方保存的合同文本，然后再交由他方签字人签字。这一作法，在礼仪上称为"轮换制"。它的含义，是在位次排列上，轮流使有关各方均有机会居于首位一次，以显示机会均等、各方平等。

（三）关于乘车

① 为了更好地体现对客人的尊重，轿车尊者先上车，越野车与一般客车尊者后上车。

② 若宾主不乘坐同一辆轿车时，依照礼仪规范，主人乘坐的车辆应行驶在前，目的是为了开道和带路。若宾主双方乘坐的车辆不止一辆时，仍应当是主人乘坐的车辆在前，客人乘坐的车辆居后。它们各自的先后顺序，亦应由尊而卑地由前往后排列，只不过主方要派一辆车垫后，以防止客方的车辆掉队。

二、案例思考

山东鸿润企业迅速的扩张造成资金链的高度紧绷，供应商货款不能及时支付，出现了断货现象，零售企业各大卖场陈列断货，为了扭转这种恶性循环状况，该企业决定召开一次大规模的供应商大会，让更多的供应商对企业的发展坚定信念，告知企业的现状只是暂时的，让供应商和企业一起发展。

请以此为背景模拟主席台的座次安排。

三、巩固提高

（一）判断题

① 乘有司机驾驶的小轿车，首座一般是后排右侧座位。（　　）

② 通常汽车靠右行驶时，第二座次上的人上车时应从左门上车。（　　）

③ 乘主人自驾的小轿车，较尊的座位是前座。（　　）

④ 如果主人夫妇驾小轿车迎送亲友，主人夫妇在前座。（　　）

⑤ 坐火车时发生重复座位时，可请求对方亮票核对。（　　）

⑥ 到车站迎接客人，见到客人后应主动帮助客人提取行李，帮客人拿公文包或者手提包。（　　）

⑦ 在接待室看到客人来时，要立即从座位上站起来，礼貌地打招呼。（　　）

⑧ 在接待中，对于来访者的伞、包等物品，要指明挂放处，有时可以帮助放置。（　　）

⑨ 送客时，不论是送至电梯、门口或者车站，都要挥手道别而且要等客人走远时再回接待室。（　　）

⑩ 会见座位安排的相对式，一般应以会客室的正门为准，背对正门的一方为上，应请来宾就座。（　　）

⑪ 签字仪式上助签人的主要工作是协调翻揭文本以及指明签字处。（　　）

（二）选择题

某外企经理前来你所在公司进行一次商务会晤，你作为公司的一位接待人员，按照见面接待的礼仪规范，在以下场景该如何选择。

① 会客室布置，译员座位应安排在（　　）。

A. 主宾的后面　　　B. 主人的后面　　　C. 主宾的右边　　　D. 主人的左边

② 会客室布置，主宾的座位在（　　）前面。

A. 译员　　　　B. 记录员　　　　C. 随同　　　　D. 主人

③ 根据我国的习惯，会客室客人与主人座次安排是（　　）。

A. 客人在主人的右边　　　　B. 客人在主人的左边

C. 穿插坐在一起　　　　　　D. 对面而坐

④ 涉外谈判中，我国习惯把翻译安排在主谈人（　　）。

A. 后面　　　　B. 左侧　　　　C. 右侧

（三）填图题

以下是一个小型会议的参加人员名单，请为下列人员安排会议的座次，把代表人员的字母填入图中代表座位的圆圈中。

A. 董事长（东道主）　　　　　　B. 公关部经理（东道主）

C. 秘书（东道主）　　　　　　　D. 翻译（东道主）

E. 外联部经理（外方）　　　　　F. 外联部工作人员（外方）

G. 公关部工作人员（外方）

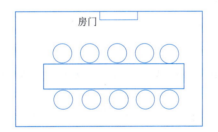

四、实战演练

会谈礼仪实训

实训项目：会谈礼仪。

实训目标：通过对会谈礼仪的训练，使学生掌握会谈礼仪的基本知识并在模拟实践中灵活运用。

实训学时：1学时。

实训方法：情景模拟。

中方宏达集团代表团与韩国三创集团代表团会谈，按照会谈礼仪的程序与要求布置"会场"，进行会谈活动，选出几位同学分别扮演中方宏达集团人员、韩国三创集团人员、服务人员等相关人员。

实训考核：以组为单位，对每组的模拟操作进行考核，评分。考核表见表4-1。

会见礼仪实训

实训项目：会见礼仪。

实训目标：通过对会见礼仪的训练，使学生掌握会见礼仪的基本知识并在模拟事件中灵活运用。

实训学时：1学时。

实训方法：情景模拟。

商务部部长接见俄罗斯代表团，按照会见的一般程序与要求布置"会场"，进行会见活动，选出几位同学分别扮演中方人员、俄罗斯代表团成员、服务人员等相关人员。

实训考核：以组为单位，对每组的模拟操作进行考核，评分。考核表见表4-2。

五、演练检测

表4-1　会谈礼仪训练考核表

姓名：

服务流程	操作标准	配分	得分
准备工作	① 当主办人提前到达活动现场时，服务人员要迎至厅内的沙发上就座，用茶杯上茶； ② 当主办人到门口迎接外宾时，服务人员应将茶杯端上，放在每人的茶杯垫盘上	10分 10分	
会谈间服务	① 宾主来到会谈桌前时，服务人员上前拉椅让座； ② 当记者采访和摄影完毕后，服务人员分别从两边为宾主递上毛巾，宾主用完后，应立即将毛巾收回； ③ 会谈中如上牛奶、咖啡、干果等，应先把已装好的糖罐奶罐（加勺）、咖啡（加勺）、干果盘一次上桌； ④ 会谈活动时间较长时，可视宾客具体情况及时续水、续换铅笔等； ⑤ 会谈休息时服务人员应及时整理好座椅、桌面用品等，在整理时，要特别注意不要弄乱和翻阅桌上的文件、本册等	10分 20分 15分 10分 15分	
收尾工作	会谈结束时，照顾宾客退席后，按照善后工作程序做好收尾工作	10分	
总分		100分	

表4-2　会见礼仪训练考核表

姓名：

服务流程	操作标准	配分	得分
准备工作	① 会见厅内的光线和温度应根据实际情况和主要宾客的要求而定，一般夏季在24~25摄氏度，冬季在20~22摄氏度为宜； ② 宾客到达时，服务人员要利用主人到门口迎接的间隙，迅速整理好茶几上的物品，然后，用茶杯上茶，注意杯把一律朝客人的右手一侧	10分 10分	
递送毛巾	① 宾主入座后，由两名服务人员从主要外宾和主人处开始递送毛巾。（若是一名服务人员递毛巾，要先从外宾处开始递送，然后再给主人）； ② 及时收回毛巾，保持台面整洁	15分 10分	

续表

服务流程	操作标准	配分	得分
提供冷饮	① 上茶饮的礼宾顺序与上毛巾相同； ② 上茶饮时,托盘中的饮品种类要齐全,摆放要整齐	15 分 5 分	
会间续水	会见期间的续水一般 30 分钟一次,续水用较小的暖瓶,并带小毛巾一块。续水的礼宾顺序与上毛巾相同	15 分	
收尾工作	① 会见结束后,及时打开厅室门,并检查活动现场； ② 在主人送走宾客后返回时,及时给主要首长递送热毛巾,并送主要首长和年老及行动不便者首先上车	10 分 10 分	
总分		100 分	

项目五

职场酬宾礼仪

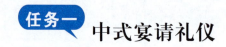

任务一 中式宴请礼仪

【知识储备】

一、中式宴请桌次与座次

中国餐饮礼仪可谓源远流长。据文献记载,在周代,饮食礼仪已形成一套相当完善的制度。

作为汉族传统的古代宴饮礼仪,自有一套程序:主人折柬相邀,临时迎客于门外。宾客到时,互致问候,引入客厅小坐,敬以茶点。客齐后导客入席,以左为上,视为首席,相对首座为二座,首座之下为三座,二座之下为四座。客人坐定,由主人敬酒让菜,客人以礼相谢。席间斟酒上菜也有一定的讲究:先敬长者和主宾,最后才是主人。宴饮结束,引导客人入客厅小坐,上茶,直到辞别。如今,这种传统宴饮礼仪在我国大部分地区仍保留完整,如山东、香港及台湾等。

清代受西餐传入的影响,一些西餐礼仪也被引进。如分菜、上汤、敬酒等方式也因合理卫生的食法被引入中餐礼仪中。中西餐饮食文化的交流,使得我国的餐饮礼仪更加科学合理。

现代较为流行的中餐宴请礼仪是在继续传统与参考国外礼仪的基础上发展而来的。

(一) 中式宴请的尊位确定

在中式宴请中确定尊位一般有两种方式:

① 一席宴请时,根据房门来确定尊位。一般情况下,面朝门的中央位置可作为

尊位，如图 5-1 所示。

② 多席宴请时，尊位一定位于主桌。在主桌上，面向其他桌方向的中央位置可作为尊位，如图 5-2 所示。

图 5-1　一席宴请的尊位确定

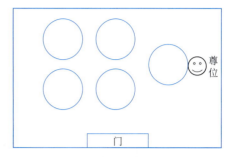

图 5-2　多席宴请的尊位确定

（二）中式宴请的桌次排序

1. 中式宴请桌次排序的原则

在中餐宴请活动中，往往采用圆桌形式。宴请时如果客人较多，就会出现多桌次宴请的情况。每个桌子的摆放次序，我们称之为桌次。在国际商务宴请中，一般遵循的桌次原则是，主桌在主席台边，根据餐厅形状，右高左低，高近低远。即桌次高低以离主桌位置远近而定，离主桌越近，桌次越高；离主桌越远，桌次越低。平行时的桌次排序为右高左低。

2. 中式宴请的台形布置

（1）两席宴请

当两席横排时，桌次以右为尊，左为卑，如图 5-3 所示。这里所说的左右，是指进入房间后，面对正门的位置来确定的。当两席竖排时，桌次讲究以远为上，以近为下，如图 5-4 所示，这里所讲的远近，是以距离正门的远近而言。

图 5-3　两桌横排时的桌次

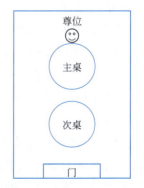

图 5-4　两桌竖排时的桌次

（2）三席及以上宴请

在安排多席宴请的桌次时，除了要注意"面门定位""以右为尊""以远为上"等规则外，还应兼顾其他各桌距离主桌的远近。通常，距离主桌越近，桌次越高；距离主桌越远、桌次越低，如图5-5所示。一般情况下，桌次的安排遵循以下规律。

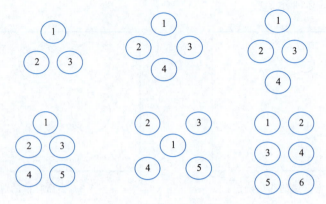

图5-5　中式宴请三席及以上桌次设计图

三席宴请设计：品字形，也称三角形。

四席宴请设计：方形或菱形。

五席及五席以上宴请设计：梅花形、梯形、长方形。

（三）中式宴请的座次排序

1. 中式商务宴请座次排序的一般原则

在商务宴请中的座次排序非常复杂，其中最重要的排序依据是职务的高低，其次是交际语言、业务类别和性别搭配。一般座次排序时，主客双方一、二号座次排序都尽可能按职位排列。后面人员的座位安排除职位外，还要兼顾是否有共同语言，是否有业务关系，是否性别相同等。

特别强调的是在一些国家的商务宴请中习惯于将不同性别的人交叉安排就座，以体现男女平等。还有些国家习惯于将相同性别的人安排在一起就座，以照顾不同性别之间不同的话题爱好。

2. 中式宴请的座次排序特点

① 在宴请座次排序中，最大的特点是每张桌都安排主、客双方的顺序座次，即主方一号、二号、三号等等和客方一号、二号、三号等。

② 每张桌的座次排序都以主方第一号为中心。

3. 中式宴请的具体座次排序

① 男女主人共同宴请时的排序方法，如图5-6所示。这种排法是男主人坐上席，女主人位于男主人对面。主副相对，以右为贵。宾客通常随男女主人，按右高左低的顺序依次成对角飞线排列，同时要做到主客相间。国际惯例是男主宾安排在女主人右侧，女主宾安排在男主人右侧。

② 第一、第二主人均为同性别人士或正式场合下宴请时的排序方法，如图5-7所示。这种排法主副相对，按"以右为贵"的原则，依次按顺时针排列座次，同时主客

相间。

③ 单主人时的座次排序。这种排法以主人为中心，其余人员按"以右为贵"的原则，依次按"之"字形飞线排列，如图5-8所示。

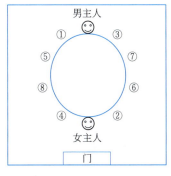

图5-6　男女主人共同宴请时座次排序

图5-7　正式场合宴请时的座次排序

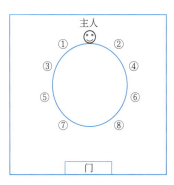

图5-8　单主人时的座次排序

二、中餐就餐礼仪

（一）餐前礼仪

① 参加宴会，首先必须把自己打扮得整齐大方，这是对别人也是对自己的尊重。还要按主人邀请的时间准时赴宴。除酒会外，一般宴会都请客人提前半小时到达。如因故在宴会开始前几分钟到达，不算失礼。但迟到就显得对主人不够尊敬，非常失礼了。

② 当走进主人家或宴会厅时，应首先跟主人打招呼。同时，对其他客人，不管认不认识，都要微笑点头示意或握手问好；对长者要主动起立，让座问安；对女宾举止庄重，彬彬有礼。

③ 入席时，自己的座位应听从主人或招待人员的安排，因为有的宴会主人早就安排好了。如果座位没定，应注意正对门口的座位是上座。应让身份高者、年长者以及女士先入座，自己再找适当的座位坐下。

④ 入座宜从左侧进入，轻拉椅背，女士由男士或服务生代劳，然后慢慢入座。坐的姿势要端正，女士双腿应并拢，男士自然即可。双手不可靠在桌面或邻座的椅背上，更不要弯腰驼背用餐，显得没有精神。坐姿要维持端正，但不要僵硬不自然，并注意与餐桌保持适当的距离。

⑤ 用餐时应该着正装，不要中途脱外衣。脱下的长外套不可直接披在椅背上，大衣、外套等则应交给服务员放置衣帽间保管。

⑥ 手机最好关机，或转成震动模式，如有紧急电话需接，请离座至适当场地接听。

⑦ 手提包、钥匙、手机、香烟、打火机等私人物品，不可放在桌上妨碍他人用

餐，应放进手提包内，再将手提包放在背部与椅背间，而不是放在餐桌或地上。

（二）就餐礼仪

① 一道菜上桌后，通常需等主人或长辈动手后再去取食。若需使用公筷的菜，应先用公筷将菜肴夹到自己的盘中，然后再用自己的筷子慢慢食用。夹菜时，要等到菜转到自己面前时再动筷，夹菜一次不宜过多，也不要把夹起的菜再放回菜盘中，又伸筷夹另一道菜，这是非常不礼貌的动作。如果遇到邻座夹菜要避让，谨防筷子打架。

② 同桌如有外宾，不用反复劝菜，也不要为其夹菜，因为外宾一般没有这个习惯。以前为宾客夹菜表示中国人的好客之道，现在应让宾客依自己的喜好取用菜色，较合乎时宜也较卫生。

③ 用餐时，碗盘器皿不可拿在手上，应用筷子取一口大小的食物送至口中，不可一次把过多的食物塞入口里。

④ 骨、刺要吐出时，应用餐巾或以右手遮口，隐秘地吐在左手掌中，再轻置于骨盘中，不可抛弃在桌面或地上。

⑤ 有骨或壳的食物，应避免用手剥咬，可用筷子或汤匙取食为宜。

⑥ 很烫的食物，不可用嘴吹冷匆忙送入口中，应等稍凉后再取食。

（三）餐后礼仪

① 用餐完毕后，必须等男女主人开始送客之后，才能离座。

② 客人未离开前，绝对不可大声喧哗或批评客人。

③ 送客时，应该提醒其所携带或是寄存的物品，并且鞠躬致意，尽量等客人完全离开视线后再返回座位。

④ 餐后不宜当着客人面结账，也不宜拉拉扯扯抢着付账，如真要抢着付账，应找适当的时机悄悄地去结账。

【能力拓展】

一、知识拓展

（一）中餐座次排序遵循的四个原则

排列便餐的座次，一般遵循以下四个原则。

1. 右高左低原则

两人一同并排就座，通常以右为上座，以左为下座。这是因为中餐上菜时多以顺时针方向为上菜方向，居右坐的因此要比居左坐的优先受到照顾。

2. 中座为尊原则

三人一同就座用餐，坐在中间的人在座次上高于两侧的人。

3. 面门为上原则

用餐时，按照礼仪惯例，面对正门的都是上座，背对门的都是下座。

项目五　职场酬宾礼仪

4. 特殊原则

高档餐厅里，室内外往往有优美的景致或高雅的演出，供用餐者欣赏。这时，观赏角度最好的座位就是上座。在某些中低档餐厅用餐时，通常以靠墙的位置为上座，靠过道的位置为下座。

（二）中式宴请其他提示

在安排桌次时，所用餐桌的大小、形状要基本一致。除主桌可以略大外，其他餐桌都不要过大或过小。

为了确保在宴请时赴宴者及时、准确地找到自己所在桌次，可以在请柬上注明对方所在的桌次，在宴会厅入口悬挂宴会桌次排列示意图，安排引位员引导来宾按桌就座，或者在每张餐桌上摆放用阿拉伯数字书写的桌次牌。

二、案例思考

[案例一]

中国国宴小常识

我国国宴一般都设在人民大会堂和钓鱼台，但人民大会堂承担要多一些，这里的宴会厅能同时容纳5000人。国宴制定的菜谱，一般以清淡、荤素搭配为原则。基本上固定在四菜一汤，这是当年周总理定的标准，一直延续至今。

国宴的菜，汇集了全国各地的地方菜系，经几代厨师的潜心整理、改良、提炼而成，主要考虑到首长、外宾都能吃，像国宴的川菜，少了麻、辣、油腻，苏州、无锡等地的菜少放了糖等，目前的国宴菜都是在原来地方菜的基础上，做了改进。

如今，国宴的菜系，已被称为"堂菜"，讲究清淡、软烂、嫩滑、酥脆、香醇，以咸为主，较温和的刺激味辅之。据说这种烹调风格适应性很强，基本可满足中外大多数宾客的口味要求，如海参鸡块中的鸡块，既可烧也可蒸。

国宴菜品的菜名，仍很"原始"，除少数"引进"的地方菜保留原名（如佛跳墙、富贵蟹钳、孔雀开屏、喜鹊登梅）外，大多数菜名的命名比较务实，如麻辣鸡、芦笋鲍鱼等。菜名朴实，是国宴的一个特点。一是食用者一看菜单即可知是什么菜。二是可避免太花哨，使名与菜，穿凿附会，名不符实，同时在对外活动中，又可利于菜名翻译时准确无误。

讨论：国宴中，处处体现礼仪，你知道的有哪些？

[案例二]

武汉市与日本某市缔结友好城市，在某著名饭店举办了一场大型的中餐宴会。邀请本市最著名的演员到场助兴。这位演员到达后，费了很多时间才找到了自己的位置。当他入座后发现与其同桌的许多客人都是接送领导和客人的司机，演员感到自尊心受到了伤害，没有同任何人打招呼就悄悄离开了饭店。当时宴会组织者并没有觉察到这一点，一直等到宴会进行中主持人拟邀请这位演员演唱时，才发现演员并不在现场。幸好主持人灵活，临时改换其他演员顶替，才算没有出现冷场。

思考并回答：

① 演员为什么不辞而别？

② 座次安排有何不妥？

③ 情况发生后该如何处理？

三、巩固提高

（一）判断题

① 宴请中的国际惯例是桌次高低以离主桌远近而定，基本原则是左高右低，内尊外低，桌数较多时，要摆桌次排。（   ）

② 宴会开始前或进行一段时间后，可为餐者准备湿毛巾，用于擦脸擦汗。（   ）

③ 桌次礼仪的判断方式是以背对餐厅或礼堂的厅堂为正位，横向以右为大，以左为小，纵向以前为大，以后为小。（   ）

④ 当宴请对象、时间和地点确定后，应提前1～2周制作、分发请柬。（   ）

⑤ 宴会规格一般应考虑宴会出席者的最高身份、人数、目的、主人情况等因素。（   ）

（二）选择题

① 就餐完毕后，餐巾应当放在（   ）。

A. 桌上　　　　　　　　　　B. 椅子上

C. 食碟上　　　　　　　　　D. 随身带走

E. 交给服务人员

② 就餐中，以下选项不正确的是（   ）。

A. 入座宜从左侧进入

B. 背对门口的座位是上座

C. 如有紧急电话可离座至适当场地接听

D. 手机最好关机或转成震动模式

③ 以下不属于中餐座次排序遵循原则的是（   ）。

A. 右高左低原则　　　　　　B. 中座为尊原则

C. 面门为上原则　　　　　　D. 左高右低原则

四、实战演练

中餐位次礼仪实训

实训项目：中餐位次礼仪。

实训目标：通过该项目的训练，使学生掌握中餐座次顺序的基本知识，并能够在交际场合正确选择自己的座次，显示出职场礼仪风范。

实训学时：1学时。

实训方法：情景模拟。

盛达商贸有限公司的张副总经理、办公室韩主任等4人，在世纪大酒店388中餐厅宴请腾诗软件开发公司的赵副总经理、市场拓展部邹经理等一行4人。

学生分组、分角色扮演主方和客方。

学生了解门、窗等参照物的方位，左、右方向确定的标准，并根据标准取座位入座。

五、演练总结

实训小记_____

_____
_____
_____
_____
_____
_____
_____

实训收获：_____

_____
_____
_____
_____
_____
_____
_____
_____
_____

课下需加强的方面：_____

_____
_____
_____
_____
_____
_____
_____

任务二　西式宴请礼仪

【知识储备】

一、西式宴请桌次与座次

（一）西式宴请的准备

1. 确定宴请对象、规格和范围

其依据是宴请的性质、目的、主宾人的身份、国际惯例及经费等。

2. 确定宴请的时间、地点

宴请的时间应对主、客双方都合适。驻外机构举行较大规模的活动，应与驻在国主管部门商定时间。注意不要选择对方的重大节日、有重要活动或有禁忌的日子和时间。

宴请的地点可分为两种情况：如是官方正式隆重的活动，一般安排在政府、议会大厦或宾馆内举行；其余单位宴请则按活动性质、规模大小、形式等实际可能而定。

3. 发出邀请及请柬

宴会邀请一般均发请柬，亦有手写短笺、电话邀请。邀请不论以何种形式发出，均应真心实意、热情真挚。

请柬内容包括活动时间及地点、形式、主人姓名。行文不用标点符号，其中人名、单位名、节日和活动名称都应采用全称。中文请柬行文中不提被邀请人姓名（其姓名写在请柬信封上），主人姓名放在落款处。请柬格式与行文方面，中外文本的差异较大，注意不能生硬照译。请柬可以印刷也可手写，手写字迹要美观、清晰。西式请柬多半是白色单面印制，字体简单扼要。无论是字体或格式，请柬的设计都要以大方得体为原则。请柬一般以对方提前一周收到为宜。

请柬信封上被邀请人的姓名、职务要书写准确。国际上习惯对夫妇两人发一张请柬，我国如遇需凭请柬入场的场合则每人一张。正式宴会，最好能在发请柬之前排好席次，并在信封下角注上席次号。请柬发出后，应及时落实出席情况，准确记载，以便调整席位。

西式请柬的左下角通常写着 R. S. V. P. 字样，附有电话号码和人名，这表示客人接到请柬后最好依照上面标注的电话给予回复，以便主人确认赴宴人数并提前做好准备。

另外，在请柬的右下角则有简单的 Dress Code，表示餐宴应该穿哪种衣服才不会失礼。要想穿着得体，赴宴前需了解此次宴请的性质和规格。

下面介绍几种请柬格式：

（1）正式宴会请柬举例

为欢迎×××州长率领的美国×××州友好代表团访问青岛谨定于××××年×

×月×日（星期×）晚×时在××饭店××阁举行酒会

　　敬请光临

R. S. V. P

××省人民政府

（2）英文邀请参加活动的正式请柬举例

On the occasion of the 45th anniversary of
the founding of the People's Republic of China
Zhejiang Provincial People's Government
requests the pleasure of your company
at a National Day reception
on 29th September（Thursday），1994 at 6:00p.m.
In the Banquet Hall，Villa 1
XiZi Guest Hotel
R. S. V. P.　　　　　　　　　　　　　Tel：×××××××

Dress：Formal

注：左下角"R. S. V. P."表示请回复，右下角为联系电话，"Dress：Formal"表示请着礼服。

此英文请柬可译为：

为庆祝中华人民共和国成立四十五周年谨定于一九九四年九月二十九日（星期四） 晚六时在西子宾馆一号楼宴会厅举行国庆招待会

浙江省人民政府期待您的光临

4. 订菜

宴请的菜谱根据宴请规格，在规定的预算标准内安排。选菜不应以主人的喜好为标准，主要考虑主宾的口味喜好与禁忌。菜的荤素、营养、时令与传统菜及菜点与酒品饮料的搭配要力求适当、合理。不少外宾并不喜欢我国的山珍海味。地方上宜以地方食品招待，用本地名酒。菜单经主管负责人同意后，即可印制，菜单一桌备二至三份，至少一份。

5. 现场布置

宴会厅和休息厅的布置，取决于活动的性质和形式。官方正式活动场所的布置，应该严肃、庄重、大方，不宜用霓虹灯作装饰，可用少量鲜花（以短茎为佳）、盆景、刻花作点缀。如配有乐队演奏席间乐，乐队不要离得太近，乐声宜轻。最好能安排几曲主宾家乡乐曲或他（她）所喜欢的曲子。

6. 餐具的摆放

根据宴请人数和酒、菜的道数准备足够的餐具。餐具上的一切用品均要清洁卫生，桌布、餐巾都应浆洗洁白熨平。玻璃杯、酒杯、筷子、刀叉、碗碟，在宴用之前应洗净擦亮。

（1）中餐具的摆放

中餐用筷子、盘、碗匙、小碟等。小杯放在菜盘上方。右上方放酒杯，酒杯数与所上酒的品种相同。餐巾叠成花插在水杯中，或平放于菜盘上。我国宴请外国宾客，除筷子外，还摆上刀叉。酱油、醋、辣油等佐料，通常一桌数份。公筷、公勺应备有筷、勺座，其中一套放于主人面前。餐桌上应备有烟灰缸、牙签。

（2）西餐具的摆放

西餐具有刀、叉、匙、盘、杯等。刀分食用刀、鱼刀、肉刀、奶油刀、水果刀，叉分食用叉、鱼叉、龙虾叉，匙有汤匙、茶匙等，杯有茶杯、咖啡杯、水杯、酒杯等。会上有几道酒，就配有几种酒杯。公用刀叉规模一般大于食用刀叉。西餐具的摆法是：正面放食盘（汤盘），左手放叉右手放刀，面包奶油盘在左上方。

如图 5-9 为西餐座位餐具酒具摆法，图 5-10 为西餐用餐中尚未吃完时刀叉摆放方法，图 5-11 为西餐已吃完时刀叉摆放方法。

图 5-9 西餐座位餐具酒具摆法　　图 5-10 西餐用餐中尚未吃完时刀叉摆放方法　　图 5-11 西餐已吃完时刀叉摆放方法

（二）西式宴请桌次与座次排列

正式宴会一般均排席位，也可只排部分客人的席位，其他人只排桌次或自由入座。国际上的习惯，以主人为基准，右高左低，近高远低。桌数较多时，要摆桌次牌。西餐宴会使用的长条桌，根据人数与餐厅形状拼成不同形状。而酒会一般摆设小圆桌或茶几。

同一桌上，席位高低以离主人的座位远近而定。外国习惯，男女掺插安排，以女主人为准，主宾在女主人右上方，主宾夫人在男主人右上方（如图 5-12、图 5-13）。我国习惯按各人本身的职务排列，以便于谈话，如夫人出席，通常把女方排在一起，即主宾坐男主人右上方，其夫人坐女主人右上方。礼宾顺序并不是排席位的唯一依据，尤其是多边活动，更要考虑到客人之间的政治关系，政见分歧大、两国关系紧张的要尽量避免安排在一起。此外还要适当照顾到各种实际情况。席位排妥后要着手写座位卡。我方举行的宴会，中文写在上面，外文写在下面。

（三）西式宴请菜序礼仪

1. 前菜

又称为开胃菜，是在正式餐食前所供应的小菜，目的是增进食欲。前菜通常带有地方色彩，以季节性材料为原则，而且量不多，不要抢去主菜的风采。

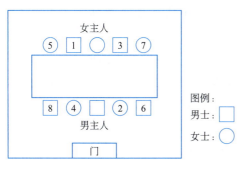

图 5-12 西式宴请横桌座次排序

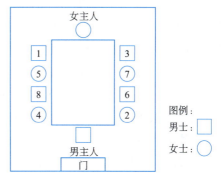

图 5-13 西式宴请竖桌座次排序

2. 汤

英文说法 eat the soup 意思是"吃汤"，而不说 drink the soup "喝汤"，所以汤是一道菜色，而不视为饮料，侍者会从左边供应，喝汤应避免发出声是最起码的礼貌。西餐汤匙的使用多采用英式由内往外（由外往内是法式），汤匙横拿略倾斜前端靠近嘴边喝汤，当汤喝得差不多时，应用左手轻轻的将近身的汤碟边提起，再由里向外用汤匙盛汤，并注意不可发出汤匙和盘子摩擦的声音。

3. 主食

又称中间菜，基本菜色包括牛肉、羊肉、猪肉、各种家禽及其蛋类和鱼贝类。

① 肉类料理：咀嚼时要注意应将嘴巴合起来，避免发出声音，并将口中食物吞下后，再送新的食物入口，咀嚼食物时注意不要讲话，如有人表达想交谈之意，可用点头等肢体语言表示意会。待咽下食物，喝口饮料水顺口，并用餐巾擦拭后再对答。

禽类如鸡肉的食用方法是，用刀将胸脯及两腿间切为两块，正式的场合不可用手取食，美式的吃法则用手拿起食用。

② 意大利面及米饭料理：此二道菜色大多当配菜使用，有时也会当主菜。

③ 蔬菜料理：一般主菜含脂肪较多，为帮助消化，平衡营养，配菜多会搭配蔬菜料理。

4. 附餐

① 奶酪：在正餐中甜点和水果未出前，可切片奶酪（cheese）配饼干或面包。吃过甜点和水果就不吃奶酪了。

② 甜点：一般蛋糕类甜点，是直接使用小叉子分割取食，较硬的甜点才需用刀切割后，再用小叉子分割取食，至于小块的硬饼干，可以直接用手取用，其他如冰淇淋或布丁及奶酪等甜点，则可用小汤匙取食。

5. 水果

① 梨、苹果和柿子：不可用手拿起来大口大口地咬，应用水果刀切成多瓣后，

用刀去皮和核，然后用叉取食。

② 西瓜、柚子：此类多汁的水果用匙取食，西瓜多子不宜列入正式餐宴的菜单，因为子太多，客人吃的时候必须不断地吐子，再用手将西瓜子放到盘子里，不太雅观，所以应选用无子西瓜较适宜。

③ 木瓜：上桌前所有的子应已清除干净，到时就用汤匙挖果肉取食。

④ 葡萄：此种粒状水果可用手拿来吃，方法有二，其一为用左手拿葡萄，右手持刀尖将子取出后食用。其二为将整颗葡萄送入口中咀嚼，如需吐皮和子，先吐入掌中，再放入盘内。

⑤ 香蕉：用手剥皮后，放置盘内，用刀叉切片取食。

⑥ 桃子及瓜类：通常餐厅会先削皮切片，可用小叉子取食。

⑦ 草莓：通常放在小碟中，用匙或叉取食均可。

⑧ 新鲜菠萝：用一把利刀切去菠萝头尾两端及外皮，再将剩下的果肉分切成圆形的薄片，可用吃甜点的叉子和汤匙食用。

二、西式宴请的礼仪规范

吃的礼仪，不同的国家或文化常存在着许多差异，你认为挺礼貌的举动，如代客夹菜、劝酒，欧洲人可能感到很不文雅；虽有许多不同，但还是有许多规则是大多数国家通用。

（一）预订饭店或接受赴宴邀请

提早预约餐厅。越高档的饭店越需要事先预约。预约时，不仅要说清人数和时间，也要表明是否要吸烟区或视野良好的座位。如果是生日或其他特别的日子，可以告知宴会的目的和预算。在预订时间内到达，是基本的礼貌。

接受他人邀请时，应尽早回复。接到请柬后尽快答复，是最起码的礼节，特别是指定了席位的宴会，如不及早告知你将缺席，主办方面来不及补充人员，造成席位的空缺，既不礼貌，又很浪费。现在一般采用电话答复，简单快捷。用书信的形式，婉转地说明一下不能出席的理由则更好。

（二）着装

吃饭时穿着得体、整洁是欧美人的常识。去高档的餐厅，男士要穿着整洁的上衣和皮鞋；女士要穿套装和有跟的鞋子。如果指定穿正式服装的话，男士必须打领带。再昂贵的休闲服，也不能随意穿着上餐厅。此外最重要的是手一定要保持干净，指甲修剪整齐。进餐过程中，不要解开纽扣或当众脱衣。如主人请客人宽衣，男客人可将外衣脱下搭在椅背上，不要将外衣或随身携带的物品放在餐台上。

（三）入座

进入西餐厅后，需由侍应带领入座，不可贸然入位。最得体的入座方式是从左侧入座。当椅子被拉开后，身体在几乎要碰到桌子的距离站直，领位者会把椅子推进来，腿弯碰到后面的椅子时，就可以坐下来。手肘不要放在桌面上，不可跷足。

大家就座之后，正式筵席就要开始，自此之后，宾主都不会再站起来，直到筵席结束为止。席间如果您需要什么，女士可以示意一旁的男士请其代劳，而男士如果需要什么，就挥手请服务员来到跟前服务。

不可在进餐时中途退席。如有事确需离开应向左右的客人小声打招呼。用餐时，坐姿端正，背挺直，脖子伸长。上臂和背部要靠到椅背，腹部和桌子保持约一个拳头的距离，两脚交叉的坐姿最好避免。记得要抬头挺胸着吃，在把面前的食物送进口中时，要以食物就口，而非弯下腰以口去就食物。

（四）餐巾

西餐餐巾一般用布，餐巾布方正平整，色彩素雅。经常放在膝上，在重礼节场合也可以放在胸前，平时的轻松场合还可以放在桌上，其中一个餐巾角正对胸前，并用碗碟压住。餐巾布可以用来擦嘴或擦手，对角线叠成三角形状，或平行叠成长方形状，拭擦时脸孔朝下，以餐巾的一角轻按几下。

（五）取食

服务员上菜的原则是左上右下，而一桌人的上菜原则，是会由女主人或主宾的位置开始。在西式餐宴的活动里面，一般人都会遵守女士优先的原则，因此女主人是最受尊荣的地位。

取食时不要站立起来，坐着拿不到的食物应请别人传递。有时主人劝客人添菜，如有胃口，添菜不算失礼，相反主人会引以为荣。对自己不愿吃的食物也应要一点放在盘中，以示礼貌。当参加西式自助餐时，别一次就把食物堆满整个盘子。盘子上满满的食物让人看起来认为你非常贪得无厌。每次拿少一点，不够再去拿。

（六）刀叉的使用礼仪

① 使用刀叉有两种常规方法。其一，叫作英国式。要求就餐时，右手持刀，左手持叉，一边切割，一边叉而食之。其二，叫作美国式。要求仍是左叉右刀，但先将餐盘中食物全部切割好后，双手交换刀叉，右手持叉吃食。

② 西餐的餐具顺序是由外而内，也就是由最外手的刀叉开始使用，一直用到最内的一副刀叉为主食结束。

③ 吃到一半还要继续的时候，刀叉是呈八字形放在餐盘内，如果吃完不准备继续，那就要把刀叉成平行放在盘内右侧，这时候服务员就会收起。

④ 切割食品时，不要弄出声响。

⑤ 切割食品时，双肘下沉，讲究姿态美观。

（七）招呼侍者礼仪

在一流餐厅里，客人除了吃以外，诸如倒酒、整理餐具、捡起掉在地上的刀叉等事，都应让侍者去做。侍者会经常注意客人的需要。若需要服务，可用眼神向他示意或微微把手抬高，侍者会马上过来。在国外，进餐时侍者会来问："How is everything?"如果没有问题，可用"Good"来表达满意。如果对服务满意，想付小费时，可用签账卡支付，即在账单上写下含小费在内的总额再签名。最后别忘记口头致谢。

（八）喝汤的礼仪

① 喝汤用汤匙，不能端起来喝。
② 汤匙由内向外舀汤，注意第一勺宜少，先试温度，浅尝，不用口吹热汤。
③ 喝汤不出声，一匙汤不分几次喝。
④ 汤将见底，可将汤碗倾斜，以便舀取。
⑤ 喝汤完毕，汤匙应搁在餐盘上。

（九）吃面包的礼仪

① 面包要撕成小片，撕一片吃一口，切不可直接用口咬着吃或用餐刀切割。
② 撕面包时，注意用餐盘盛接碎屑。

（十）喝咖啡礼仪

我国目前生产的咖啡饮料品种主要有清咖啡、牛奶咖啡、速溶咖啡、咖啡汁、咖啡茶等。前两种饮用时需加水煮沸，后三种直接用开水冲饮即可。食用时可加香料、冰淇淋、奶，且可热饮、冻饮。咖啡粉极易受潮，保管时要注意防潮。

喝咖啡时，应用小茶匙搅拌方糖，而不是用来舀饮。一经饮过，不宜将匙放入杯中；放方糖的方法：用方糖夹夹住方糖至杯垫上靠近咖啡杯的位置，用小茶匙舀方糖放入杯中；如果需加入炼乳和方糖，则应先放方糖再放炼乳，让方糖先溶解；在鸡尾酒会或冷餐会中，宾客自由走动，可左手端杯垫，右手持杯喝咖啡，再放置杯垫中；而在有固定席位的就餐过程中，则不需端杯垫，只需右手拇指、食指、中指捏住杯柄直接品饮。

（十一）西餐其他礼仪

① 吃整条鱼，应先将鱼头切去，然后将鱼椎取出，切块取食。口中鱼刺用餐叉接住放入餐盘，不可直接吐在餐盘中。
② 西餐吃面，用餐叉卷绕放入口中，不可似中餐吸食。
③ 炸薯片、炸肉片、芹菜等食物，不用刀叉，可以用手取食。取食时，仅用拇指和食指拈取，食后可用餐巾拭手。
④ 吃甜点用点心叉和匙。
⑤ 在餐厅吃饭时就要享受美食和社交的乐趣，沉默地各吃各的会很奇怪。所以进餐时应与左右客人交谈，不要只同几个熟人交谈，左右客人如不认识，可先自我介绍。别人讲话不可搭嘴插话。音量要小心保持对方能听见的程度，别影响到邻桌。切忌大声喧哗。

⑥ 宴会结束时，主人首先站起来，宣布散席。先让女宾离席，然后是男宾。无论是离席或入席，男宾都要帮助女宾拉椅，协助离席或入席。离席后，不可急忙告退，应等待女主人出门送客，才可握手言别。

【能力拓展】

一、知识拓展

（一）西餐宴请的服饰要求

西餐宴请的服装是依照本次餐宴的规格而定的，通常的选择有：

Formal（正式）——男士穿燕尾服或晚礼服；女士穿晚礼服或国服。

Informal（非正式）——男士穿西服；女士穿洋装或是膝盖以下的礼服。

Casual Elegant（正式休闲）——男士穿非正式休闲西服；女士穿过膝盖的套装或礼服。

（二）西餐就餐中的餐巾礼仪

用餐巾过程中，千万要注意不要有如下失礼之举。

① 不要当成围兜般（塞）在衣领或裤头。

② 不要用餐巾擦拭餐具、桌子，会有看不起主人之意。

③ 不要用餐巾拭抹口红、鼻涕或吐痰，不要用餐巾擦眼镜、抹汗，应改用自己的手帕。

④ 不要在离席时将餐巾布掉落在地上。

⑤ 不要把餐巾布用得污迹斑斑或者是皱皱巴巴。

⑥ 不要将吃剩食物放到餐巾布上。

二、案例思考

[案例一]

国外某投资集团十分看好中国某地独特的旅游资源，在有关部门的努力下，原则上决定巨资开发当地独特、优美的旅游资源。为了进一步落实投资具体事宜，该投资公司派出以董事长为团长的高级代表团来到该县进行实地考察。当地县政府对这次接待活动格外重视，接待规格之高是史无前例的。县政府在代表团到达当天举办盛大欢迎宴会，出席宴会的外方代表团成员共8人，中方陪同人员100人。菜肴极其丰富，不仅有专门从海南空运过来的龙虾、鲍鱼，还专程从北京全聚德请来一级厨师制备地道的北京烤鸭，甚至还有当地特有的山龟、果子狸，其规模和档次甚至超过国宴。

然而，面对主人热情洋溢的祝酒辞以及丰盛的山珍海味，外方代表团成员没有中方陪客那样兴奋，对中方的盛情款待似乎并不领情。第二天，代表团参观了当地尚未开发的旅游资源。外方赞不绝口,但没有按照以前期望的那样签署投资协议。为什么对外方如此高规格的接待却没有起到任何效果?县政府领导百思不得其解。

思考:

① 为什么对外方如此高规格的接待却没有起到任何效果?

② 在用餐上我国存在哪些陋习?请展开讨论。

[案例二]

在一次宴会上,教授的学生和教授(携带教授夫人)在一起吃饭。教授的中国台湾学生是一家公司的老总。他来做东请教授和教授的其他学生。做东的学生坐在教授的对面,其他学生随便坐。在吃饭的过程中,有一位同学突然站起来出去了,没有人问他到底去干什么了,大家继续原来的关于中国大陆与中国台湾局势的话题。饭桌上,大家互赠名片,并谈论一些问题。

讨论:请指出宴会上正确和失礼之处。

三、巩固提高

(一)判断题

① 正式西餐宴请时有服饰要求。(　　)

② 正式宴会时,宴会厅要悬挂来访国以及东道国国旗。(　　)

③ 在西餐排定用餐位次时,主位一般应请男主人就座,而女主人则需退居第二主位。(　　)

④ 西餐菜单可以是:汤-开胃菜-主菜-面包-点心甜品-咖啡。(　　)

⑤ 咖啡杯或红茶杯的用法为:一般使用右手的拇指和食指握住杯耳端起,然后再慢慢品尝。(　　)

(二)选择题

① 喝咖啡时,小茶匙的正确用法是(　　)。

A. 饮过咖啡后,可将匙放入杯中

B. 小茶匙可用于搅拌方糖,而不是用来舀饮的

C. 茶匙只能用来搅拌不能用于舀方糖

D. 小茶匙用完后可任意放置

② 接到西餐邀请后要尽快给予答复,最迟不要超过(　　)。

A. 6 小时　　　　B. 12 小时　　　　C. 15 小时

D. 18 小时　　　E. 24 小时

③ 西方人一般忌讳数字(　　)。

A. 4　　　　　　B. 8　　　　　　C. 13

D. 16　　　　　E. 7

四、实战演练

西餐位次礼仪实训

实训项目：西餐位次礼仪。

实训目标：通过该项目的训练，使学生掌握西餐座次顺序的基本知识，并能够在交际场合正确选择自己的座次，显示出职场礼仪风范。

实训学时：1 学时。

实训方法：情景模拟。

假设你是山东一家大型企业的主要负责人，为配合省里工作，准备迎接来自澳大利亚的参观团，你所在企业在刚投入使用的西餐厅设宴款待外宾，预计共 8 人，中方 4 人，外方 4 人。

① 为了让澳大利亚参观团更好地适应本地环境，根据"主随客意"的原则，特设西餐长条用餐桌。请为此次宴会安排座次。

② 席间准备了餐前酒（威士忌），餐中酒（红葡萄酒），餐后酒（白兰地），为了使出席本次宴请的中方人士更熟练地应对当时场景，要在宴请前对中方人士进行培训，请你教会他们不同酒杯的持杯方法。

③ 参观团中有一位外宾对用餐的景德镇筷子赞不绝口，用完餐后，这位外宾顺手把这双筷子放入了自己的提包。作为中方主要负责人，在看到这一场景后，你想既不令客人难堪，又要圆满的解决问题，你该怎么做呢？

学生分组、分角色扮演主方和客方。

学生了解门、窗等参照物的方位，左、右方向确定的标准，并根据标准取座位入座。

五、演练总结

实训小记：_____
_____
_____
_____
_____
_____

实训收获：_____
_____
_____
_____

课下需加强的方面：_____

任务三　茶会礼仪及自助餐礼仪

【知识储备】

一、茶会礼仪

有客来访，待之以茶，以茶会友，情谊长久。这是我国传统的待客方式。茶会在我国有着悠久的历史。最早的茶会是为了进行交易和买卖。后来，茶会推而广之，成为一种用茶点招待宾客的社交性聚会形式。茶会既属于宴请的一种形式，又属于会议的一种，因而它具有宴请和会议二者的特点，从而在形式上较为自由，在气氛上更为融洽。在公务活动中，茶会主要是为交流思想、联络感情、洽谈业务、开展公务等目的。茶会礼仪，就是指人们在各种茶会活动中应遵守的礼仪。

（一）茶会准备时的礼仪

茶会准备礼仪，是指茶会组织者在茶会准备阶段应遵守的礼仪。

1. 正确拟定茶会的形式

茶会形式多种多样，有品茶会、茶话会、音乐茶座等。一般庄重、高雅的茶友间相聚多用品茶会；单位集体座谈某种事项用茶话会；娱乐、消遣性聚会宜安排音乐茶座。

2. 选择合适的茶具

在招待客人时，茶具应有所讲究。从卫生健康角度考虑，泡茶要用茶壶，茶杯要用有柄的，不要用无柄茶杯。目的是避免手与杯体、杯口接触，传播疾病。茶具一般应选择陶质或瓷质器皿。陶质器皿以江苏宜兴的紫砂茶具为佳。不要用玻璃杯，也不要用热水瓶代替茶壶。如用高杯（盖杯）时，则可以不用茶壶。有破损或裂纹的茶具是不能用来待客的。

3. 选择合适的茶叶

由于是茶会，客人对茶叶的要求可能较高。不同的地区，饮茶的习惯不同，应准备的茶叶也就不尽相同。广东、福建、广西、云南一带习惯饮红茶，近几年受港澳台影响，饮乌龙茶的人也多了起来。江南一带饮绿茶比较普遍。北方人一般习惯饮花茶，少数民族地区，大多习惯饮浓郁的紧压茶。就年龄来讲，一般地说，青年人多喜欢饮淡茶、绿茶，老年人多喜欢饮浓茶、红茶。不同情况下，应准备不同的茶叶，但都应该有特色。

4. 布置要得当

品茶会布置要有地方特色，对茶叶和茶具的准备和摆布都有讲究，茶话会则比较随便一些，可加摆糖果、瓜子等。音乐茶座更加自由、活泼，乐曲准备比茶更重要，有时可以用饮料代茶。

（二）茶会进行时的礼仪

1. 茶会开始

主持人应热情致辞欢迎应邀者光临，并讲明举办茶会的目的和内容。一般来说，茶会就座比较自由，讲话也不要求有严格的顺序，可随感而发，即席发言。当比较生疏的客人发言时，主持者应介绍发言人的身份，以便大家有所了解。

2. 奉茶的时机

奉茶，通常是在客人就座后，开始洽谈工作之前。如果宾主已经开始洽谈工作，这时才端茶上来，免不了要打断谈话或为了放茶而移动桌上的文件，这是失礼的。值得注意的是，喝茶要趁热，凉茶伤胃，茶浸泡过久会泛碱味，不好喝，故一般应在客人坐好后再沏茶。

3. 奉茶的顺序

上茶时一般由主人向客人献茶，或由接待人员给客人上茶。上茶时最好用托盘，手不可触杯面。奉茶时，按先主宾后主人，先女宾后男宾，先主要客人后其他客人的礼遇顺序进行。不要从正面端茶，因为这样既妨碍宾主思考，又遮挡视线。得体的做法是：应从每人的右后侧递送。

4. 斟茶的礼仪

在斟茶时要注意每杯茶水不宜斟得过满，以免溢出洒在桌子上或客人衣服上。一般斟七分满即可，应遵循"满杯酒、半杯茶"之古训。

5. 续茶的礼仪

茶会中陪伴客人品茶要随时注意客人杯中茶水存量，随时续水。应安排专人给客人续茶，续茶时服务人员走路要轻，动作要稳，说话声音要小，举止要落落大方。在往高杯倒水、续水时，如果不便或没有把握一并将杯子和杯盖拿在左手上，可把杯盖翻放在桌上或茶几上，只是端起高杯来倒水。服务员在倒、续完水后要把杯盖盖上。注意，切不可把杯盖扣放在桌面或茶几上，这样既不卫生，也不礼貌。续茶时要一视同仁，应注意按礼宾顺序和顺时针方向为宾客服务。不能只给一小部分人续，而冷落了其他客人。如用茶壶泡茶，则应随时观察是否添满开水，但注意放茶壶时壶嘴不要冲着客人方向。

6. 我国的饮茶礼仪

茶叶的原产地在中国。饮茶在中国，不仅是一种生活习惯，也是一种源远流长的文化传统。中国人习惯以茶待客，并形成了相应的饮茶礼仪。比如，请客人喝茶，要将茶杯放在托盘上端出，并用双手奉上。茶杯应放在客人右手的前方。在边谈边饮时，要及时给客人添水。客人则需善"品"，小口啜饮，满口生香，而不是作牛饮。

茶艺已经成为中国文化的一个组成部分。比如中国的"功夫茶"，便是茶道的一种，有严格的操作程序。

① 嗅茶。主客坐定以后，主人取出茶叶，主动介绍该品种的特点、风味，客人则依次传递嗅赏。

② 温壶。先将开水冲入空壶，使壶体温热，然后将水倒入"茶船"——一种紫砂茶盘。

③ 装茶。用茶匙向空壶中装入茶叶，通常装满大半壶。切忌用手抓茶叶，以免手气或杂味混入。

④ 润茶。用沸水冲入壶中，待壶满时，用竹筷刮去壶面条沫；随即将茶水倾入"茶船"。

⑤ 冲泡。至此，才可正式泡茶。要用开水，但不宜用沸水。

⑥ 浇壶。盖上壶盖之后，在壶身外浇开水，使壶内、壶外温度一致。

⑦ 温杯。泡茶的间隙，在茶船中利用原来温壶、润茶的水，浸洗一下小茶盅。

⑧ 运壶。第一泡茶泡好后，提壶在条船边沿巡行数周，以免壶底的水滴滴入茶盅串味。

⑨ 倒茶。将小茶盅一字儿排开，提起茶壶来回冲注，俗称"巡河"。切忌一杯倒满后再倒第二杯，以免浓淡不均。

⑩ 敬茶。双手捧上第一杯茶，敬奉在座的客人；如客人不止一位时，第一杯茶应奉给德高望重的长者。

⑪ 品茶。客人捏着小茶盅，观茶色，嗅茶味，闻茶香，然后腾挪于鼻唇之间，或嗅或啜，如醉如痴，物我两忘。

不论客人还是主人，饮茶要边饮边谈，轻啜慢咽。不宜一次将茶水饮干，不应大口吞咽茶水，喝得咕咚作响。应当慢慢地一小口、一小口地仔细品尝。如遇漂浮在水面上的茶叶，可用茶杯盖拂去，或轻轻吹开，切不可从杯里捞出来扔在地上，更不要吃茶叶。

7. 其他注意礼仪

我国旧时有以再三请茶作为提醒客人应当告辞的做法，即端茶送客。因此，在招待老年人或海外华人时要注意，不要一而再、再而三地劝其饮茶。

（三）茶会结束时的礼仪

茶会进行到一定程度后，主人要适时地宣布茶会到此结束。茶会结束时的礼仪类同于前面所讲宴会结束时所应注意的礼仪。主人应站在门口恭送客人离去，并说些道别的客气话。

二、自助餐礼仪

（一）安排自助餐的礼仪

安排自助餐的礼仪，指的是自助餐的主办者在筹办自助餐时的规范性作法，一般而言，它又包括备餐的时间、就餐的地点、食物的准备、客人的招待等四个方面的问题。

1. 就餐的时间

在商务交往中，依照惯例，自助餐大都被安排在各种正式的商务活动之后，作为其附属的环节之一，而极少独立出来，单独成为一项活动。也就是说，商界的自助餐多见于各种正式活动之后，是招待来宾的项目之一，而不宜以此作为一种正规的商务活动的形式。

因为自助餐多在正式的商务活动之后举行，故而其举行的具体时间受到正式的商务活动的限制。不过，它很少被安排在晚间举行，而且每次用餐的时间不宜长于一个小时。

根据惯例，自助餐的用餐时间不必进行正式的限定。只要主人宣布用餐开始，大家既可动手就餐。在整个用餐期间，用餐者可以随到随吃，大可不必非要在主人宣布用餐开始之前到场恭候。在用自助餐时，也不像正式的宴会那样，必须统一退场，不允许"半途而废"。用餐者只要自己觉得吃好了，在与主人打过招呼之后，随时都可以离去。通常，自助餐是无人出面正式宣告其结束的。

一般来讲，主办单位假如预备以自助餐对来宾进行招待，最好事先以适当的方式对其进行通报。同时，必须注意一视同仁，即不要安排一部分来宾用自助餐，而安排另外一部分来宾去参加正式的宴请。

2. 就餐的地点

选择自助餐的就餐地点，大可不必如同宴会那般较真。重要的是，它既能容纳下全部就餐之人，又能为其提供足够的交际空间。

按照正常的情况，自助餐安排在室内外进行皆可。通常，它大多选择在主办单位所拥有的大型餐厅、露天花园内进行。有时，亦可外租、外借与此相类似的场地。

在选择、布置自助餐的就餐地点时，有下列三点事项应予以注意。一是要为用餐者提供一定的活动空间。除了摆放菜肴的区域之外，在自助餐的就餐地点还应划出一块明显的用餐区域。这一区域，不要显得过于狭小。考虑到实际就餐的人数往往具有一定的弹性，实际就餐的人数难以确定，所以用餐区域的面积宁肯划得大一些。

二是要提供数量足够使用的餐桌与座椅。尽管真正的自助餐所提倡的是就餐者自由走动，立而不坐。但是在实际上，有不少的就餐者，尤其是其中的年老体弱者，还是期望在其就餐期间，能有一个暂时的歇脚之处。因此，在就餐地点应当预先摆放好一定数量的桌椅。供就餐者自由使用。在室外就餐时，提供适量的遮阳伞，往往也是必要的。

三是要使就餐者感觉到就餐地点环境宜人。在选定就餐地点时，不只要注意面积、费用问题，还须兼顾安全、卫生、温度、湿度诸问题。要是用餐期间就餐者感到异味扑鼻、过冷过热、空气不畅，或者过于拥挤，显然都会影响到对方对此次自助餐的整体评价。

3. 食物的准备

在自助餐上，为就餐者所提供的食物，既有其共性，又有其个性。它的共性在于，为了便于就餐，以提供冷食为主；为了满足就餐者的不同口味，应当尽可能地使食物在品种上丰富多彩；为了方便就餐者进行选择，同一类型的食物应被集中在一处摆放。

它的个性则在于，在不同的时间或是款待不同的客人时，食物可在具体品种上有所侧重。有时，它以冷菜为主；有时，它以甜品为主；有时，它以茶点为主；有时，它还可以酒水为主。除此之外，还可酌情安排一些时令菜肴或特色菜肴。

一般而言，自助餐上所备的食物在品种上应当多多益善。具体来讲，一般的自助餐所供应的菜肴大致应当包括冷菜、汤、热菜、点心、甜品、水果以及酒水等几大类型。

通常，常上的冷菜有沙拉、泥子、冻子、香肠、火腿、牛肉、虾松、鱼籽、鸭蛋等等。常上的汤类有红菜汤、牛尾汤、玉黍汤、酸辣汤、三鲜汤等。常上的热菜有炸鸡、炸鱼、烤肉、烧肉、烧鱼、土豆片等等。常上的点心有面包、菜包、热狗、炒饭、蛋糕、曲奇饼、三明治、汉堡包、比萨饼等等。常上的甜品有布丁、冰淇淋等等。常上的水果有香蕉、菠萝、西瓜、木瓜、柑橘、樱桃、葡萄、苹果等。常上的酒水则有牛奶、咖啡、红茶、可乐、果汁、矿泉水、鸡尾酒等。

在准备食物时，务必要注意保证供应。同时，还须注意食物的卫生以及热菜、热饮的保温问题。

4. 客人的招待

招待好客人，是自助餐主办者的责任和义务。要做到这一点，必须特别注意下列环节。

一是要照顾好主宾，不论在任何情况下，主宾都是主人照顾的重要内容。在自助餐上，也并不例外。主人在自助餐上对主宾所提供的照顾，主要表现在陪同其就餐，与其进行适当的交谈，为其引见其他客人，等等。只是要注意给主宾留下一点供其自由活动的时间，不要始终陪伴其左右。

二是要充当引见者。作为一种社交活动的具体形式。自助餐自然要求其参加者主动进行适度的交际。在自助餐进行期间，主人一定要尽可能地为彼此互不相识的客人多创造一些相识的机会，并且积极为其牵线搭桥，充当引见者，即介绍人。应当注意的是，介绍他人相识，必须了解彼此双方是否有此心愿，而切勿一厢情愿。

三是要安排服务者。小型的自助餐，主人往往可以一身二任，同时充当服务者。但是，在大规模的自助餐上，显然是不能缺少专人服务的。在自助餐上，直接与就餐者进行正面接触的，主要是侍者。根据常规，自助餐上的侍者须由健康而敏捷的男性担任。他的主要职责是：为了不使来宾因频频取食而妨碍了同他人所进行的交谈，而主动向其提供一些辅助性的服务。比如，推着装有各类食物的餐车，或是托着装有多种酒水的托盘，在来宾之间巡回走动，听凭宾客各取所需。再者，他还可以负责补充供不应求的食物、饮料、餐具等。

（二）享用自助餐的礼仪

所谓享用自助餐的礼仪，在此主要是指在以就餐者的身份参加自助餐时，所需要具体遵循的礼仪规范。一般来讲，在自助餐礼仪之中，享用自助餐的礼仪对绝大多数人而言，往往显得更为重要。通常，它主要涉及下述八点。

1. 排队取菜

在享用自助餐时，尽管需要就餐者自己照顾自己，但这并不意味着他可以因此而不遵守自助餐规则。实际上，在就餐取菜时，由于用餐者往往成群结队而来的缘故，大家都必须自觉地维护公共秩序，讲究先来后到，排队选用食物。不允许乱挤、乱抢、乱插队，更不允许不排队。

在取菜之前，先要准备好一只食盘。轮到自己取菜时，应以公用的餐具将食物装入自己的食盘之内，然后即应迅速离去。切勿在众多的食物面前犹豫再三。让身后之人久等，更不应该在取菜时挑挑拣拣，甚至直接下手或以自己的餐具取菜。

2. 循序取菜

在自助餐上，如果想要吃饱吃好，那么在具体取用菜肴时，就一定要首先了解合理的取菜顺序，然后循序渐进。按照常识，参加一般的自助餐时，取菜时标准的先后顺序，依次应当是：冷菜、汤、热菜、点心、甜品和水果。因此在取菜时，最好先在全场转上一圈，了解一下情况，然后再去取菜。

如果不了解这一合理的取菜先后顺序，而在取菜时完完全全地自行其是，乱装乱吃一通，难免会使本末倒置，咸甜相克，令自己吃得既不畅快又不舒服。

3. 量力而行

参加自助餐时，遇上了自己喜欢吃的东西，只要不会撑坏自己，完全可以放开肚量，尽管去吃。不限数量，保证供应，其实这正是使自助餐大受欢迎的地方。因此，在参加自助餐时，大可不必担心别人笑话自己，爱吃什么，只管去吃就是了。

不过，应当注意的是，在根据本人的口味选取食物时，必须要量力而行。切勿为了吃得过瘾，而将食物狂取一通，结果是自己"眼高手低"，力不从心，从而导致了食物的浪费。严格地说,在享用自助餐时,多吃是允许的,而浪费食物则绝对不允许。这一条,被世人称为自助餐就餐时的"少取"原则。有时,有人亦称之为"每次少取"原则。

4. 多次取菜

在自助餐上遵守"少取"原则的同时,还必须遵守"多次"的原则。"多次"的原则,即指"多次取菜"原则。它的具体含义是:用餐者在自助餐上选取某一种类的菜肴,允许其再三再四地反复去取。每次应当只取一小点,待品尝之后,觉得它适合自己的话,那么还可以再次去取,直至自己感到吃好了为止。换而言之,这一原则其实是说,在自助餐选取某菜肴时,取多少次都无所谓,一添再添都是允许的。相反,要是为了省事而一次取用过量,装得太多,必定会令其他人瞠目结舌。"多次"原则,与"少取"原则其实是同一个问题的两个不同侧面。"多次"是为了量力而行,"少取"也是为了避免造成浪费。所以,二者往往也被合称为"多次少取"原则。

会吃自助餐的人都知道,在选取菜肴时,最好每次只为自己选取一种。待吃好后,再去取用其他的品种。要是不谙此道,在取菜时乱装一气,将多种菜肴盛在一起,导致其五味杂陈,相互串味,则难免会暴殄天物。

5. 避免外带

所有的自助餐,不分是以之待客的由主人亲自操办的自助餐,还是对外营业的正式餐馆里所经营的自助餐,都有一条不成文的规定,即自助餐只许可就餐者在用餐现场里自行享用,而绝对不许可对方在用餐完毕之后携带回家。

6. 送回餐具

在自助餐上,既然强调的用餐者以自助为主,那么用餐者在就餐的整个过程之中,就必须将这一点牢记在心,并且认真地付诸行动。在自助餐上强调自助,不但要求就餐者取用菜肴时以自助为主,而且还要求其善始善终,在用餐结束之后,自觉地将餐具送至指定处。

在一般情况下,自助餐大都要求就餐者在用餐完毕之后、离开用餐现场之前,自行将餐具整理到一起,然后一并将其送回指定的位置。在庭院、花园里享用自助餐时,尤其应当这么做。不允许将餐具随手乱丢,甚至任意毁损餐具。在餐厅里就座用餐,有时可以在离去时将餐具留在餐桌上,由侍者负责收拾。虽如此,也应在离去前对其稍加整理为好。不要弄得自己的餐桌上杯盘狼藉,不堪入目。自己取用的食物,以吃完为宜,万一有少许食物剩了下来,也不要私下乱丢、乱倒、乱藏,而应将其放在适当处。

7. 照顾他人

商界人士在参加自助餐时,除了对自己用餐时的举止表现要严加约束外,还需与他人和睦相处,多照顾周围人。对于自己的同伴,特别需要加以关心,若对方不熟悉自助餐,不妨向其扼要地进行介绍。在对方乐意的前提下,还可向其具体提出一些有关选取菜肴的建议。对于在自助餐上碰见的熟人,亦应加以体谅。不过,不可以自作主张地为对方直接代取食物,更不允许将自己不喜欢或吃不了的食物"处理"给对方吃。

在用餐的过程中,对于其他不相识的用餐者,应当以礼相待。在排队、取菜、寻位以及行动期间,对于其他用餐者要主动加以谦让,不要目中无人,蛮横无理。

8.积极交际

一般来说,参加自助餐时必须明确,吃东西往往属于次要之事,而与其他人进行适当的交际活动才是自己最重要的任务。在参加由商界单位所主办的自助餐时,情况更是如此。所以,不应当以不善交际为由,只顾自己躲在僻静之处一心一意地埋头大吃,或者来了就吃,吃了就走,而不同其他在场者进行任何形式的正面接触。

在参加自助餐时,一定要主动寻找机会,积极地进行交际活动。首先,应当找机会与主人攀谈一番,其次,应当与老朋友好好叙一叙。最后,还应当争取多结识几位新朋友。

在自助餐上,交际的主要形式是几个人聚在一起进行交谈。为了扩大自己的交际面,在此期间不妨多换几个类似的交际圈。只是在每个交际圈,多少总要待上一会儿时间,不能只待上一两分钟马上就走,好似蜻蜓点水一般。

介入陌生的交际圈,大体上有三种方法。其一,是请求主人或圈内人引见。其二,是寻找机会,借机加入。其三,是毛遂自荐,自己介绍自己加入。不管怎么说,加入一个陌生的交际圈,总得先求得圈内人的同意。愣头愣脑地硬闯进去,未必会受到欢迎。

【能力拓展】

一、知识拓展

(一)品茶礼中的扣指礼

在我国南方和港澳台地区,至今广泛流传着一种茶礼:主人敬茶或给茶杯中续水时,客人以中指和食指在桌上轻轻点几下,以示谢意,这就是扣指礼,也叫叩谢礼。

相传这源于乾隆下江南的故事:乾隆帝在苏州时,某日与几位侍从微服私访,行至一茶馆时,他茶瘾大发,也不等茶士照料,拿起茶壶为自己、也为侍从斟起茶来。侍从见状不知所措,下跪接茶怕暴露了皇上身份,不跪吧又违反了宫中礼节。这时,一位侍从灵机一动,伸出手来弯曲中指和食指,朝皇上轻叩三下,形似双膝下跪,叩谢圣恩,有"三跪九叩"的意思。乾隆一见龙颜大悦,轻轻嘉许。这一茶礼从此便逐渐流传起来,至今不废。

正规的"扣指礼"是这样的:右手握拳,大拇指的指尖对食指的第二指节,屈起食指和中指,握拳立起来,用食指和中指的第二节指面,轻轻叩击桌面三下。

现今叩指礼,在日常茶事中已经相当简化了。通常茶客在主人添茶续杯时,用食指或者中指轻轻敲桌面两次,作为感谢之意。

(二) 自助餐的特点

一般而言，自助餐有如下几条明显的长处。

1. 它可免排座次

正规的自助餐，往往不固定用餐者的座次，甚至不为其提供座椅。这样一来，既可免除座次排列之劳，而且还可以便于用餐者自由地进行交际。

2. 可节省费用

因为自助餐多以冷食为主，不提供正餐，不上高档的菜肴、酒水，故可大大地节约主办者的开支，并避免了浪费。

3. 可各取所需

参加自助餐时，用餐者碰上自己偏爱的菜肴。只管自行取用就是了，完全不必担心他人会为此而嘲笑自己。

4. 可招待多人

每逢需要为众多的人士提供饮食时，自助餐不失为一种首选。它不仅可用以款待数量较多的来宾，而且还可以较好地处理众口难调的问题。

二、案例思考

周小姐有一次代表公司出席一家外国商社的周年庆典活动。正式的庆典活动结束后，那家外国商社为全体来宾安排了丰盛的自助餐。尽管在此之前周小姐并未用过正式的自助餐，但是她在用餐开始之后发现其他用餐者的表现非常随意，便也就"照葫芦画瓢"，像别人一样放松自己。

让周小姐开心的是，她在餐台上排队取菜时，竟然见到自己平时最爱吃的北极甜虾，于是，她毫不客气地替自己满满地盛了一大盘。当时她的主要想法是：这东西虽然好吃，可也不便再三再四地来取，否则旁人就会嘲笑自己没见过什么世面了。再说，它这么好吃，这会儿不多盛一些，保不准一会儿就没有了。

然而令周小姐脸红的是，她端着盛满了北极甜虾的盘子从餐台边上离去时，周围的人居然个个都用异样的眼神盯着她。有一位同伴还用鄙夷的语气小声说道："真给中国人丢脸呀！"事后一经打听，周小姐才知道，自己当时的行为是有违自助餐礼仪的。

分析：请问周小姐错在哪儿？

三、巩固提高

(一) 判断题

① 自助餐要自行多次取用。（   ）

② 自助餐取菜时，要遵循循环取菜的原则。（   ）

③ 自助餐是招待会常见的一种，可以是早餐、午餐、晚餐。（　　）
④ 我国江苏省的人大多喜欢喝红茶。（　　）
⑤ 招待好客人，是自助餐主办者的责任和义务。（　　）

(二) 选择题

① 以下不符合自助餐礼仪的是（　　）。
A. 自由取食　　　B. 避免外带　　　C. 送回餐具　　　D. 量力而行

② 以下不属于茶艺程序的是（　　）。
A. 嗅茶　　　　　B. 装茶　　　　　C. 润茶　　　　　D. 喝茶

③ "满杯酒、半杯茶"之古训是指茶要斟至（　　）满。
A. 五分　　　　　B. 六分　　　　　C. 七分　　　　　D. 八分

四、实战演练

茶礼仪实训

实训项目：茶礼仪。

实训目标：通过该项目的训练，使学生掌握泡茶、敬茶的基本步骤和上茶的先后顺序，并能够在职场合理运用，彰显礼仪风范。

实训学时：1学时。

实训方法：情景模拟。

① 依次冲泡绿茶、红茶等各类茶。

② 学生5人一组，1人敬茶，其余4人作为不同身份的客人，进行敬茶训练。

五、演练总结

实训小记：_____

_____

_____

_____

_____

实训收获：_____

_____

_____

_____

课下需加强的方面：

项目六

涉外礼仪

涉外迎送礼仪

【知识储备】

一、涉外礼仪的原则

随着中国加入世界贸易组织和改革开放的不断深化,中国人同外国人打交道的机会越来越多。不论是商务接待,还是友好往来,我们都要尊重对方,既要对外宾彬彬有礼,又要维护国家尊严。这就要求我们掌握一定的涉外礼仪原则,它是中国人在接触外国人时,必须遵守的基本原则。

所谓涉外礼仪,是对涉外交际礼仪的简称,它是指在对外交往中,从业人员以良好的自身形象,向交往对象表示尊敬与友好的约定俗成的习惯做法。涉外礼仪的基本内容就是国际交往的惯例,它是参与国际交往时必须认真了解,并予以遵守的通行做法。涉外礼仪原则主要包括以下几方面内容。

(一)维护形象

维护形象首先是维护个人形象。一个人的外在形象体现了其人的教养和品质。比如:一名男子身穿深色西服套装时,上衣左袖口上的商标必须拆掉,穿黑皮鞋不能穿白色袜子。个人形象也可以表示对他交往对象的重视程度,尤其是服务行业,顾客很重视服务提供者的形象。其次,是维护所在单位的整体形象。最后,在国际交往中个人形象往往还代表其所属国家、所属民族的形象。所以我们在涉外交往中必须时时刻刻注意维护个人形象,特别是在正式场合留给外国友人的第一印象。

在维护个人形象时,应该注意的六个要素是仪容、表情、举止、服饰、谈吐、待人接物。

（二）不卑不亢

不卑不亢，要求我们在涉外交往中既要维护本国的利益尊严，又要尊重他国的利益和尊严。国家不分贫富与大小，人不分种族与信仰，不分宗教与习俗，应一律平等以礼相待，不能厚此薄彼，不能做任何有损人格、国格的事。而且，在与外宾交往中，要自尊自爱。既要热情坦诚、落落大方、彼此尊重、不卑不亢，又不能低声下气、卑躬屈膝、失去自我。每一个人在参与国际交往时，都必须意识到，自己在外国人的眼里，是代表自己的国家，代表自己的民族，代表自己所在的公司的。

（三）入乡随俗

由于不同民族的文化背景对礼仪有很大影响，因此，在异国他乡就要随俗，避免交往中唯我独尊的失礼行为，使自己或对方尴尬。同时，入乡随俗也表示尊重对方所独有的风俗习惯，做到真正尊重交往对象。要做到"入乡随俗"，必须注意两个问题：一是充分了解对方相关的风俗习惯，知己知彼，可以拉近彼此间的距离。二是充分尊重交往对象所特有的习俗。切记，做客时要"客随主便"，做东道主要"主随客便"。

（四）信守时约

遵守时间，信守约定，是建立良好人际关系的基本前提，也是取信于人的基本要求。交往中必须遵守时间，不能无故迟到，否则是极不礼貌的。严格遵守自己的承诺，说话一定要算数，许诺别人的事要千方百计地兑现。在人际关系中，失信、失约违背礼仪的基本原则，既不尊重对方，也会严重损害自己的形象。不守约的人，永远都是不值得信赖的。要做到信守时约的原则，重要的是要做好以下两点：一是在与他人交往时，许诺必须谨慎。承诺一旦做出，就应认真地加以遵守，不宜随便加以变动或取消。二是万一有特殊情况，致使自己单方面失约，务必要尽早通知对方，诚恳地向对方致歉并说明原因。

在约会方面，与西方人交往时可按以下惯例。

1. 集会、约会按时到达

西方国家的会议和演出都是准时开始的，在活动开始前就座才符合礼节。

2. 参加宴会提前 10 分钟到达

西方人的宴会也是准时开始的。可在宴会开始前 10 分钟到达，提前太多会打乱主人的计划，而迟到则显得对其他客人很不礼貌。

3. 沙龙、舞会可迟到几分钟

这是被西方人公认的"守时行为"，因为到了预订时间，一切工作已准备就绪，主人这时可以专门恭候客人了。

（五）热情适度

在交往中的热情适度主要体现在四个方面：关心适度、批评适度、距离适度、举止适度。

1. 关心适度

中国人相互之间一向倡导"关心他人比关心自己更重要",可是西方人大多强调个性独立,自强自爱,反对他人对自己过分关心。在涉外交往中关心过度,人家不仅不领情,弄不好还会嫌我方人员多管闲事。比如,你向外国人建议"今天天气很冷,你为什么不多穿上几件衣服呢",对方却认为你是在干涉他的个人自由。如果非提醒不可,也应当尽量采用商量建议的口气,不用祈使句,免得对方听起来有"下命令"之嫌。比如说"如果我是你,我今天一定会多穿几件衣服",代替"你为什么不多穿上几件衣服呢"或"你应该多穿上几件衣服"。

2. 批评适度

按国际交往原则,只要不触犯我国法律,不违背伦理道德,没有辱没我方的国格人格,不危及人身安全,就没有必要去评判是非对错,尤其不宜对对方当面进行批评指正,或是加以干预。

3. 距离适度

按不同场合分几种距离:私人距离在0.5米内,社交距离为0.5~1.5米,礼仪距离为1.5~3米,公共距离为3米开外。

4. 举止适度

要注意两方面:一是不要随便采用某些显示热情的动作。在国内朋友见面彼此拍肩膀;长辈遇孩子,抚摸其头顶或脸蛋;两名同性在街上携手而行。而西方人绝对接受不了这一套。二是不要有不文明不礼貌动作。如当众挖鼻、抠耳、抓痒,或交谈时用手指指指点点、高跷着"二郎腿"乱抖不止,都是被公认的不文明不礼貌行为。

(六)尊重隐私

个人隐私,泛指一个人不想告知于人或不愿对外公开的个人情况,在许多国家里,它受法律保护。按尊重隐私的原则,我们在跟外国友人交往时,千万不要没话找话,信口开河,穷追猛打探究别人的个人情况,对人家不愿意回答的问题绝不要刨根问底。一旦发现无意提出的问题引起对方反感,应立即表示歉意或转移话题。

在国际交往中,下列八个方面的私人问题,被外国人尤其是西方人视为个人隐私问题:工资收入、年龄大小、恋爱婚姻、健康状况、家庭住址、个人经历、信仰政见、所忙何事。此即"个人隐私八不问"。

1. 年龄大小

西方人视年龄为个人的核心机密,往往对"老"字讳莫如深。中国人听到"老人家、老先生、老专家、老夫人"十分顺耳,认为是尊称。外国人尤其是女性听之如同受诅咒谩骂一样。所以在一线服务的员工必须注意这一点。

2. 工资收入

国际社会人们普遍认为,个人收入、个人能力和地位直接相关联,故收入多少被看作脸面，十分忌讳他人直接或间接打听。此外，一些可以反映个人经济状况的问题也不宜问，如纳税额、银行存款、股票收益、私宅面积、汽车型号、服饰品牌、娱乐方式、度假地点等。

3. 恋爱婚姻

中国人对亲友、晚辈、年轻伙伴的婚恋家庭生活时时牵挂，一段时间不见必问。对身边到婚嫁年龄而独身的人一定"热情帮忙"，甚至成为单位尤其是工会的工作之一。对他人的婚后家庭也关心不已，诸如"夫妻关系如何、婆媳关系、有无孩子，为什么还不要，要不要上医院看看"，与外国人谈论这些问题，会令人反感。

4. 健康状况

中国人见面打招呼常问："最近身体好吗？"如果对方曾生病，要问"病好了吗？吃的是什么药，上哪家医院看的"，有的还要推荐著名的名医偏方。西方人交谈时反感别人对自己的健康状况过多关注。因为在生存竞争条件下，身体健康是每个人的工作资本，向他人坦言身体不好是不安全的。

5. 家庭地址

中国人对家庭住址通常不保密，有问必答，也常主动请人到家做客。西方人则视私宅为私生活领地，忌讳他人无端干扰。除非至交，一般不邀请外人到家做客，也不喜欢将个人住址、宅电等印在常用名片上。

6. 个人经历

中国人初次见面愿打听"哪里人、哪校毕业的、以前在什么单位工作"，像查户口，想了解对方出身背景。西方人视个人经历为个人隐私，也不会随便盘问别人。认为初次交往就大谈自己的出身家庭是别有用心的。

7. 信仰政见

在国际交往中，人们所处国家的社会制度、意识形态多有不同。要真正实现交往顺利合作成功，必须抛弃政治见解和社会制度的界限，超越意识形态差异，处处以友谊为重，以信任为重。千万不要对此评头论足，甚至横加指责干涉，把自己的意志强加于人。最明智的做法是避而不谈。

8. 所忙何事

国人见面常问："好久不见了，最近忙什么呢，上哪去了，又要上哪去？"西方人认为这属于个人私事，没有必要曝光。总爱问这类问题的人被视为有"窥视欲"，而被问者通常会"顾左右而言他"，甚至缄口不语。

（七）女士优先

女士优先是国际礼仪的重要原则。就是指在一切社交场合，每一个成年男子都有义务尊重、照顾、关心、保护妇女，尽可能地为妇女排忧解难。在国际交往的各种场合，谁不遵守这一成规，就被看作是失礼。"女士优先"的原则已逐步演化成为一系列具体的、操作性很强的做法，无论何种场合，有风度的男士都尽可能地帮助女士，而男士的风度很大程度上是从帮助女士中体现的。

例如行走时，室内行走，让女士走在右边；人行道上，男士走在靠车道的一边以保护女士。上下电梯、楼梯或进房间时，应请女士先行；进入剧场或电影院，女士在先，男士在后；男士陪女士上车，应先为女士开车门，并且为女士护顶，协助其上车后自己再上车；下雨时，男士要主动撑伞；男女同行，男士要帮助女士拿手包以外的物品；凡重要会见，也都是夫人走在前面，丈夫跟在后面。只有当需要男士去排除故障或有利于照顾女士时，男士才走在前面。

其他方面，在宴会上，先给女士上菜。西方宴会上一般不雇佣妇女充当服务员，在家宴上女主人是"法定"的第一顺序。在舞会上，男士不能拒绝女士邀请。就座时，男士为身边的女士拉椅子。到私宅拜访时，先向女主人致意，告别时先向女主人道谢。到衣帽间存放衣物，男士要帮女士。做不到这些的男士是贻笑于人的。

（八）以右为尊

所谓以右为尊，意即在涉外交往中，一旦涉及位置的排列，原则上都讲究右尊左卑，右高左低。也就是说，右侧的位置在礼仪上总要比左侧的位置尊贵。在各类国际交往中，大到外交活动，商务往来，小到私人交往、社会应酬，凡是需要确定和排列位次时，都要坚持"以右为尊"的原则。在并排站立、行走和就座时，为了对客人表示尊重和友好，主人应主动居左，而请客人居右。就是会见场所并排悬挂两国国旗，也是东道主国旗居左，客方国旗居右。这与中国"以左为尊"的礼仪传统完全相反，运用时不可混淆。

二、外事迎送礼仪

迎送外宾是外事交往中最常见的礼仪活动，它既是东道主给予客人的礼遇，体现了东道主的热情、友好之情，同时也是给予客人的第一印象和最后印象。迎送活动的安排必须严格按照国际惯例和外事特有的礼仪进行。

（一）确定迎送规格的一般原则

1. 对等原则

对于应邀来访，安排什么样身份的人出面迎送，应有一定的礼仪规格，其迎接规格是由东道主依据来访者的身份及其来访的性质、目的，并适当考虑双方关系，同时注意社交惯例，综合平衡来确定的。一般来说，应遵循对等的原则，其基本要求是主方的主要迎送人员应与来宾的身份大致相当，迎送的主方人员人数应与客方人数相近。迎送在社交实践中，根据对等原则，其具体安排方法有如下几种：

① 由与来宾身份相同或级别相当的人员作为主迎送人，亲自到车站、码头或机场迎送客人；

② 由与来宾身份或级别略低的人员到车站、码头或机场迎送，而与来宾身份相同或略高的人员则在来宾下榻处的门前迎接或送行；

③ 若因种种原因，如国家体制不同，当事人年高不便出面、临时身体不适或不在当地等情况，可以灵活变通，可由职务相当的人士或副职出面作为代表迎送来宾。

此外，人选应尽量对等、对口；在当事人不能亲自出面时，从礼节出发，应向对方做出解释。

对等原则，同样适用国家机关、企事业单位及民间组织对国内宾客的迎送接待。

2. 惯例原则

根据惯例，迎送规格的确定要因人而异，对不同身份、不同国籍、不同单位的不同人应有相应的迎送规格。迎送活动的安排通常分两种不同的档次，即各国接待来访的外国国家元首、政府首脑，往往都要举行隆重的迎送仪式，但对军方领导人的访问一般不举行欢迎仪式。对一般来访者，无论是官方人士、专业代表团，还是民间团体、知名人士，在他们抵离时，均安排身份相应的人员前往机场、码头、车站作一般迎送；对在本国工作的外国人、外交使节、专家等，在他们到任或离任时，各国的有关方面亦安排相应人员前往迎送。迎送一般不宜破格，但有时从发展双边关系或当前政治需要出发，破格组织迎送仪式，安排较大的迎送场面。

(二) 迎送礼仪

1. 官方迎送

(1) 接待准备

迎来送往，它是国际交往中最常见的礼仪。接待准备工作主要由外事部门负责主持、联系和安排。为了做好接待工作，需要通过外交途径事先了解对方的来访目的与要求、前来的路线与交通工具、抵离的具体时间与地点及来访人员的姓名、身份、性别、年龄、生活习惯、宗教信仰、饮食爱好与禁忌等，据此制订具体详尽的接待方案，确定接待规格和主要活动的安排日程。接待规格的高低，通常是根据来访者的身份、愿望、两国关系等因素来决定的。根据外事工作的特点和要求，接待准备工作必须注意以下几点。

① 对参加接待服务的人员进行严格的挑选和必要的培训。

② 根据确定的礼宾规格，备齐接待物品，安排布置好会见、会谈场所。

③ 确定会见、会谈和宴请的地点、时间、人员、座次、程序、菜单等。宴会上使用的食品、饮料等要专人把关、化验，以确保安全、卫生，防止意外事故发生。

④ 落实安全保卫工作，制订周密的警卫方案。严格按照有关规定控制通讯设备和出入人员。对使用的车辆、途经路线和道路及会见、会谈和宴请场所要认真仔细地进行安全检查，不能有任何疏忽或差错。

⑤ 安排好来访者的下榻处和迎送车辆。外国国家元首或政府首脑通常是在国宾馆下榻，整个代表团的住房分配可先由东道国根据来访者的身份、地位作一一安排，征求对方意见后实施。有时也可把下榻处的建筑平面图交给对方，由其自行安排。对于外国国家元首、政府首脑，通常安排开道车和摩托车队护送，并在所乘车辆的右前

方插上该国国旗。随行人员的座次要按礼宾顺序来安排。对于大型代表团的随行人员也可安排乘坐大轿车。对有些重要的外国代表团，也可派车开道，以示重视和尊敬。

（2）我国迎送仪式的惯例

外国国家元首或政府首脑抵达北京首都国际机场或车站时，由国家指定的陪同团长或外交部的部级领导人及级别相当的官员赴机场或车站迎接，并陪同来访国宾乘车前往宾馆下榻。

国宾抵达北京的当日或次日，在人民大会堂东门外广场举行隆重的欢迎仪式。如天气不适于举行此项仪式，则在人民大会堂东门内的中央大厅举行。欢迎仪式为双边活动，不邀请各国驻华使节出席，中方出席相当的国家领导人和有关部门负责人等。广场悬挂两国国旗，组织首都少年儿童列队欢迎，少年儿童代表献花，奏两国国歌，检阅三军仪仗队，鸣放礼炮。

国宾离京返国或到外地访问时，我方出面接待的国家领导人到宾馆话别，由陪同团团长或外交部部级领导人陪同客人前往机场、车站送行或陪同赴外地访问。

国宾到外地访问时，由省长或市长迎送；如省长、市长不在时，则由副省长或副市长代表。外国议长率领的议会代表团到地方访问时，应由省、市人大常委会主任迎送；如主任不在，则由副主任代表。另外，有些外宾虽无明确职务，但其身份特殊，如有些是王室要员（相当于政府首脑）来访，也应参照上述原则安排。

2. 民间团体、一般客人的迎送

（1）对民间团体的迎送

迎送民间团体时，不举行官方正式仪式，但需根据客人的身份、地位，安排对口部门、对等身份的人员前往接待。对身份、地位高的客人，事先在机场（车站、码头）安排贵宾休息室，准备茶水饮料。并在客人到达前尽可能将住房和乘车号码提前通知客人。也可印好住房、乘车表，或打好卡片，在客人到达时，及时发到每个人手中，或通过对方的联络秘书转达，以便使客人做到心中有数、主动配合。

（2）对一般客人的迎送

迎送一般客人时，主要是做好各项安排。如果客人是熟人，则不必介绍，直接上前握手，互相问候即可；如果客人是首次前来，又不认识，接待人员应主动打听，主动自我介绍；如果是大批客人，也可事先准备特定的标志。如小旗或牌子等，让客人从远处就能看到，以便客人主动前来接洽。

【能力拓展】

一、知识拓展

（一）女士优先的适用场合

女士优先原来主要在西方社会盛行，现在成为国际礼仪通则，但也只是适用于社交场合，在公务场合强调"男女平等"或忽略性别。如果办公室的男同事主动为女同事脱大衣，是让人不能接受的。另外，在今天的阿拉伯国家、东南亚地区以及日、韩、蒙、印等东方国家，也依然讲究"男尊女卑"。

（二）我国国宾车队的具体安排

国宾坐车，一般是三排座位的豪华型进口车。国宾座位是车内最后一排的右边，左边是我方陪同团团长座位。陪同团团长座位前一加座是翻译座位。司机右边是我方警卫座位。这辆车称主车。主车前后各有一警卫车，分别称前卫车、后卫车，内乘中、外双方警卫和医护人员。后卫车后，往往还安排一辆同主车车型、设备完全一样的备用车，如主车万一发生故障，马上代替主车启用。备用车后是主宾夫人车，夫人由陪同团团长夫人陪同。前卫车前是礼宾车，内乘双方礼宾负责人。礼宾车前是前导车，车上配有警笛、扩音器、闪光设备，以便肃清道路。不过，国宾行车路线，一般提前15分钟中断交通，采取全封闭方式，待国宾车队通过后开放。国宾夫人车后，按礼宾顺序，安排身份最高的随行人员。部长级以上官员，一般一人一车，副部长级二人一车，司局级及以下人员安排乘小面包车。国宾车队中我方礼宾、安全人员配有必要的通讯联络手段，如手机、对讲机等，以便同有关方面保持密切联系。国宾车队还配有九辆摩托车护卫，其中一辆行驶在前卫车前，前卫车至后卫车两侧，各四辆，另有二辆备用摩托车也列入编队之中。所以，人们常常见到的是11辆摩托车。摩托车护卫，我国于1981年恢复。

（资料来源：马保奉．外交礼仪漫谈，中国铁道出版社，1996）

（三）迎送工作中的注意事项

迎送工作中的注意事项：主人陪同乘车时，应请来宾坐在主人右侧。如是三排座的轿车，译员坐在主人前面的加座上；如是二排座，译员坐在司机旁边。上车时，要请客人从右侧先上车，主人从左侧上车。如客人先上车，坐在主人位置上，则不必请客人挪动位置。

二、案例思考

[案例一]

郑伟是一家大型国有企业的总经理。有一次，他获悉一家著名德国企业的董事长正在本市访问，并有寻求合作伙伴的意向。于是他想尽办法，请有关部门为双方牵线搭桥。让郑伟欣喜若狂的是，对方也有兴趣同他的企业进行合作，而且希望尽快与他见面。到了双方会面的那一天，郑总经理对自己的形象刻意进行了一番修饰。他根据自己对时尚的理解，上穿夹克衫，下穿牛仔裤，头戴棒球帽，足蹬旅游鞋。无疑，他希望自己能给对方留下精明强干、时尚新潮的印象。然而事与愿违，郑总经理自我感觉良好的这一身时髦的"行头"，却偏偏坏了他的大事。

讨论：郑总经理的错误在哪里？他的德国同行对此会有何种评价？

[案例二]

小李被派到英国专家家中做家政服务员。因为她热情负责，精明强干，专家夫妇对她印象很好，她也把自己当成家庭成员。一个假日的傍晚，夫妇外出归来，小李打过招呼后，又随口问到："你们去哪玩了？"专家迟疑一下说："我们去建国门外大街了。"小李又接着问："你们逛了什么商店？"对方答道："友谊商店。"小李热情地建议说："你们怎么不去国贸大厦和赛特购物中心看看，那儿的商品质量最让人放心。秀水街的东西也挺不错的。"谁知话音未落，专家夫妇已转身进房了。几天后小李被辞退，公司转述专家的辞退理由是："李小姐令人讨厌，她对主人的私生活太感兴趣了。不然打听这个打听那个干什么？我们去哪一家商店关她什么事！"

讨论：小李违背了涉外礼仪基本原则中的哪一条？

三、巩固提高

（一）判断题

① "女士优先"原则任何场合都适用。（　　）

② 我国迎送仪式的惯例是广场悬挂两国国旗，组织首都少年儿童列队欢迎，少年儿童代表献花，奏两国国歌，检阅三军仪仗队，鸣放礼炮。（　　）

③ 根据惯例，迎送规格的确定要因人而异，对不同身份、不同国籍、不同单位的不同人应有相应的迎送规格。（　　）

（二）选择题

① 在国际交往中，下列（　　）方面不属于私人问题。

A. 工作单位　　　B. 工资收入　　　C. 健康状况　　　D. 所忙何事

② 在交往中的热情适度主要体现在（　　）方面。

A. 关心适度　　　B. 批评适度　　　C. 距离适度　　　D. 举止适度

③ "入乡随俗"是指（　　）。

A. 按自己的习惯进行　B. 自由发挥　　　C. 主随客便　　　D. 客随主便

四、实战演练

外宾迎送礼仪实训

实训项目：外宾迎送礼仪。

实训目标：通过该项目的训练，使学生掌握外宾迎送的基本礼仪。

实训学时：1学时。

实训方法：情景模拟。

① 全班五人一组进行分组；

② 分小组自编、自导、自演外宾迎送礼仪情景剧；

③ 教师及其他各小组为该小组的表演进行评议并打分。

五、演练总结

实训小记：_____
_____
_____
_____
_____

实训收获：_____
_____
_____
_____
_____

课下需加强的方面：_____
_____
_____
_____
_____

任务二 礼宾次序与国旗悬挂礼仪

【知识储备】

一、礼宾次序

所谓礼宾次序礼仪，指的是在国际交往中，为了体现出席活动者的身份、地位、年龄等的差别，给予其必要的尊重，或者为了体现所有参与者一律平等，而将出席活动的国家、团体、各国人士的位次按一定的惯例和规则进行排列的礼仪规范。

一般来说，礼宾次序虽然形式上只是一个先后问题，但在内容上却是一个既关系到各方人员素质、社会组织的修养、形象问题，又体现了东道主对各国礼宾所给予的礼遇；在一些国际性的集会上则表示各国主权平等的地位。如安排不当或不符合国际惯例，则会引起不必要的争执与交涉，甚至影响国家关系。因此在组织涉外活动时，商务人员对礼宾次序应给予高度的重视。礼宾次序的排列虽然在国际上已有一定惯例，但各国做法不尽相同。常用的排列方法有以下三种。

（一）按身份与职务高低排列

这是礼宾次序排列的主要根据。在官方活动中，通常是按身份与职务的高低安排礼宾次序。如：按国家元首、副元首、政府首相、副首相、部长、副部长等顺序排列。各国提出的正式名单或正式通知是确定职务高低的依据，由于各国的国家体制不同，部门之间的职务高低也不尽一致，要根据各国的规定，按相应的级别和官衔进行安排。在多边活动中有时按其他方法排列。无论按何种方法排列，都应考虑身份或职务高低的问题。

（二）按国家名字的字母顺序排列

在多边活动中的礼宾次序也常采用按参加国国名字母顺序排列，一般以英文字母排列居多，如国际会议、体育比赛等。对于第一个字母相同的国家则按第二个字母排列，以此类推。联合国大会的席位次序也按英文字母排列。但是，为了避免一些国家总是占据前排席位，每年抽签一次，决定本年度大会席位以哪一个字母打头，以便让各国都有排在前列的机会。在国际体育比赛中，体育代表团（队）名称的排列和开幕式出场的顺序一般也按国名字母顺序排列，东道国一般排列在最后。体育代表团观礼或召开理事会、委员会等，则按出席代表团团长的身份高低排列。

（三）按通知代表团组成的日期先后排列

在一些国家举行的多边活动中，按通知代表团组成的日期先后排列礼宾次序，也是国际上经常采用的一种方法。东道国对同等身份的外国代表团，按派遣国通知代表团组成的日期排列，或按代表团抵达活动地点的时间先后排列，或按派遣国决定应邀派遣代表团参加该活动的答复时间先后排列。究竟采用何种方法，东道国在致各国的邀请书中都应加以说明。

在实际工作中，礼宾次序的排列常常不能按一种方法进行，而是几种方法交叉使用，并考虑其他因素，包括国家间的关系、地区所在地、活动的性质与内容和对于活动的贡献大小以及参加活动者在国际事务中的威望、资历等等。例如：通常把同一国家集团的、同一地区的、同一宗教信仰的或关系特殊的国家的代表团排在前面或排在一起。对同一级别的人员，常把威望高、资历深、年龄大者排在前面。有时还考虑业务性质、相互关系、语言交流等因素。例如：在观礼、观看演出或比赛，特别是在大型宴请时，除考虑身份、职务之外，还应将业务性质对口的、语言相通、宗教信仰一致的、风俗习惯相近的安排在一起。

总之，在礼宾次序安排工作中，要全面、周到、细微、耐心、慎重地考虑，设想多种方案，以避免因礼宾次序方面的问题引起不必要的外交误解或麻烦。

二、国旗悬挂法

国旗，是一个国家的标志和象征。在正式活动中，人们往往通过升挂本国国旗来表达自己的民族自尊心、自豪感以及对本国的热爱。在对外交往中，恰如其分地升挂本国国旗或外国国旗，不仅有助于维护本国的尊严和荣誉，而且也有助于对别国表示应有的尊重与友好。

在实际操作中，国旗排序指的是我国国旗与其他旗帜或外国国旗同时升挂时的具体顺序的排列，排列的总原则是居前为上、以右为上、居中为上、以大为上、以高为上。具体而言，它应被分为中国国旗与其他旗帜的排序、中国国旗与外国国旗的排序这两个具体问题。

（一）国内排序

国旗与其他旗帜排序，具体是指国旗与其他组织、单位的专用旗帜或彩旗同时升挂时的顺序排列。在国内活动中，此种情景时有所见。我国国旗法专门规定，升挂国旗，应当将国旗置于显著的位置。在一般情况下，我国国旗与其他旗帜的排序具体有下列三种常见的情况。

1. 前后排列

当我国国旗与其他旗帜呈前后列队状态进行排列时，一般必须使我国国旗排于前列。

2. 并排排列

国旗与其他旗帜并排升挂，存在两种具体情况：

（1）一面国旗与另外一面其他旗帜并列

其标准做法，是应使国旗位居右侧，如图6-1所示。

（2）一面国旗与另外多面其他旗帜并列

在此情况下，通常必须令国旗居于中心的位置，如图6-2所示。

图6-1 我国国旗与另一旗帜并排升挂位次　　图6-2 我国国旗与多面其他旗帜并列升挂位次

3. 高低排列

国旗与其他旗帜呈高低不同状态排列时，按惯例应当使国旗处于较高的位置，如图6-3所示。

（二）涉外排序

在某些特殊情况下，我国境内有可能升挂外国国旗。正式场合升挂国旗时，应以其正面面向观众，即旗套应居于国旗的右方。悬挂双方国旗时，按国际惯例，以旗身面向为准，右高左低。汽车上挂旗则以汽车前进方向为准，驾驶员左手为主方，右手为客方。所谓主客，不以活动举行所在国为依据，而以举办活动的主人为依据，也有个别例外国家，总把本国国旗挂在上手方向。

具体处理中外国旗的排序问题时，一定要遵守有关的国际惯例与外交部的明文规定。

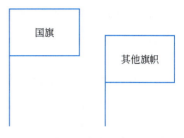

图 6-3 我国国旗在有高低之别时与其他旗帜并排升挂位次

1. 升挂外国国旗的规定

只有在下述情况下，外国国旗才有可能在中华人民共和国境内升挂使用。

① 外国驻我国的使领馆和其他外交代表机构，及其主要负责人的寓邸与乘用的交通工具。

② 外国的国家元首，政府首脑、副首脑、议长、副议长、外交部长、国防部长、总司令或总参谋长，率领政府代表团的正部长，国家元首或政府首脑派遣的特使，以其公职身份正式来华访问之际所举行的重要活动。

③ 国际条约和重要协定的签字仪式。

④ 国际会议，文化、体育活动，展览会，博览会等的举行场所。

⑤ 民间团体所举行的双边和多边交往中的重大庆祝活动。

⑥ 外国政府经援项目以及大型三资企业的重要仪式，重大庆祝活动。

⑦ 外商投资企业，外国其他的常驻中国机构。

此外，在一般情况下，只有与我国正式建立外交关系的国家的国旗，方能在我国境内的室外或公共场所按规定升挂。若有特殊原因需要升挂未建交国国旗，须事先经过省、市、自治区人民政府外事办公室批准。

2. 升挂外国国旗的限制

为维护我国的国家主权，外国国旗即使在我国境内合法升挂，也应受到一定的限制。

① 在我国升挂的外国国旗，必须规格标准，图案正确，色彩鲜艳，完好无损，为正确而合法的外国国旗。

② 除外国驻华的使领馆和其他外交代表机构之外，在我国境内凡升挂外国国旗时，一律应同时升挂中国国旗。

③ 在中国境内，凡同时升挂多国国旗时，必须同时升挂中国国旗。

④ 外国公民在中国境内平日不得在室外和公共场所升挂国籍国国旗。唯有其国籍国国庆日可以例外，但届时必须同时升挂中国国旗。

⑤ 在中国境内，中国国旗与多国国旗并列升挂时，中国国旗应处于荣誉地位。外国驻华机构、外商投资企业、外国公民在同时升挂中国和外国国旗时，必须将中国国旗置于上首或中心位置。外商投资企业同时升挂中国国旗和企业旗时，必须把中国国旗置于中心、较高或者突出的位置。

⑥ 中国国旗与外国国旗并挂时，各国国旗均应按本国规定的比例制作，尽量做到其面积大体相等。

⑦ 多国国旗并列升挂时，旗杆高度应该统一。在同一旗杆上，不能升挂两国的国旗。

3. 中外国旗并列时的排序

中国国旗与外国国旗并列时的排序，主要分为双边排列与多边排列这两种具体情况。

（1）双边排列

我国规定：在中国境内举行双边活动需要悬挂中外国旗时，凡中方所主办的活动，外国国旗应置于上首；凡外方所主办的活动，则中方国旗应置于上首。以下，以中方主办活动为例，说明三种常用的排列方式。

一是并列升挂。中外两国国旗不论是在地上升挂，还是在墙上悬挂，皆应以国旗自身面向为准，以右侧为上位，如图6-4所示。

二是交叉悬挂。在正式场合，中外两国国旗既可以交叉摆放于桌面上，又可以悬空交叉升挂。此时，仍应以国旗自身面向为准，以右侧为上位，如图6-5所示。

图6-4 并列升挂中外两国国旗　　　　图6-5 交叉摆放中外两国国旗

三是竖式悬挂。有时，中外两国国旗还可以进行竖式悬挂。此刻，也应以国旗自身面向为准，以右侧为上位。竖挂中外两国国旗又有两种具体方式，即或二者皆以正面朝外，或以客方国旗反面朝外而以主方国旗正面朝外。应当指出：某些国家的国旗因图案、文字等原因，既不能竖挂，也不能反挂。有的国家则规定，其国旗若竖挂需另外制旗。

（2）多边排列

当中国国旗在中国境内与其他两个或两个以上国家的国旗并列升挂时，按规定应使我国国旗处于以下荣誉位置：一是一列并排时，以旗面面向观众为准，中国国旗应处于最右方。二是单行排列时，中国国旗应处于最前面。三是弧形或从中间往两旁排列时，中国国旗应处于中心。四是圆形排列时，中国国旗应处于主席台（或主入口）对面的中心位置。

（三）升降旗仪式

具体操作升旗仪式时，要认真遵守相应的操作规范。

1. 升旗的程序

举行正式的升旗仪式时，通常应包括以下五项基本程序。

① 全场肃立。

② 宣布仪式正式开始。

③ 出旗。出旗，是指国旗正式出场。出旗应由专人负责，其负责操作者通常由一名旗手和双数的护旗手组成，出旗时，通常为旗手居中，护旗手在其身后分列两侧随行，大家一起齐步走向旗杆。

④ 正式升挂国旗。升旗者可以是旗手，亦可由事先正式指定的各界代表担任。

⑤ 奏国歌或唱国歌。升旗时，若演奏国歌，宜与升旗同步进行，一般讲究旗升乐起，旗停乐止。若演唱国歌，则也可以升旗之后进行。

2. 降旗的要求

作为升旗仪式最重要的后续环节之一，降旗也须重视。此处的降旗，特指降下升旗仪式中所升挂的国旗。做好这一点，升旗仪式才谈得上有始有终。正式的降旗活动，往往称为降旗仪式。

一般而言，降旗的具体形式不限，并非需要组织专门仪式，但仍须由训练有素的旗手、护旗手负责操作。届时，所有在场者均应肃立。无论有无他人在场，降旗时其具体操作者均应态度认真，对国旗毕恭毕敬。降旗完毕，旗手、护旗手应手捧国旗，列队齐步退场，然后将其交由专人保管，切不可将其乱折、乱叠、乱揉、乱拿、乱塞、乱放。

3. 升降旗时在场人员临场表现

出席升旗仪式时，所有在场人员均应有意识地对个人表现严加约束。以下三点，尤应重视。

（1）肃立致敬

当国旗升降之时，任何在场者均应停止走动、交谈，并且停下手中的一切事情，然后面向国旗立正，并向其行注目礼。戴帽者通常应届时脱下自己的帽子，唯有身着制服者可例外。

（2）神态庄严

参加升旗仪式时，每一名在场人员均应以自己庄重、严肃的态度与表情，来认真表达对国旗的敬意。此时此刻，绝对不应当态度漠然，或者嬉皮笑脸。

4. 保持安静

在升降旗的仪式上，在场人员应自觉保持绝对安静。不许在此过程中交头接耳，打打闹闹，更不许接打手机，或者令自己的手机鸣叫不止。

【能力拓展】

一、知识拓展

（一）影响礼宾次序的某些因素

1. 政治因素

在多边活动中，礼宾次序的排列需要尽可能考虑客人之间的政治关系。若双方政见分歧大，两国关系紧张，就要尽量避免安排在一起。

2. 身份、语言、专业的因素

席位安排主要依据礼宾次序来排，在排席位前，要将经落实能出席的主、宾双方名单分别按礼宾次序开列出来，并考虑语言习惯、专业对口等因素，以便于在宴席上交谈与沟通。

(二) 礼宾次序的排列要求

1. 社交场合的一般要求

在一般社交场合，约定俗成的做法是：凡涉及位次顺序时，国际上都讲究右贵左贱。即一般以右为大、为长、为尊；以左为小、为次、为偏。行走时，应请外宾走在内侧即右侧，而我方人士则走在外侧即左侧；进餐时，主人应请客人坐在自己的右边。

2. 不同场合的特殊要求

同行时，两人同行，以前者、右者为尊；三人行，并行以中者为尊，前后行，以前者为尊。

进门、上车时，应让尊者先行。上车时，低位者应让尊者由右边上车，然后再从车后绕到左边上车。

迎宾引路时，迎宾，主人走在前；送客，主人走在后。

上楼时，尊者、妇女在前；下楼时则相反，位低者在前，尊者、妇女在后。

在室内，以朝南或对门的座位为尊位。

重大宴会上的礼宾次序，按礼宾次序规则，主要体现在桌次、席位的安排上。国际上的一般习惯，桌次高低以离主桌位置远近而定，主宾或主宾夫人坐在主人右侧。我国习惯按客人职务、社会地位来排次序；外国习惯男女穿插安排，以女主人为准，主宾在女主人右上方，主宾夫人在男主人右上方。如果是两桌以上的宴会，其他各桌第一主人的位置可以跟主桌主人的位置同向，亦可面对主桌的位置为主位。

(三) 礼宾次序排列中应注意的问题

在实际操作时，礼宾次序是一个政策性较强、较敏感的问题，若礼宾次序不符合国际惯例及安排不当，就会引起不必要的误解，甚至损害到两国之间的关系。

1. 席位安排的忌讳

安排宴会的席位时，有些国家忌讳以背向人，特别是安排长桌席位时，主宾席背向群众的一边和正面第一排桌背后主宾的座位，均不宜安排坐人。许多国家，陪同、译员一般不上席，为便于交谈，译员坐在主人和主宾的背后。

2. 外事、礼宾部门的指导

为了做到礼宾次序排列的准确无误，重大的、涉外的礼宾次序一定要在外事、礼宾部门的指导下，慎重地、细致地加以安排。

3. 选择礼宾次序的最佳方案

礼宾次序的安排应慎之又慎，我们在安排时应尽量避免因礼宾次序安排不周而产生矛盾，这就要求多拟出几种方案，从中选择最佳或最满意的方案。

努力做好善后工作。由于安排、考虑不周或其他原因而引起礼宾次序上的风波，组织单位、部门和主管人员对这种已出现的波折要努力做好善后工作，主人应作解释，尽量缓解"一人向隅，举桌不欢"的气氛，并使这种情形的影响减少到最小的范围和最低的程度。

（四）关于国旗的特别提示

① 侮辱国旗，如撕毁或其他类似行为，在世界各个国家内都被认为是一种严重的犯罪行为。

② 悬挂国旗不可随意而行，在国际交往中形成了悬挂国旗的一些惯例，为各国所公认并执行。

③ 按照国际法规定和国际惯例，在某块领土上悬挂某国国旗，就是确认该国在此领土上行使权力的标志之一；无权悬挂而悬挂他国国旗的责任者要受到惩罚。

④ 在建筑物上，或在室外悬挂国旗，一般应日出升旗，日落降旗。遇需悬旗志哀，通常的做法是降半旗，即先将旗升至杆顶，再下降至离杆顶相当于杆长三分之一的地方。降旗时，先将旗升至杆顶，然后再下降。也有的国家不降半旗，而是在国旗上方挂黑纱志哀。升降国旗时，服装要整齐，要立正脱帽行注目礼，不能使用破损和污损的国旗。国旗一定要升至杆顶。

（五）国旗的通用尺寸

各国国旗图案、式样、颜色、比例均由本国宪法规定。不同国家的国旗，如果比例不同，用同样尺寸制作，两面旗帜放在一起，就会显得大小不一。例如，同样六尺宽的旗，三比二的就显得较二比一的大。因此，并排悬挂不同比例的国旗，应将其中一面略放大或缩小，以使旗的面积大致相同。

国旗之通用尺度定为如下五种，各国酌情选用：

① 长288厘米，高192厘米。

② 长240厘米，高160厘米。

③ 长192厘米，高128厘米。

④ 长144厘米，高96厘米。

⑤ 长96厘米，高64厘米。

二、巩固提高

（一）判断题

① 在交往中，礼宾次序的总原则是"以右为尊"。（　　）

② 在室内不得戴墨镜，在室外隆重仪式、礼节性场合可以戴墨镜。（　　）

③ 中国国旗与外国国旗并列时的排序中，有竖式排列。（　　）

（二）选择题

① 升降旗时在场人员临场表现应该是（　　）。

A. 行注目礼　　　B. 肃立致敬　　　C. 神态庄严　　　D. 可以走动

② 只有在下述（　　）情况下，外国国旗才有可能在中华人民共和国境内升挂使用。

　　A. 外国元首　　　　　　　　　B. 国际会议

　　C. 外商投资企业　　　　　　　D. 重要签字仪式

③ 我国国旗与其他旗帜的排序具体有（　　）三种常见的情况。

　　A. 前后排列　　　B. 错落排列　　　C. 并排排列　　　D. 高低排列

三、实战演练

国旗悬挂礼仪实训

实训项目：模拟国旗悬挂。

实训目标：通过该项目的训练，使学生掌握国旗悬挂的几种方法，以及悬挂国旗的注意事项。

实训学时：1学时。

实训方法：情景模拟。

① 全班五人一组进行分组；

② 分小组模拟各种国旗悬挂方法；

③ 教师及其他各小组为该小组的模拟进行评议并打分。

实训准备：各国国旗、照相机等。

四、演练总结

实训小记：_____
_____
_____
_____
_____

实训收获：_____
_____
_____

课下需加强的方面：

项目七 其他职场礼仪

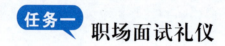

任务一 职场面试礼仪

【知识储备】

一、面试前的准备

选择职业，应聘时，要想力挫群雄，掌握必要的惯例与技巧，遵从其间的礼仪规范，都是不可或缺的，甚至在某些情况下，还起着举足轻重的作用。

一般而言，求职准备包括三大内容：一是认识准备，二是材料准备，三是心态准备。

（一）认识准备

在正式的面试之前，必须对市场就业信息、用人单位、面试时的题目范围以及求职方法等相关情况，有充分的了解。

1. 了解市场就业信息

就业信息是指有关求职就业方面的消息和情况。一般内容包括国家政治经济状况、就业指导计划、社会各部门需求情况以及未来各产业、职业的发展趋势等宏观情况。再具体些还包括某些行业、部门对就业者素质的要求，某一职业的发展情况，该地区的差异性，单位的具体情况，如规模、前途、人际关系、待遇，还有大学毕业生的供需状况等。

了解市场就业信息的途径主要有三个。

一是新闻媒介。例如刊登招聘信息的报纸。

二是各式各样的供需见面会。

三是学校。供需见面会每年都举办，不少学校都成立了专门的学生就业指导办公室。

2. 了解现今中国的人才需求

面试前我们要用心思考：未来的经济发展趋势如何？未来迫切需要哪些人才？

3. 知道用人单位的情况

了解用人单位的情况包括：近期各类媒体上有关该单位的内容，单位所属行业的基本知识，单位近期主要产品或经营项目，单位的人员构成，单位的用人及对人才的重视程度，单位的历史及发展前景和形象，单位的性质、位置、福利待遇等情况。

4. 研究面试时的题目

面谈和面试时，面试官将会向求职者提一大堆问题。求职者对面试官可能提出的问题应事先有所准备，以便到时胸有成竹、对答如流。

（二）材料准备

本部分将结合目前中国用人单位所需要的主要书面材料，介绍相关内容的准备工作。

1. 个人简历

个人简历是一种书面的自我介绍，是对求职者生活、学习、工作、业绩等方面的概括。写好个人简历非常重要。一份适合职位要求、内容精炼翔实、打印装订整齐的简历对于求职者来说无疑是一个无声的推销员和广告，可以增加参与招聘单位面试的机会。

（1）个人简历应包括的内容

① 个人基本信息。个人简历中的个人基本信息包括姓名、性别、年龄、籍贯、政治面貌、毕业院校及专业、家庭住址、电话号码、E-mail 等内容。

② 教育背景及接受培训情况。如果求职者已经有全职工作经验了，一定要把工作经历放在此项前面；如果是刚刚毕业的求职者，就把教育背景放在第一位。从最高学历开始写起，依次往下类推，例如：博士、硕士、学士等，并注明取得学位的日期。此外，还要列举出接受过的相关培训，写这一项时要注意与所申请职位的关联性。

③ 工作经历及工作业绩。工作经历要从最近的工作经历写起，一一列出曾经就职过的公司名称、担任过的职务、主要工作内容、起止时间等。在填写这一项时，刚毕业的学生可以把在校期间参加社会实践、兼职打工、在校参加的社团活动和担任学生干部等经历写上去。

工作业绩主要填写在工作期间取得了哪些成绩，这些成绩的取得和自己的哪些能力和特长相关联。例如：在大学期间担任过系体育部长，成功策划和组织了三届系际篮球联赛，并带领本系篮球队获得 1 届冠军，以此体现面试者的沟通、协调、组织能力。

④ 求职意向。即求职目标或个人期望的工作职位，表明你通过求职希望得到什

么样的职位以及未来3~5年的奋斗目标。

（2）个人简历书写的注意事项

第一，简历的长短要适度。据了解，招聘者平均在每份简历上花费1.4分钟阅读，一般只会阅读一页半材料。因此过长的简历毫无作用，相反还会增加招聘者的反感。

第二，硬性指标要过硬。约有20%的招聘者承认他们会使用一些级别较低的助理人员来处理简历，这些人员会有一些硬性的选择标准。另有45%的雇主认为他们进行初选时，也基本只看这些硬性指标。一般来说常见的硬性指标包括：六级英语证书、户口、专业背景、学校名声、在校成绩。值得注意的是，这些标准不一定会在招聘要求中注明。

第三，简历要有针对性。应聘不同的公司、不同的职位，招聘者关注的相关指标以及知识与能力是不同的，中国的公司和外资企业的关注点也有一定区别。总的来讲，外企重视英语和学校名声，中国公司更看重专业和户口。因此针对不同的公司和职位，要制作不同的简历来突出不同的要点。

第四，注重总体印象。只有23%的人能在阅读完半小时后大体描述出他所看过的简历上的学生具体活动和职位意向。他们只有一个对学生性格的总体印象。所以，是学生会副主席还是部长并不重要，关键是不要给人留下一个书呆子的印象。

第五，表达要专业规范。同一个人的简历，经过专家修改，可以增加43%的录取机会。因此在简历的书写中要注意表达的专业性和规范性，必要时可以请人帮助修改完善。通常容易出现的表达问题是：表达不简洁，用词带有过多感情色彩和格式不规范等。

2. 求职信

求职信表达了求职者希望获得工作机会的意愿。求职信在内容上与个人简历是互补的，两者相得益彰。求职信可以对自己简历中的内容加以概括、解释、评价和发挥，可以着重反映自己的个人素质和个性特征，能给招聘者留下深刻的印象。

求职信中的文字一定要简洁，书写篇幅控制在两页以内。求职信一般由以下几方面内容构成：

① 个人情况简介和获得招聘信息的来源；
② 所申请的职位；
③ 胜任工作的条件；
④ 表示面谈的愿望；
⑤ 提醒收信人留意所附呈的个人简历，并请求对方作进一步回应；
⑥ 选择自己满意的照片附上；
⑦ 附件（个人简历及有关证书的复印件）。

（三）心态准备

很多人在求职面试前，好像大敌当前，战战兢兢、哆哆嗦嗦，一方面担心自己太弱，应征时不能妥当地解决问题；另一方面还牵挂着对手太强，很可能把自己击败。

总之一句话，是心理素质太差，心态不够稳定。合格的心理素质，既可以促进自己在竞争中取胜，也能在万一失败的情况下，总结经验教训，更好地参与竞争。

结合国内外研究，求职前的心态准备主要有以下几个方面。

1. 明确目标

一个人在求职这样重大的人生转折面前，首先就应弄清楚自己的事业究竟应向哪个方面发展，自己的奋斗目标何在，自己所追求的东西到底是什么。

2. 自我定位

在决定是否应聘前，要进行自我定位。在客观把握自身条件的前提下，依据一定的标准，确定出最合适自己的职业和职位。在自我评价时，要实事求是，不卑不亢，既敢于承认自己的长处，又善于发现自己的不足。

3. 克服恐惧心理

千万不要因为本不存在的畏惧让才华夭折于茫茫人海。因此，面试前要做好心理准备，要努力克服毫无必要的恐惧，其方法有三：

一是自我暗示：它能帮助你燃烧信心和力量的火苗，克服所有的障碍。

二是承认自己：不要把自己看成"丑小鸭"，"天生我材必有用"，经过这么多年的学习和锻炼，你肯定拥有自己的长处，说不定在某些领域或问题上还是"白天鹅级"的人物呢。

三是拥抱信念：凯撒说："信念是人类的征服者。"充满必胜的信念和旺盛的精力，在求职面试时还可能反过来把主考官"镇住"。

4. 充满自信

自信是求职面试前必备的心理素质，是面试成功的关键。任何公司或单位都不希望自己的职员畏首畏尾、过分谦卑而担当不了大任。

5. 积极进取

不管遇到什么事情，去做不一定能够成功，但不做就一定不会成功，凡事要积极争取。就业机会也如此。

6. 莫言放弃

初进市场的求职者，容易把自己估计得偏高，常抱着"非××公司"不去的念头，而一旦马失前蹄，就易产生失落感。正确的做法是痛定思痛，分析原因，找出自己的不足，以更大的信心寻找市场，抓住下一个机会，相信"山重水复疑无路，柳暗花明又一村"。

7. 勿弃专业

眼下专业意识虽已被淡化，但专业仍是大学生的立足之本，从事本专业的工作，比改行应有更大的发展潜力。

二、求职形象设计

在求职面试活动中，主考官首先是通过求职者的仪表来认识对方的。在最初的交

往中，仪表往往比一个人的简历、介绍信、证明、文凭等的作用更直接，更能产生直观的效果。专家指出，一个人对另一个人的印象，在初次见面时的短短几分钟内已经形成，这个"第一印象"在无形中左右着主考官的判断。

(一) 面容规范

求职形象当中，面容形象毫无疑问占了很大比重。好的面容是人的第一名片，也是给面试主考官留下感官印象最直接的部位。所以，处理好个人面容是打造个人求职形象的基础。

1. 身体气味

良好的个人卫生是职业人士精神面貌和个人修养的起码要求。工作能力再强，如果不注意个人卫生，同样会成为不受欢迎的人。作为一名求职者，更应注意保持身体清洁，保证身体无异味。

在面试前应注意做好自己的口腔清洁。要是味道无法清除，在面试的时候要带上口香糖，在面试开始前的半小时吃一片以保持口腔的气味清新，但是面试即将开始前嘴里一定不要有口香糖，不要高傲地嚼着口香糖进场面试。还要注意别在面试前吃一些诸如大蒜之类的有异味食物，否则满口异味显得不懂得尊重别人。

身上的怪味也应清除。面试时，你和面试官的距离一般不会很远，如果你身上散发出汗臭味、腋臭味、烟味等怪味，面试官闻到了肯定会厌恶，这也要影响面试效果。因此，面试前务必把身上的怪味清除掉。

清除怪味的办法有多种：

一是面试前的那餐饭菜不要吃洋葱和大蒜，也不要喝酒，以免口腔怪味刺人，酒气熏天。饭后漱漱口，最好刷刷牙。

二是面试前洗个澡，这既可以把汗臭味冲洗掉，把腋臭味冲淡，也可以使你更加精神抖擞。

三是面试前别抽烟，烟味会萦绕不散，气味难耐。

四是可以在身上适度地抹些香水。女士选择香水要与自身的气质相配，香味宜淡，闻上去要给人以舒畅的感觉。

2. 面试发式

头发代表一个人的个性与整洁的习惯。比如油腻的头发说明这个人整洁习惯欠佳；头发留得太长会给人不够振作的印象。所以求职者在面试的时候，一定要记住头发的整洁远比发型更重要。

衡量头发整洁的标准一般为：发型款式大方，不怪异，不太长也不太短，前发不要遮眼遮脸为好，男士鬓角的头发不要过耳；头发干净整洁，无汗味，没头屑，不要过多使用发胶。

如果头发自然条件较差，难以整理，可以借助一些护发用品，如摩丝、发乳、定型水等。在用护发品定型之前，可以使用吹风机，吹干、定型的效果都不错。另外，还可以在理发时向理发师请教一些头发护理的常识和注意事项，或者在面试之前去理发店做一下护理和定型。注意不要用油滑的定型膏，这样会给人湿漉漉的感觉。

女士如果留的是长发，最好用简单自然的束带把长发扎起来。梳理头发时，最好能够将额头和耳朵露出，可以给人利落大方的感觉。

3. 面试妆容

男士不要留胡子，要保持面颊的干净。

面试前，女士可以化妆，但一定不要浓妆重彩，画上太多种鲜艳或浓丽的色彩，是面试妆非常忌讳的，爽洁、大方、清新的淡妆是最好的。略施粉黛，衬出一张生气勃勃的颜面，会为自己加不少印象分。清爽的粉色、橙色系列最适合。胭脂、口红和眼线要尽量少用些。

面试做笔记时指甲会暴露在面试官眼前。因此，双手要洗得干干净净，指甲修剪得整整齐齐，指甲一般与指尖等长，不要用有色指甲油把指甲涂得油光可鉴，应用无色自然的指甲油使你看上去更健康。

4. 面试饰物

女士要注意：总体说来，全身的饰物不要超过三件，否则会使人觉得太沉重，珠光宝气压倒了你的职业气质。否则，会给面试官一个不正经做事的印象。平时不戴首饰的人，在面试时也最好不戴。男士在面试时也不宜佩戴镶宝石的领带夹、闪亮的袖扣、造型夸张的眼镜或手表等能引人注目的配件。

在多数面试场合，携带公文包比手提小包体现出更多的权威。如果你个子较矮小，包则不宜过大，否则会极不协调。简单细长的公文包是最佳选择，要避免带任何会使人想起推销员的皮包。

（二）着装规范

面试时的着装问题对于很多人，特别是习惯于无拘无束、刚刚走出校门的大学生来说，是一个比较头痛的问题。求职者的着装影响着面试官的第一印象，而第一印象的好坏在很大程度上影响到求职者能否被录用。因为面试官会把你的服饰作为一种无声的语言来看待，从中解读出很多信息。

1. 着装基本要求

简单地说，面试着装要符合求职者的身份，协调中显示着气质与风度，稳重中透露出人的可信赖程度，独特中彰显出人的个性。男士应显得干练大方，女士应显得庄重俏丽，给人以干净利落、有专业精神的印象。男士和女士在面试时都不适合穿着过分休闲的服饰，比如T恤、牛仔裤、运动鞋，这样穿着显得太过随便，显得对求职这件事不太重视，这样不受面试官欢迎。女士在求职时不宜穿得过于花枝招展或性感暴露，这样容易给别人一种错误的信号，甚至惹来不必要的麻烦，对求职本身毫无益处。

（1）大学生如何着装

学生的面试着装，最重要的是得体、整洁。在学校里，大学生们穿得都比较轻松随意，但是一旦走进职场，毕业生们就要注意自己角色的转换，要根据自己的求职定位，把休闲装换成职业装。关于具体怎样转换，要花费多少，则要根据自己的风格、习惯和企业文化、企业对员工的要求等。总体来说，"得体"和"整洁"是最重要的。有的大学毕业生，穿着宽宽大大的"哈族"服装就去参加面试了，这肯定是不符合要求的，因为不会有任何一家企业会鼓励自己的员工穿成这样。

（2）面试着装"TPO"原则

在面试场合，西装革履是最常见的，但也不是绝对的。面试着装没有必要千篇一律、千人一面，要保持一定的灵活性。根据自己的身份，结合求职的行业、单位的特点以及季节变化等因素，可以适当地加以变通。也就是说，面试着装同样要遵循"TPO"原则，根据时间、地点、对象来选择合适的服装。

根据自己求职的行业不同，面试着装可以体现不同的风格。传统行业的从业人员，服装特质多半趋向刻板保守。男性以深色西服、白衬衫搭配图案规则的领带为主；女性则以套装为主。以业务挂帅的行业，不论男女，为了凸显专业，穿着打扮虽不离西服及套装，可是在色彩的选择与搭配上，显得较活泼而有朝气。至于手脑并用类的工作，在服装的选择上，讲究的是方便舒适，材质方面则以防皱、吸汗并具有弹性功能的棉材为佳，常见的男性装扮以夹克搭配棉质衬衫为主；女性则是选择颜色偏向冷色调的裤装。选择以流行挂帅的从业人员，他们的服装是前三项行业的人不能想象的：抢眼、另类、搞怪，具有强烈的个人风格。

在应聘不同的行业时，可以参照该行业从业人员的着装风格，当然不能照搬。例如：应聘银行、政府部门，穿着应偏向传统正规；但像广告这些比较有创意性的企业，招聘者则希望求职者穿得不那么正规，最好是款式新颖并能反映求职者个性的服装。而应聘公关、时尚杂志等，则可以适当地在服装上加些流行元素。除了应聘娱乐影视广告这类行业外，最好不要选择太过突兀的穿着。在一般情况下，男士应该穿整洁、保守的两件套西装，一件白色衬衣并配上一条丝质领带，穿上一双系带子的尖头皮鞋。这是最起码的服装搭配。但在一些企业里，穿上一件好的夹克、长裤、衬衣，配上领带就可以了。

（3）色彩很重要

在一般情况下，参加面试的时候，衣服的色调最好以黑、白、灰、蓝、咖啡为主，太花哨的颜色可能会引起面试官的反感。另外，求职者如果在面试当天的服装色调上，巧妙融合该公司的代表色彩，那么你的积极程度更能取悦主考官。例如，应征百事可乐公司的人可以从红和蓝当中选择其一；应征清华紫光的人可考虑穿紫色色调的衣服。如果所应征的公司还没有采用标识色彩时，求职者可以从应征工作的属性来选择面试当天所穿服装的色彩。

在选择面试着装时，"感觉"也很重要。例如，对色彩的感觉，如果你所应征的是管理工作，那么深蓝色就相当适合，它给人一种稳定感；如果应征充满活力与健康的工作，代表朝气的红色和浅蓝色就相当适合；男性求职者则可选择天蓝色等代表阳光、健康的服装，借以制造易于亲近的感觉。黑色永远是最"安全"的颜色，但是黑色太具有权威感，穿黑色很难让人产生亲近的感觉。如果你想从事的是创作行业，不妨试试明亮的颜色，但是鲜艳明亮也还是应该遵循简单的原则，白色是一个很好的选择。

2. 正装穿着

（1）男士正装面试

春、秋、冬季，男士面试在一般情况下最好穿正式的西装。西装应该保持同色配套，颜色应当以主流颜色为主，如藏青色、蓝色、黑色、深灰色，它们给人以稳重、可靠、忠诚、朴实、干练的印象，在各种场合穿着都不会显得失态。但在选择颜色上，要根据自己的实际情况选择适合的西装颜色，以达到扬长避短的效果。

着正装时，衬衫必须是长袖的、硬领的。领子要干净、挺括。有些衬衣的袖口上有简单的链扣，给人以格外注重细节的感觉。在面试前，衬衣应熨平整，不能给人"皱巴巴"的感觉，注意领口、袖口不要有脱线和污浊的痕迹。

男士参加面试时一定要在衬衣外打领带，领带以真丝的为好，领带颜色不要刺目，要与西服颜色相衬，且不能与西服的图案有任何冲突。领带最好是单色的，传统的图案如立体型、条纹、印花绸以及不太显眼的蜗旋纹布等都是可以选择的。不要选择带有图画和体育形象的领带，比如：印有动物的头、高尔夫球棒等的领带。

鞋子是在面试中最容易被忽略的部分。如果男生穿的是西服，那么就应该穿黑色皮鞋。西装革履时，袜子必须是深灰色、蓝色、黑色等深色，这样在任何场合都不失礼。

（2）女士正装面试

女士面试时，职业套装在一般情况下是最简单，也是最合适的选择。一套剪裁合体的西装、套裙和一件配色的衬衣或罩衫外加相配的小饰物，会使你看起来显得优雅而自信，会给对方留下良好的印象。在面试中，切忌穿太紧、太透和太露的衣服。

女士求职时服装的颜色可有多种选择，套装色彩要表现出大方、典雅的格调。素色稳重的套装会使人显得大方干练，颜色亮丽的服饰会使人显得活泼、有朝气。但女士在面试时应该避开粉红色，这种颜色往往给人以轻浮、虚荣的印象。总之，选择套装时应当遵循的原则是必须与准上班族的身份相符。

除套装之外，还可以在服饰搭配上起到一定作用的是围巾或者丝巾。根据气候的不同，搭配上一条与套装相称的围巾或者丝巾有时会起到美化全身的效果。比如，蓝灰色服装常常会显得面部发暗，如果配上一条色彩浓郁的围巾，就能达到不错的效果。选择丝巾时一定要注意与衣服的协调搭配，如素色丝巾则适合艳丽的服装，而花色丝巾可配素色衣服。

与套装搭配的皮鞋在颜色和款式上与服装相配。不要贪图轻便或舒坦，而穿休闲鞋、凉鞋、拖鞋式便鞋，或太过流行的夸张鞋款去面试。要穿式样简单、没有过多装饰的皮鞋。

三、求职言行规范

面试是求职者综合素质在短时间内的一次集中展示，不仅是求职者的知识、能力、道德品质、心理素质，还包括他（她）的言谈举止。一个彬彬有礼的求职者会妥善地处理面试中的言行细节，比如守时、谈吐文明、举止得体，从而赢得面试官的青睐。

（一）遵守基本礼节

1. "宁早一刻钟，不晚一分钟"

准时到达是人际交往中极为重要的礼节，按约定时间提前片刻或准时到达，不仅仅是个人的基本社交素养，更体现了你对面试的重视以及重诺守信的做人准则。从应试者自身的角度来说，提前一刻钟时间到达，可以给自己在进入面试考场前有一个休息整理、熟悉面试场所情况的时间，否则，当你气喘吁吁进入面试考场时，你只能给人留下一个鲁莽、草率、急躁、不稳重的印象。

为了保证面试时能准时到达面试地点，在面试之前应当提前了解去面试单位的交通路线。对面试地点比较远，地理位置也比较复杂的，不妨先跑一趟，熟悉交通线路、地形、具体的面试房间等，这样可以提前知道面试的具体地点，同时也了解路上需要的时间，免得面试时找不到地方而耽误了面试的机会。

2. 礼貌地对待你所遇到的每一个人

在面试过程中，你所遇到的每一个人都与你的前途联系在一起，他们可能是你未来的同事，他们对你的评价可能会传到有权决定是否录用你的人耳中。所以，即便是为自己的前程着想，也要对你在面试地点遇到的每个人都以礼相待。不仅要对面试官，对秘书，对别的人也应以礼相待。这主要是一个人的修养问题，要有礼有节。

3. 推销自己，同时做一个好的聆听者

面试时，能否全面地推销自己当然是非常重要的。但很多求职者过分关注如何向面试官推销自己，而忽视了面试是一个自己与对方之间互动的过程。自己要讲话，同时也要听面试官讲话，要做一个认真的、满怀兴趣的听众，面试才能取得最佳效果。

除了聆听之外，面试交谈还要注意许多礼节性的问题。如语言文明，态度谦虚、真诚，尊重招聘单位和面试官，一旦发生分歧，避免直接冲突等等。

（二）面试前的应酬

1. 打招呼

当你进入面试房间，停住脚步站稳后，要向面试官打招呼。打招呼时，身体要正对面试官，挺胸抬头，直背舒肩，目光平视，面带微笑，表现出充分的自信和对面试的积极关注。向面试官微笑致意，并说"你们好"之类的招呼语，在面试官和你之间创造和谐的气氛。一般来说，工作人员在将应试者引入考场后，会主动把应试者向面试官引见。

如果工作人员没有主动介绍，面试者可以先简短地自我介绍一下。

在面试进行中或面试结束时，每次称呼面试官，都要使用正式称呼而不直接使用代词，如"您"等，这将潜移默化地疏通你与面试官之间的情感，让面试官下意识地对你产生亲近的心理，保证面试的顺利进行。

2. 握手

一般而言，与面试官第一次正面交锋当从握手开始。握手是面试时很重要的一种身体语言。招聘人员往往把握手作为衡量一个人是否专业、自信、有见识的重要依据。坚定自信的握手能给招聘人员带来好感，让他认同你是懂得行规、礼仪的圈内一分子。手与手的礼貌接触是建立第一印象的重要开始，有着举"手"轻重的地位，所以，一定要使你的握手有感染力。

在一般情况下，应当由面试官主动伸手之后，应聘者再与其握手。但对一些特殊的以沟通能力为导向的职位，例如地产经纪、营业代表等，主动握手并无不妥，因为这举动显示你面对陌生人时不会怯懦，那是这类工作所必需的。

3. 交换名片

目前，不仅在职人士一般都有自己的名片，大学生求职者中也有很多人在毕业求职之际为自己印制了精美的名片。有一张方便联系自己的名片固然好，但没有必要因为自己没有名片就认为在求职上会不利。

在面试时，递名片的时机必须把握得当，一般应选择在求职者进入面试房间、简单介绍自己之后进行。如果招聘经理两手都拿着东西，接受你的名片就显得十分不便，显然这时候递出名片是不合适的。

4. 就座准备

当你介绍完自己并与面试官握手或者交换名片之后，这时面试官会请你坐下，你不要扭扭捏捏、再三推辞，说声"谢谢"坐下就可以了。若对方未请你坐下，应礼貌地询问："我可以坐下吗？"然后待面试官示意坐下方可就座。在未被面试官示意请坐前，就迅速入座者，易让人产生负面的印象。有时候是面对面而坐，还是在沙发旁隔茶几而坐，对方都有特定的安排或习惯，切忌莽撞毛躁，给人喧宾夺主的印象。

5. 饮水

一般在面试时，别人会给你用塑料杯或纸杯倒一杯水。这些杯子比较轻，而且给你倒的水也不会太多，加上你面试时往往会比较紧张，不小心碰倒杯子的情况难免发生。一旦洒了水，心里一慌，不是语无伦次就是手忙脚乱，很长一段时间都调整不过来。虽然对方通常会表现得很大度，但也会留下你慌慌张张、局促不安的印象，所以要非常小心。

如果招聘人员问你要喝什么时，一定要明确地回答，这样会显得有主见，千万不要说"随便"或者"您决定吧"。类似"随便"这样的说法是一种非常不好的回答方法，一方面，这样的回答使工作人员不知道如何是好，不知道该如何满足你"随便"

的要求；另一方面，招聘者也不太喜欢这种缺乏主见的求职者，认为这样的求职者在将来的合作中会浪费大家的时间，降低工作效率。

喝水出声也是一种不礼貌的行为，这些细节可以从一个侧面反映出一个人的个人修养，尤其是应聘市场类、综合管理类等与人交往较多的岗位时，喝水应尽量"斯文"一些。

（三）行为举止得体

1. 面试时的坐姿

在面试场合，坐姿是最重要的一种肢体语言。因为，面试基本上是在室内进行的，以坐为主，时间较长，求职者应当掌握坐姿的基本礼仪。

面试时的坐姿，总的要求是坐姿端庄，找到面试者的位子后，稳稳地坐下去，全身放松，不需要正襟危坐，以免肌肉紧张，不受控制。一般以坐满椅子的三分之二为宜，上身略向前倾，两眼注视对方。这种肢体语言表示你对对方的话题感兴趣。坐下时要轻盈和缓、从容不迫。入座时应挺直腰杆，静静地坐下来，切勿发出巨响。

2. 面试时的站姿和行姿

面试的优美步态要有一种轻快自然、从容不迫的动态美。目光保持与面试官的视线接触，不要看着天花板或盯着自己的脚尖，你的步伐可以比平时加快四分之一。需要注意的是，如果同行的有公司的职员或接待人员，不要走在他们前面，应该走在他们的斜后方，距离一米左右。

站姿的要求是正直。站立时身形应当正直，头、颈、身躯和双腿应与地面垂直，不必刻意挺胸或抬肩；两肩相平，两臂和手在身体两侧自然下垂，五指微微并拢伸直（有时双手可于身前做适度的交叉）；两眼平视正前方。

站立时，不要两手叉腰，也不能双手插入口袋或把双手交握在背后，否则会给对方一种轻佻之感。还要注意站立的方向，交谈时站立的方向应该是正面对着对方，以表示尊重。行礼时，上身稍向前倾，庄重地点头行礼，然后恢复到原来的姿势。这时要注意的是，颈不可偏，膝不能曲。如果时间较长，可以交替用单脚支持体重，以便另一只脚获得暂时的休息。不过还需注意，不要任意改变姿势。

3. 面试时的手势

手势在面试交谈中使用频率很高，求职者要善于使用手势语。

手势的运用要得体、协调。手势语毕竟是辅助语言、伴随语言，它不能喧宾夺主，代替有声语言。因此，手势语并非多多益善，要适量，当用则用，不当用则不用，尽量简练。有些求职者对此注意不够，在侃侃而谈时舞动双手，以示说话有力，并且有些动作幅度过大，姿势粗俗欠缺优雅。因此，手势语使用的频率、摆动的幅度以及手指的姿态等都要讲究，应和谐地配合有声语言传递信息。

求职者在日常生活和工作中可能不自觉地形成了一些不良的动作，在求职面试中有时会无意识地表现出来，如在倾听对方谈话时用食指杵到面颊上，说话时抚手背，兴起时拍巴掌，用手指敲桌子等，这些手势动作表达的是一种消极的不礼貌的信息，尽管你是无意的，但对方却不能不在意，以为你是有意的，以致造成误解，有碍交流，并对你产生不良的印象。因此求职者在面试时一定要时时提醒自己，避免习惯性动作的出现。

4. 面试时的表情

自然、真实、恰如其分、鲜明活跃的面部表情具有很强的感染力，会对面试官产生积极的影响，从而留下良好的印象。对于应聘者来说，平时要注意养成和谐、自然的面部表情习惯，并在面试中恰当地发挥、运用。

笑容是一种令人感觉愉快的面部表情，它可以缩短人与人之间的心理距离，为深入沟通与交往创造温馨和谐的氛围。在笑容中，微笑最自然大方，最真诚友善。在面试中，保持微笑，表明应聘者心境良好、充满自信、真诚友善，会增进与面试官的沟通，会百分之百地提高你的外部形象，改善你与面试官的关系。面试官会认为你能在工作岗位上保持微笑，说明热爱本职工作，乐于恪尽职守。如在服务岗位，微笑更是可以创造一种和谐融洽的气氛，让服务对象倍感愉快和温暖。

在面试中，求职者要把握每个机会展露自信而自然的微笑。因此，应聘者进入公司，从跟前台打交道开始，就不妨以笑脸示人。见到面试官之后，不管对方是何种表情，都要马上起身，微笑着与其握手、作自我介绍。在面试进行当中，也要始终注意，不要让面部表情过于僵硬，要适时保持微笑。微笑还可以掩饰内心的紧张，当你被问及一个有难度的问题时，保持微笑更能使你显得冷静、胸有成竹；如果你的面部表情太过僵硬，就会要么显得很紧张，要么显得没经验，或是让人感觉性格内向。面试结束之后，不管面试官给了你怎样的答复，也要微笑着起身，并主动握手道别。不要板着面孔，苦着一张脸，否则不能给人以最佳的印象。

在面试场合，应聘者还要善于运用目光和面试官交流。在你进门之后，面试官会叫你的名字，与你打招呼；在问的过程中，他（她）会用眼睛注视你。如果你的目光游移不定，逃避他的注视，这既表现出你还比较拘谨，也表示你对于他的问题有一种自卑心理。如果你与对方打招呼或提问时都能热情地注视对方，则显示你既有坚定的性格又有自信心。目光正视对方，在面试官讲话的过程中适时点头示意，这是对对方的尊重，也可让对方感到你很有风度，诚恳、大气、不怯场。如果你在面试中不停地低头看着脚下或是目光游移不定，不但不礼貌，还可能会让面试官对你所说内容的诚信度产生怀疑。

应聘者在面试时，与面试官的关系构成有两种情况，一是只有一位面试官，这叫"一对一"的关系；二是有多位面试官，这叫"一对多"的关系，在这两种情况下，求职者目光语的运用是不尽相同的。

在"一对一"的情况下，应聘者目光运用的要求是：

第一，注视对方，目光要自然、柔和、亲切、真诚，不要死盯着对方的眼睛，否则，会使对方极不自在；同时，也不要在某一局部区域内上下翻飞，否则会使对方感到莫名其妙。

第二，注视对方时要注意眨眼的次数，一般情况下，每分钟眨眼 6～8 次为正常，若眨眼次数过多，表示在怀疑对方所说内容的真实性，而眨眼时间超过一秒钟就成了闭眼，表示厌恶、不感兴趣。

第三，在交谈过程中的目光对视。若双方目光相遇，相对视，不应慌忙移开，应当顺其自然地对视 1～3 秒钟，然后才缓缓移开，这样显得心地坦荡，容易取得对方的信任。一遇到对方的目光就躲闪的人，容易引起对方的猜疑，或被认为是胆怯的表现。

第四，长时间地注视对方的眼睛会使彼此都感觉紧张、疲劳和不舒服。因此，有三个部位可供选择：两眼至额头中部的上三角区；眼睛和鼻子的中三角区；鼻子和嘴巴的下三角区。例如，在多数的情况下可以看着对方的嘴巴，有特别想强调的部分，再看面试官的眼睛，这样效果更好。另外，注视面试官，每次 15 秒左右，然后可以自然地转向其他地方，例如望向面试官的手、办公桌等其他地方，然后隔 30 秒左右，又再望向面试官的双眼鼻梁处。

在"一对多"的情况下，应聘者的目光语运用除了要符合"一对一"的要求外，还要注意使用环视法。即不能只注视其中某一位面试官，而要兼顾到在座的所有面试官，让每个人都感到你在注视她。具体方法是，以正视主面试官为主，并适时地把视线从左至右，又从右至左（甚至从前至后，又从后至前）地移动，达到与所有面试官同时交流的效果，避免冷落某一位面试官，这样就能获得他们的一致好感。

（四）面试交谈艺术

面试就是面谈，对于缺乏求职经验的人来说，在面试交谈中需要掌握许多要领。在面试前做好充分的准备是必需的，作为应聘者，要事先把自己要告诉对方的内容整理好，以便用简练的语言，把自己的意图有条理地传达给对方。还要考虑好如何回答对方可能向自己提出的问题，也要准备好如何向对方发问。

1. 面试交谈的要领

（1）语言表达要领

在语言沟通方面，说话的内容往往没有说话的方式重要。面试官对应试者的印象与评价，来自"他讲了什么话"方面较少，而对应试者怎样讲这些话反而较多。因此，在面试过程中，回答问题的内容固然重要，而说话的方式更不容忽视。

在面试场合，语言要含蓄、机智、幽默。说话时除了表达清晰以外，适当的时候可以插进幽默的语言，使双方谈话增加轻松愉快的气氛，也会展示自己的优雅气质和从容风度。尤其是当你遇到难以回答的问题时，幽默的语言会使你化险为夷，表现出你的机智和聪明。

要注意谈话的语气、声调、音量和速度，做到语气和缓流畅，声调抑扬顿挫，音量大小适中，速度快慢得体。打招呼问候时宜用上语调，加重语气并带拖音，以引起对方的注意。自我介绍时，最好多用平缓的陈述语气，不宜使用感叹语气或祈使句。

声音要大小适中，声音过大令人厌烦，会使面试官感到很不自在；声音过小则难以听清，也显得信心不足。音量的大小要根据面试现场情况而定。两人面谈且距离较近时声音不宜过大，群体面试而且场地开阔时声音不宜过小，以每个面试官都能听清你的讲话为原则。语速适中，不急不缓，平时说话快的要尽量把语速降下来。

（2）人际互动要领

在面试谈话中，应聘者要积极参与。大多数面试人都喜欢积极参与、开朗的人。因此，应试者不能消极被动地坐在那里等着回答问题。应试者要积极主动地参与交谈，适时调控面谈的进程，达到说服对方的目的。当然，交谈要掌握分寸，不能喧宾夺主。讲话在精而不在多，说话过多就难免失之轻率。说话要力求把握要点，说一些无关的事于己不利。

要采用呼应式交谈。成功的对话是一个相互应答的过程，自己的每一句话都应该是对方上一句话的继续，并给对方提供发言的余地。对于面试官说话中的风趣幽默之处，可报以微笑。

注意面试官的反应。根据对方的反应，要适时地调整自己的语言、语调、语气、音量、修辞，包括陈述内容。这样才能取得良好的面试效果。

在面试谈话中，还有一个特别要注意的问题，就是要弄清提问的内容。面试中，面试人提出的问题过大，以致不知从何答起，或对问题的意思不明白，是常有的事。对于不太明确的问题，一定要采取恰当的方式搞清楚，并请求面试官给予更加具体的提示。千万不能"想当然"地回答对方所提出的问题，否则可能被视为无知，甚至是傲慢无礼。因此，应聘者要跟紧面试人员的思路，保持精神高度集中，不要停留在自己的"思维圈子"里。

（3）心态平衡要领

在面试过程中，姿态过高或过低都不足取。表现得过高令人难以接受，毕竟现在是"买方"市场；而表现得过低又会被对方看低，认为你没有真才实学。正确的方法是原则上保持中庸，再因人制宜，该高的则高些，该低的则要低些，但不宜过头，应掌握其火候，即使要说些好话也要巧妙些，切不可过于露骨。

要做到面带微笑，平视面试官，避免情绪波动，走向两个极端：一种是自卑感很重，觉得坐在对面的那人博学多才，回答错了会被笑话。所以，畏首畏尾，不敢畅快地表达自己的观点。另一种情况是很自信，压根不把招聘人员放在眼里，觉得对方还不如自己。这两种表现都要不得，最好的表现应该是平视对方，彬彬有礼，不卑不亢。

在压力面试中，要冷静沉着，宠辱不惊。所谓压力面试，一般是面试官有意在面试过程中逐步向应试者施加压力，以考察其能否适应工作中的压力。在面试官当中，不乏刁钻古怪之人，他们可能故意挑衅，令人难堪。但你要明白这些"不怀好意"的

提问，大多是作为一种"战术"而进行，在提问中让你不明真相，故意提出不礼貌和令人难堪的问题。其真实用意在于"重创"应试者，如果遇到这种问题，你若是反唇相讥，恶语相向，那就大错特错了。

有的面试官提出特别尖锐的问题或者是提出有意让应试者感到左右为难的问题，由此考验应试者应变能力、反应是否得体、胸襟是否开阔等。有的面试官故意提出一些令人气愤而又没有道理的问题，考验应试者是否立场坚定、有主见。因此在这种面试中，应试者应事先有心理准备，面对为难的问题，切勿表现出不满、怀疑、愤怒，要保持冷静，提醒自己这是在面试而不是实际情况，不要胡乱推测面试官的不良目的，应表现出理智、容忍和大度，保持风度和礼貌，和面试官讨论问题的核心，将计就计。

2. 面试问答的方法

(1) 用事实说话

在面试时，一定要学会用数据和事实说话。你说做销售强，你就告诉我一个月销售了多少；你说自己的谈判能力强，不如举个例子来证明你是如何搞定一个"钉子客户"的。

应聘者要善于结合自己的实际来分析论证，从而增加论述的真实感，引起面试人员的兴趣。为了向招聘者描述一个"与众不同"的你，必须记住：不要概述，要展示——用事实来说明你所具有的能力、素质、技能，你的信仰、优缺点、好恶，以及你如何处理人际关系，如何解决问题，如何胜任新工作等。

你可以通过"事实""相关细节""举例""轶事""具体做法陈述"等，让对方了解你。这样做，你才可能使自己变成一个"个性突出""富有情趣""充满活力"的活生生的人。当然，并不是针对任何问题都要找出相应的事例，例如在回答"你最不喜欢什么样的人？"时，可以采用抽象概述——"我最不喜欢那些只谈论自己的人；那些损人利己的人；那些口是心非的人；那些斤斤计较的人；那些不能控制自己的人。"这样的回答简洁有力，同样可以打动招聘者。不同方法的综合运用，才能取得最佳的效果。

(2) 扬长避短

突出自己的优势，并把自己的优点和工作结合起来，以弥补自己的缺点和不足，也是面试中非常有效的方法之一。下面的回答就集中体现了扬长避短的方法和作用：

问："你不认为你做这项工作太年轻了吗？"

答："我快23岁了。事实上，下个月我就23周岁了。尽管我没有相关的工作经历，但是我却有整整两年领导学校学生会工作的经验。您可以想象，管理组织3000多名学生，并非容易的事，没有一定的管理才能和领导艺术，是无法胜任的。所以，我认为，年龄固然能说明一定的问题，但个人素质和能力更为重要。"

(3) 突出个性

在面试中，一个人袒露的真实思想和坦率语言，就是"个性"的最佳体现。例如，当你被问到："你喜欢出差吗？"你可以直率的回答："坦率地说，我不喜欢。因为从一地到另一地的商品推销并不是一件惬意的事。但我知道，出差是商业活动的重要部分，也是推销员的重要工作之一。所以说，我不会在意出差的艰辛，反而会以此为荣。因为我非常喜欢推销工作。我想这一点更重要。"

（4）审时度势

在面试中，一种无奈的眼神、一个会意的微笑、一种下意识的看表动作，演绎出的都是招聘者不同的心态。在对答中要学会破译对方的心理，从而迅速、准确地调整自己的对策，必要时"投其所好"或"草草收场"都不失为一种应急之策。

（5）虚实并用

尽管面试中的回答并非敌我斗智，但是，有效而适度地运用"虚"与"实"，常常会起到强化自身价值和赢得对方好感的作用。例如，当问到"你的工作动力是什么？"时，有这样一类以"虚"带"实"的回答可以参考。如"我的工作动力主要来源于以下几个方面：首先是工作本身，即我是否对该工作感兴趣，是否能发挥自己的特长，是否能胜任，是否能学到新知识和技能，以及是否能得到进一步的自我发展。其次是自我价值的承认问题，即我是否能够得到别人的信任和尊重，是否有进一步晋升的机会。最后肯定是结果，即我是否能够得到较高的工资和待遇等。"

在面试中，招聘者最希望看到的是一个"真实"而"全面"的你。显然，诚实是最好的策略。所以说，"虚"在现实中一定要运用得当：虚要虚的合理，而且要虚中有实。切不可乱用"虚"招，否则弄巧成拙。

（6）争取主动

通常，在面试时过于被动的人都会错误认为：只要事先按一些有关面试技巧的文章里所介绍的，去准备好面试官可能要问的问题的答案，然后面试官问什么问题自己照着答就可以了。其实这是个很大的错误，因为我们哪怕事先准备得再周到，面试官都有可能问一些让我们难以预料的问题；而且用这种方式去面试，过于被动，容易被面试官牵着鼻子走，容易被问及一些对求职者本身是劣势而且难以用技巧去掩饰的问题。因此，在一开始谈话时就要适当地争取把握主动权，有意识地引导面试官问能体现你优势的问题。

也有这种情况，在面试中，面试官会打断你的回答："我明白你的意思了，那么，下一个问题是……"这种情况往往会带来紧张，出现几次，你就会发现清晰的思维和顺畅的表达就这样被打断了，自己陷入被动当中。为了争取主动，在这种情况下，你必须保持冷静，可以在面试官突然打断你的回答，插入一个问题时，有意识地保持几秒钟沉默，装作在思考这个问题，实际上是在冷静，找回自信，然后用一种和刚才回答问题不同的语速重新开始。如果你觉得你是在回答到关键时刻被打断的，应该在回答被打断之后的新问题前，有礼貌地说："在我回答这个问题之前，我觉得我应该对刚才那个问题的回答补充一点……"然后尽快完成你刚才没有机会完成的观点。

【能力拓展】

一、知识拓展

（一）面试、就业时缓解紧张的方法

以下一些训练可以缓解紧张情绪：

① 把胳膊伸向前方，手腕放松用力抖动手腕，直到有些累的感觉为止，可反复多次。

② 双手手指交叉，反掌向天举过头顶，尽量伸展，挺腰，然后向前、后、左、右倾斜直到肩、背肌肉完全放松。

③ 把头部轻轻地按顺时针方向转动，转七八次；再把头按逆时针方向转相同的次数，如此各做三至五组，在放松头颈肌肉时放松情绪。

④ 坐正，两肩尽量后拉，然后深深地、缓缓地呼吸，反复多次。呼、吸都要努力到自己的极限，越慢越好。

⑤ 坐直或站直，闭上双眼，冥想一些愉快、舒适或可笑的事，使自己心情调节到最愉快的程度；也可以想自己以前最成功的一件事，冥想成功时的心境，让自己充满信心。

⑥ 对着镜子，看自己的眼珠、鼻子、嘴巴、眉毛、耳朵都行，连看几分钟，一般最长不会超过5分钟，心情就会平静，紧张就会消除。

（二）面试时坐姿的禁忌

为了保证坐姿的正确和优美，应注意以下禁忌：

一是落座后，女士两腿不要分得太开。女士无论穿不穿裙子，就座的时候都应该两膝并拢，一起摆向一边或小腿交叉，但不要向前伸直。

二是当两腿交叠而坐时，悬空的脚尖要向下，切忌脚尖向上，并上下抖动。

三是交谈时勿将手支撑着下巴。

四是落座后不要左右晃动，扭来扭去，给人一种不安分的感觉。

五是双手可以适度交叉，但双臂绝对不可交叉。

二、案例思考

[案例一]

不带介绍信的男孩

一位老板登报为公司招聘一名勤杂工，大约有30人前来应聘。这位老板从中挑了一个男孩。他的合伙人问他："你为什么单单挑中了这个男孩呢？他既没有带介绍信，也没有人推荐他。"

"实际上，他带来了不少介绍信。"这位老板说，"他进门前，先在门口蹭掉了鞋上带的土，进门后随手关上了门，这说明他做事仔细小心。当他看到了那个跛脚的老人时，立刻起身让座，说明他心地善良，关心别人。进了办公室，他先将帽子脱去，我让他坐下时，他道谢后才入座，我问他的几个问题，他都回答得干脆果断，说明他是个懂礼貌、有教养的人。还有，我故意放了今天的报纸在地板上，其他的应聘者不是从报纸上迈过去，就是看到了也没有反应。只有他俯身捡起报纸把它放到桌子上。而且，他虽然不是衣着光鲜，但是十分整洁，不仅头发梳得整整齐齐，连指甲都是修剪得干干净净的。这样的一个年轻人，你难道会认为他没有带来合适的介绍信吗？我相信，勤杂工对他只是一个开始，将来他一定会大有前途。"

分析讨论：在面试时，如何体现"细节决定成败"？

[案例二]

别出心裁的面试

有许多知名外企会别出心裁地安排他们的面试。假日酒店喜欢爱打篮球的人，他们认为：那些喜爱打篮球的人，性格外向，身体健康，而且充满活力，富于激情，假日酒店作为以服务至上的公司，员工要有亲和力、饱满的干劲，朝气蓬勃，一个兴趣缺乏、死气沉沉的员工既是对公司的不负责，也是对客人的不尊重。如果你是篮球爱好者，在面试中就多了一分胜算。

统一公司要求员工有吃苦精神以及脚踏实地的作风，凡来公司应聘者公司会先给你一个拖把叫你去扫厕所，不接受此项工作或只把表面洗干净者均不予录用。他们认为一切利润都是从艰苦劳动中得来的，不敬业，就是隐藏在公司内部的敌人。

日产公司认为，那些吃饭迅速快捷的人，一方面说明其肠胃功能好，身强力壮，另一方面他们往往干事风风火火，富有魄力，而这正是公司所需要的。因此对每位来应聘的员工，日产公司都要进行一项专门的用餐速度考试，招待应聘者一顿难以下咽的饭菜，一般面试官会好心叮嘱你慢慢吃，吃好后再到办公室接受面试，那些慢腾腾吃完饭者得到的都是离开通知单。

思考讨论：你认为这些"别出心裁的面试"合理吗？

三、巩固提高

（一）判断题

① 面试从面试者接到面试通知的那一刻就已经开始了。（　　）

② 面试前应收集面试公司的相关材料。（　　）

③ 可以将自己认为重要的信息浓缩到简历的前两页上。（　　）

④ 面试交谈时可以使用方言。（　　）

⑤ 网上应聘，准备求职信时要注意控制篇幅，要让人事经理无需使用流动条就可以阅读完。（　　）

⑥ 政治和宗教话题，在求职面试时是可以涉及的。（　　）

⑦ 面试就座时，男士可以微分双脚，这样给人以自信、豁达的感觉，双手可以随意放置；女士一般要并拢双膝，或者小腿交叉端坐，这样给人端庄、矜持的感觉，双手一般要放在膝盖上。（   ）

⑧ 简历设计的首要原则是详细。（   ）

⑨ 面试时应避免的习惯性动作有挠头、玩弄手指、双手交叉在胸前和揉眼睛等动作。（   ）

(二) 选择题

① 面试时入座应该坐椅子的（   ）。

 A. 五分之一　　　B. 四分之一　　　C. 三分之一　　　D. 三分之二

② 求职面试的空间距离应为（   ）。

 A. 亲密距离　　　B. 私人距离　　　C. 社交距离　　　D. 公众距离

③ 以下（   ）饰品在面试时不可使用。

 A. 手表　　　　　B. 手镯　　　　　C. 眼镜　　　　　D. 公文包

④ 面试着装"TPO"原则包括（   ）。

 A. 时间　　　　　B. 地点　　　　　C. 色彩　　　　　D. 对象

⑤ 男士如果使用领带夹，应夹在衬衫（   ）扣子中间的位置。

 A. 第一和第二个　　　　　　　　　B. 第二和第三个

 C. 第三和第四个　　　　　　　　　D. 第四和第五个

四、实战演练

中劳集团公司招聘启事

中劳集团公司应届毕业生校园招聘"金色人才"计划正在启动！

中劳集团公司成立于 2005 年，总部设在北京，由中兴设备公司、中工服务公司、中劳学院、向阳中学等单位共同投资，注册资本为 1 亿元人民币。公司主要经营和服务范围为机电物资设备经销、旅店服务、技术培训、学历教育等领域。

中劳集团公司以人为本，待遇较为优厚，为员工创造良好的成长空间，力求为公司长远发展招募具备广阔视野和先进思维能力的技术与管理人才。

如果您是应届高校毕业生，我们诚挚地邀请您加入到中劳集团公司"金色人才"行列，与公司一起播种美丽的今天，收获金色的明天！

(一) 招聘职位

1. 经理助理 2 名

岗位描述：部门经理助理岗，要求具备较好的团队协作能力、沟通协调能力、公关外联能力。

2. 营销专员 2 名

岗位描述：营销专员岗，具备较好的贸易营销知识，有开拓精神和捕捉机遇的能力。

3. 辅导员 2 名

岗位描述：中劳学院辅导员岗，具备较强的责任心，热爱学生工作。

4. 教师 2 名

岗位描述：中学教师岗，具备较好的语言表达能力，能胜任教学工作。

（二）应聘基本条件

① 职位性质：全职工作岗位。

② 年龄：30 岁以下。

③ 全日制大专以上相关专业毕业，户籍、性别不限。

④ 英语四级以上水平，有较好的英语口语能力者优先。

⑤ 有奉献和吃苦耐劳精神，较强的责任心和敬业精神，能适应高压力的工作。

⑥ 能熟练使用办公自动化设备和办公软件，有相关工作经验者优先。

（三）应聘要求

① 每个应聘者只能选择一个职位。

② 应聘者需交简历、求职信各一份（A4 复印纸），并请在简历左上角注明所应聘职位。简历一旦被筛选，将无法对申报志愿和个人信息进行修改，请慎重选择应聘职位。

③ 应聘资料请直接电邮或寄送至公司人力资源部，联系人王娟、孙志伟。

④ 应聘报名时间：2018 年 4 月 23 日起至 2018 年 4 月 30 日。

（四）招聘程序

① 招聘启事发布：2018 年 4 月 23 日，发布校园招聘启事书。

② 校园宣讲：校园招聘启事发布后，由公司人力资源部组织进行校园宣讲，介绍集团公司。

③ 简历筛选：报名截止后，集团公司将对应聘简历按照招聘要求进行筛选。

④ 笔试确认：2018 年 5 月初，集团公司向应聘者发送短信通知是否进入笔试。请应聘者注意登录个人电子邮箱系统查询相关信息，收到笔试通知的应聘者应在收到笔试通知的当天进行确认。

⑤ 笔试考核：2018 年 5 月中旬（暂定），集团公司将在中国劳动关系学院组织招聘笔试考核。笔试为综合知识科目，包括行政能力、经济、金融、管理、法律、计算机网络、时事等内容。

⑥ 面试考核：2018 年 5 月中下旬，集团公司将根据工作安排，确定笔试分数线，组织进行面试考核。

⑦ 签约录用：通过面试考核，公司将与其签订三方协议，正式录用为我公司员工。

（五）其他相关事宜

① 集团公司招聘网站将随时公布招聘进展情况，应聘者可以到集团公司网站

"招聘公告"了解最新的招聘信息。

② 应聘者对个人填报信息的真实性负责。同时，请务必保证提交的联系方式（包括 E-mail 邮箱、手机等）正确无误，并保证通讯畅通。

③ 在校园招聘过程中，集团公司不会向应聘者收取任何费用，请提高警惕，谨防受骗。

中劳集团公司人力资源部

2018 年 3 月 22 日

任务要求：

① 根据该招聘启事，为自己准备一整套参加面试的服装。

② 根据该招聘启事，为自己设计制作一份中文个人简历。

任务二 公共场所礼仪

【知识储备】

一、图书馆礼仪

图书馆是公共的学习场所，是学生在校查阅资料、借阅图书或进行自修学习的地方，是学生的知识殿堂。因此，进入图书馆要遵守特别的行为规范或礼仪要求。

（一）进入图书馆的"洁、净"要求

1. 注重个人仪表的整洁

仪表就是人的外表，包括容貌、服饰和姿态等。图书馆是公共场所，读者应注意自己的仪表礼仪，塑造自己的最佳形象。着装整洁得体，每个纽扣都要扣好，不要披衣散扣。切忌不能穿拖鞋、短裤、吊带衫进入图书馆。

面容清洁，头发梳理整齐，会给人留下生机勃勃、精神饱满的好印象。保持双手的干净，没有油腻污渍，这样才不至于翻书时把书弄脏。

2. 保持馆内环境的干净

图书馆是全校师生共同学习的场所，学生到图书馆有义务讲究卫生、保持整洁。雪雨天进图书馆时，应注意把雨具放在指定地点，还要把鞋底的泥水弄干净，以免溅到其他读者身上或把图书馆的地面弄脏。

在图书馆阅读时，不要乱扔纸屑，不随地吐痰，不大声咳嗽，不吃零食或嚼口香糖，在图书阅览室内边看书边吃东西，不仅影响他人阅读，破坏学习气氛，还易弄脏图书。

离馆时，要把书刊放回原处，不能随便放在桌子上。自己的纸笔要记着带走，废弃的纸张应自觉扔到馆内的垃圾篓或带到馆外扔到垃圾箱内，自觉把桌椅复归到原位。

（二）进入图书馆的行为要求

1. 轻、静

一个"静"字，常作为警示，贴在图书馆的高墙正中，也凝练地归纳了在图书馆应遵守的礼仪。保持图书馆内的安静，就要求读者做事要轻手轻脚，说话要轻声细语。

进入图书馆走路要轻，入座起座要轻，翻看书刊要轻。在图书馆要尽量少说话，遇到朋友最好以点头微笑的方式打招呼；如果确实需要与学友交换意见，应简明快捷，附耳低语，较长时间的讨论应到室外。在安静的学习环境里，任何人旁若无人的谈笑，喋喋不休地说话都是很失礼的。

在图书馆内就座阅览时，移动椅子要特别注意不发出声响，以免干扰其他人阅读。在别人暂时离开座位时，不要因为人家的位置好而抢占。阅读时坐姿端正，不要在室内座位休息和睡觉，不断地打瞌睡也是非常不礼貌的。

2. 雅、敬

雅指的是自我举止文雅；敬指的是对人恭敬礼让。进入图书馆，应自觉排队，借还图书时，应双手将书递到工作人员手中，并注意使用"您好""请""帮""谢谢"等礼貌用语。如果借还书的人很多，要耐心等待，不可连声催促工作人员，也不可走来走去。言行失当会遭到别人的鄙视和侧目的。

3. 律、让

进入图书馆的任何行为，都要自律、礼让。

爱护图书馆里公共财物和设备。不摇动桌椅，不在桌、台上乱刻乱画。

"窃书不算偷"，孔乙己的名言请不要带到图书馆来。将公共图书据为己有，或将书中有精美插图、精彩段落的书页撕下来，太失读书人的体面，得不偿失。现在多数图书馆已提供了复印服务，如果你确实需要某种资料的话，可征得工作人员同意后，到指定处复印。绝不可为了占有资料而不惜损坏图书。至于有的学生在书上划线、做标记、或折页、写字、甚至作出为蒙娜丽莎添上胡须、为莎士比亚戴上太阳镜之类的恶作剧，应该受到谴责。

对开架图书应逐册取阅，不要同时占有多份，造成借阅多看不完的尴尬。阅后应立即放回原处，以免影响其他人阅读。定期借阅的图书应按期归还，给别人留出阅读的时间。

礼让是中华民族的传统美德。在所有公共场所中都要有一种"礼让"精神。进入图书阅览室，自己找个座位就行，不应为别人占座位。如果临时走开，回来时发现座位上坐了别人，不应赶走人家。倘若确需这个座位，而且走时留下了书本，但仍被他人占据，此时不妨轻声商量，互相谅解。图书馆作为公共场所，有空位人皆可坐，但欲坐在别人旁边的空位时，应有礼貌地请问旁边是否有人。

在借书时如果与别人同时看中同一本图书，不要争夺，可向工作人员询问有无复本，或别的版本。如果实在没有，二人应相互谦让，急需者先借，另一人在工作人员那里做预约登记。

二、学术活动中的礼仪

学术交流活动在大学里是最受欢迎的活动之一，在这样的场合中演讲和发布消息者，必然是某个领域中的权威人士或者资源的重要占有者，他们发布的消息往往主导着该领域的方向。因此这是获得有价值的资料、信息的重要途径，它不仅对学生的学习有帮助，对教师的学术活动也会起很大的作用。

（一）组织者礼仪

1. 邀请礼仪

作为学术交流活动的组织者，对活动能否成功举行起着至关重要的作用，因此，不论在活动的筹备阶段还是在进行时，都要对每一个环节认真斟酌，积极思考，及时检查，以保证每一个环节都不出问题。

邀请的对象主要有两种人，即演讲人和重要的参加者。重要学术活动的被邀请人名单必须与有关方面一同敲定，以免遗漏，造成被动。在敲定了这些名单后，就要通过一定途径邀请他们。

对重要的演讲者，如在国际国内有一定名望的专家、学者、重要领导，应该约定时间，登门邀请，同时送上请柬。

对普通的老师、教授，以请柬邀请，也可以通过电子邮件邀请。

一般说来，不论哪一种邀请，都要通过电话和他们沟通好，定好时间、演讲地点、演讲内容、演讲长短，并介绍与会者的大致情况。

对一般参加者，以请柬和电子邮件方式邀请即可。

对可以公开的学术活动，可以以公告的形式发布。其实公告是一种很好的对公众的邀请方式。

2. 主持人着装礼仪

各种会议的主持人，一般由具有一定职务的人来担任，其礼仪表现对会议能否圆满成功有着重要的影响。

主持人应衣着整洁，大方庄重，精神饱满，切忌不修边幅，邋邋遢遢。走上主席台应步子稳健有力。入席后，如果是站立主持，应双腿并拢，腰背挺直。

读稿时，右手持稿的底中部，左手五指并拢自然下垂。双手持稿时，应与胸齐高。坐姿主持时，应身体挺直，双臂前伸。两手轻按于桌沿，主持过程中，切忌出现搔头、揉眼、抖腿等不雅动作。主持人讲话应口齿清楚，思维敏捷，简明扼要。主持人应根据会议性质调节会议气氛，或庄重，或幽默，或沉稳，或活泼。主持人对会场上的熟人不能打招呼，更不能寒暄闲谈，会议开始前或会议休息时间可点头、微笑致意。

3. 会议组织者应做的准备

① 要准备好会议议程,并将议程通报给主要的与会者,严格按照议程进行。
② 安排好会议发言顺序,保持会议秩序,把握会议时间,准时开始,准时结束。
③ 适当准备水果、咖啡、茶水等,放在休息室中,让贵宾根据需要取用。
④ 对一些重要的学术报告会,要安排合影作为纪念。
⑤ 对于有特殊要求的贵宾,要尽量满足他们的合理要求。

(二)报告人的礼仪

报告人和演讲人是一场报告会的关键人物,他对报告会的影响,除了取决于演讲内容的质量之外,其个人形象的作用也不可轻视,他的一举一动、一言一行都对报告会的成功与否起着至关重要的作用。同时,每一场报告会,对演讲人而言,都是树立自己形象的良好时机,不可错过。

1. 做好准备

接受邀请后,演讲者就要做好演讲准备。

演讲的准备包括:演讲的内容要根据邀请者提出的要求和学术报告会的主题决定,如果觉得需要适当发挥,要与会议组织者做好沟通。演讲方式的准备也很重要,演讲方式包括声音轻重、速度快慢、语调高低、时间控制等等;演讲方式除了根据内容、主题确定之外,还要考虑到参加会议的听众方面的情况,如果不了解,可以与组织者沟通;必要时要准备好辅助工具,如果需要幻灯机、投影仪、麦克风、白板等工具,要事先准备好,或者要求报告会的组织者准备。在使用这些工具之前,最好实地检查演习一下,以便很好地掌握时间和保证效果。

2. 举止得体

演讲者必须穿着正式,男士应着西服,系领带,穿皮鞋,一尘不染。女士可穿套裙或很规范的长裙等。不能将休闲服穿上演讲台,更不能将便装、家庭装穿上演讲台。要保持头发、面容的整洁。

演讲者走上讲台时,态度应该从容不迫,不要慌慌张张。在到达演讲台前,应对报告会的主持人和听众表示感谢,点头致意或者鞠躬敬礼。在演讲的过程中,要注意自己的语调、语速和语音,还要注意不要让自己的演讲内容离题并控制演讲时间。演讲时应口齿清晰,讲究逻辑,简明扼要。如果是书面发言,要时常抬头扫视一下会场,不能低头读稿,旁若无人。演讲时要充分自信,但是不要目中无人。要注意主持人的提醒和听众的反映。如果在演讲中要使用投影仪等工具,要以礼貌的方式向听众说明,请听众允许自己使用这些设施。

在演讲进入提问和讨论阶段时,演讲者应该认真听取听众的提问和发言。对听众提出的所有问题都要做回答,如果自己不方便回答或者确实回答不出来的话,就应该用委婉的口吻说明,如"对不起,这个问题我不方便回答",或者"对不起,我不能回答这个问题",请不要敷衍。如果提出的意见与自己的意见相左,不要表现出不耐

烦的态度，而应该听完他人的发言，然后阐述自己的观点，态度应该冷静，不要把自己的观点强加给对方。

如果自己事先并没有被邀请，而是临时被点名演讲的话，最好不要拒绝主持人，并根据安排发言。拒绝主持人是不礼貌的行为，如果确实没有做好准备，或者拙于言辞，就要向主持人表示歉意，并感谢大家对报告会的支持。

（三）参加者礼仪

1. 着装端庄，准时有序

重要的学术报告会，参会者须正装，男士应着西服，系领带，穿皮鞋。女士可穿套裙，略施淡妆。

一般的报告会，参加者应衣着整洁，不能穿拖鞋、超短裙参会。进入报告厅后，须关闭手机或置为震动，在会场内不可接电话。

参加学术会议不能迟到，如果迟到，会议规定不能进去时就不要进去，允许进入时，要坐在后排，以免干扰别人。

听报告时应认真听讲，可以准备纸笔记录下与自己工作相关的内容或要求。不要私下小声说话或交头接耳，不要在别人发言时说话、随意走动、打哈欠等。会中尽量不要离开会场。如果必须离开，要轻手轻脚，尽量不影响发言者和其他与会者，如果长时间离开或提前退场，须征得同意后再离开。发言人发言结束时，应鼓掌致意。即使对发言人的建议不满，也不可吹口哨、喝倒彩、喧哗起哄，因为这些行为极其失礼。

在报告会的演讲过程中，需要提问的不要直接站起来，可以透过递纸条的形式，向主持人或者演讲者提出。

在听演讲过程中，不要吃零食，不要吸烟，不要对演讲者评头论足。

2. 自由发言有礼有节

在报告会中，如果有讨论，最好不要保持沉默，这会让人感到你对报告会漠不关心。如果会议的参加者多，不可能每一个人都发言，可以将自己和几个同学的问题归纳一下，由一个同学发言。

想要发言的时候应先在心里有个准备，用手或目光向主持人示意。发言应简明、清楚、有条理、实事求是。

自由发言时，不要偏离会议主题。

与他人有分歧，应以理服人，态度和平，听从主持人的指挥，不能只顾自己。若要反驳别人不要打断对方，应等待对方讲完再阐述自己的见解，别人反驳自己时要虚心听取，不要急于争辩。对对方的批评和意见应认真听取，即使对方的批评是错误的，也不应失态。

参加学术报告会，不论处于什么角色，都应该以一种学习的姿态出现，谦虚、冷静、平和，以显示良好的教养和好学的品质。

三、各项体育比赛观赛礼仪

赛场礼仪规范要求每一位观赛者做文明观众，除了遵守赛场礼仪外，还要懂得各项体育比赛的观赛礼仪，因为每一项体育项目都有不同的比赛规则，所以它的观赛就不一样。

（一）田径运动观赛礼仪

看田径比赛，不仅需要为运动员鼓掌、欢呼、叫好，更要学会配合运动员的比赛适时地进行有节奏的助威，比如说跳跃项目的运动员在助跑的时候，观众的鼓掌是有节奏的，是配合运动员的步点的，在投掷项目中，运动员投掷时，鼓掌又是另一种方式。

观看马拉松比赛的礼仪要求是，观众要服从赛事工作人员的指挥，协助赛事工作人员共同维持比赛秩序，爱护公共设施，自觉维护市容市貌和环境卫生。严禁往比赛路线投掷物品，要保持道路整洁。

（二）足球观赛礼仪

首先，不要将违规的器具和饮料带入场内。因为这些器具和罐装、瓶装饮料很可能对运动员造成人身伤害。为了赛场安全，观众不得妨碍或拒绝配合赛场的安检工作。

其次，在观看比赛时不要对比赛形势和队员表现指指点点、喋喋不休，影响他人观赛。对运动员和裁判的表现不满意便乱喊"黑球""黑哨"，是对运动员和裁判员的不尊重。要用文明的语言行为加油助威，同时也要控制自己的情绪，不要一激动就出言不逊，或将带来的报纸撕碎抛向赛场。一些观众对不喜爱的比赛队伍发出嘘声，干扰队员发挥，甚至闯入赛场中，企图左右比赛的结果，这些都是缺乏观赛礼仪、破坏赛场秩序的表现。

最后，比赛结束后，观众应有序退场，不得聚众闹事，撕毁、焚烧球衣，殴打运动员和裁判员。

（三）篮球观赛礼仪

在看篮球比赛时，观众可以带上充气棒或写有助威词语的标语牌等物品，但标语牌不要过大，文字不可以粗俗。不要带锣鼓、大镲、小号一类的高噪音乐器进场。

在为球队加油助威时，观众应用词文明，不要谩骂队员或教练。当场上发生争执时，观众应当服从裁判判罚，不要对裁判进行无端指责、谩骂。一旦场内比赛双方发生类似打架等突然情况时，观众应保持理智，特别不要向场地内扔杂物，以免砸伤运动员。

比赛结束后，通常会有很多球迷围在运动员出口处等待球员退场，向自己喜爱的篮球明星索要签名和合影留念。这时，球迷要服从工作人员管理，保持现场秩序，不要强行留下运动员。遇到喜爱的外国球星时,尽量用英语与其对话。要求得到满足后,不要忘记说声谢谢。

(四)网球观赛礼仪

首先,比赛进行时要保持安静。进入球场后切记要把手机关闭或调到震动状态,在比赛开始前要坐到自己的座位上,不要停留在过道或栏杆边看球。球员一旦开始比赛,不能吃东西或聊天、喧哗、接听电话,不能走动。

其次,喝彩要把握好时机。即使选手的比赛打得再精彩,观众也不能在任何时间随意鼓掌喝彩,一定要等一个球死球之后再鼓掌或者喝彩,鼓掌的时间也要适可而止,当球员出现失误时,喝倒彩显然是不合适的。

(五)乒乓球、羽毛球观赛礼仪

首先,运动员在比赛时,特别是在发球时,观众不能使用闪光灯给运动员拍照,无论是发球方还是接球方都会受到很大影响,尤其是对接球员。

其次,运动员在准备发球时,整个赛场应该保持安静,观众的助威呐喊和鼓掌应该在一个球死球之后才可以。运动员比赛时,观众不要随意走动,最好在比赛暂停休息时再走动。

观看羽毛球比赛同乒乓球比赛几乎一样,唯一不同的是由于羽毛球比赛场地相对比较大,对于观众走动的要求可以稍微放宽,但不能过于频繁。

(六)台球观赛礼仪

观看台球比赛的礼仪和大多数室内运动相差无几。在选手的击球过程中要保持安静,禁止大声喧哗,甚至禁止掌声。在比赛中严禁使用照相机闪光灯,禁止在场地吸烟,并应关闭移动电话。在比赛结束前不得随意走动。

在恰当的时机送出掌声也是礼仪之一。掌声只能在选手结束击球之后送出。

(七)高尔夫球观赛礼仪

高尔夫运动被称为贵族运动,不仅参赛的选手要穿专业服装,在现场观看的观众也有一定的服装限制。在国外的高水平高尔夫比赛中有一个不成文的规定,就是进入高尔夫球场不让穿牛仔裤。另外,为了保护草坪,严禁观众穿高跟鞋进入球场。

观看高尔夫比赛时不能进入选手比赛的球道,一般比赛组织方会将观众区与比赛区分开,如果没有区分的明显标志,观众也不要走到球道上。

高尔夫是一项相对比较静的运动,在选手准备推杆和推杆的过程中要绝对保持安静。所以,观众除了要把手机关掉或者将铃声调成震动外,也不能随意鼓掌喝彩。为了保持安静,比赛要求观众的相机除了不能使用闪光灯之外,快门也不能有声音。

在任何情况下都严禁触摸、移动球员的高尔夫球。

(八)跳水观赛礼仪

在跳水比赛当中,观众必须首先懂得跳水比赛的规则,在该鼓掌欢呼时,尽情地为自己喜爱的运动员加油鼓劲，在需要安静的时候，一定要保证不出声响。

（九）花样滑冰观赛礼仪

在观看冰上项目如花样滑冰时，必须关掉闪光灯。抛掷毛绒玩具等礼物和鲜花是花滑运动的一个惯例和习俗，但礼物和鲜花一定要用透明的包装纸包装严密，毛绒玩具往往是礼物的首选。

鼓掌和喝彩要选择合适的时机。当选手摆好开场姿势准备开始表演时，观众应安静下来，以便选手进入比赛状态，当选手完成了高难度的动作之后观众可给予掌声和喝彩。给滑冰选手的最高荣誉是在节目结束后，全场观众起立鼓掌。

（十）击剑观赛礼仪

击剑是一种绅士、贵族运动。在观看击剑比赛时，应该注意两个方面的问题。

一是运动员比赛时，观众要保持安静。在击剑比赛过程中，运动员总会根据对方的特点选择出剑、进攻的方式，这时观众不应发出助威声，以便运动员更好地思考和出招。

二是裁判发口令时，观众不能再助威或鼓掌，以便运动员能更清楚地听到裁判员发号的口令。裁判宣布开始比赛后，观众要保持安静，等灯亮后，再鼓掌或者助威。

（十一）观看残疾人运动员比赛的礼仪

观看残疾人运动员比赛时，要对运动员表示尊重。看比赛时，不要嘲笑、议论运动员。和运动员打招呼时，不要紧盯着运动员的残障部位，更不要因为好奇而随处乱动，避免涉及运动员隐私和伤痛。向运动员表示祝贺时，不要马上冲上去握手或者送花，应该先看一看运动员是不是方便，不要因为自己的冲动而给运动员带来不便和尴尬。

四、观看演出礼仪

（一）注意仪容和服饰

观看演出是社会上公认的几种层次最高的社交形式之一，故此参加者要注意自己的仪容仪表。参加者应进行适当的服饰、化妆、整理发型，且在观看演出时必须自觉地穿着正装。在观看演出时，对于着装的基本要求是：干净、整洁、端庄、文明、大方，绝对不准许穿背心、短裤、拖鞋，更不能打赤膊。

具体而言，由于演出的内容不同，在观看不同内容的演出时，要求又有所不同。一般对于观看戏剧、舞蹈、音乐或综合性文艺晚会时的着装要求较高。若观看曲艺、杂技，或是观看与演出相类似的电影，则只要遵守观看演出的着装基本要求就行了。

如果前往场面隆重的去处观赏高雅的演出，如观看京剧、舞剧、歌剧、文艺晚会

或欣赏古典音乐会时，特别是陪同他人前往或者应邀前往时，不仅要穿正装，而且要穿具有礼服性质的正装。即男士应穿深色的中山服或西服套装，配深色袜子与黑色皮鞋；若打领带，则宜选黑色，并着白衬衫。女士应着单色的旗袍、连衣裙或色深的西服套裙，下装尽量不要穿长裤。假如演出规定参加者要穿礼服的话，这样做才不为失礼。在国外，这种场合穿的礼服其实是有一定规格的。它是指男士着黑色燕尾服、白色翼领衬衫，配同色的蝴蝶结与腰封，穿黑色系带皮鞋；女士则须着晚礼服，配面纱、长袖手套，穿长筒丝袜和高跟皮鞋。在我国，中山服与旗袍，均可作为我国自己的礼服之用。此时若着牛仔服、运动服、沙滩服之类的过于随便的便装入场绝对不行。

（二）提前进场、对号入座

尽早进场观看演出，有一项基本的规定，即演出一旦正式开始，观众便不宜再陆续入场，而应候至演出中场休息时方可再度入场，否则不仅会直接影响演出，而且也会妨碍其他观众对演出的欣赏。

许多高档演出场所为了方便观众，都设有专门的衣帽厅。若与他人一同寄存衣帽，则职位低者、主人、晚辈、年轻者、男士、未婚者，要主动协助与自己相约而来的职位高者、客人、长辈、年长者、女士、已婚者。在演出结束，领取衣帽时，亦是如此。

演出的预备铃一响，即应立刻进入演出厅，在自己的座位上对号就座。

进出演出厅时，应不慌不忙，依次而行。走得可以稍许快一些，免得挡道，但是不要奔跑。倘若演出厅门口人员一时过多，应当稍候片刻，不要争先恐后地上前拥挤。

（三）保持绝对安静

演出开始后，就要安静下来，绝对不能在演出场所内吸烟、吃零食、嗑瓜子。

不要嚼口香糖，不要"咯吱咯吱"地吃糖。也不要让你手中拿的节目单、门票、食品包装纸等发出声音。

在音乐厅，咳嗽也是不允许的。如果你喉咙不好，试试尽量吞口水。如果真的有很多痰，就应吐在纸巾上，然后放在你包里，不要随便扔在地上，等离开音乐厅之后处理掉。如果要打哈欠，用手挡在嘴上，如果你要打喷嚏，一定要用手遮挡。

（四）看节目时不聊天

在交响音乐会、歌剧或其他正式的演出中，不能与旁人说话，即便轻声也不行，对一个真正喜欢音乐的人来说，当他正在仔细聆听台上的演奏时，他不能容忍一点点细微的声音。尽管你可能是压低了嗓子在说话，但是这一点点声音，照样会影响到旁边的人。有些音乐会的老听众，他们在演奏时翻看节目单，都尽量小心翼翼，不发出一点声音。即使是最小的声音，最短暂的声音，也可能影响别人。连续不断、絮絮叨叨的谈话更不允许，有话，看完节目再聊。

【能力拓展】

一、知识拓展

关于观看正式演出时的特别提示

① 观看正式演出时携带家人同往，不仅要在着装上合乎规范，还要注意本人与家人的着装相协调，切勿"泾渭分明"，对比太大。

② 若拟邀请他人与自己一同观看演出，应于至少一周以前通知对方。

在一般情况下，请人观看演出时，入场券可由本人保管，而不必一一发至被邀请者手中。

③ 入场前手机一定要处于关机或震动状态。

二、案例思考

[案例一]

2004 年 5 月 30 日，国际女子网球挑战赛女单决赛的赛场上，发生了这样一幕。主裁判在开赛前就向现场观众呼吁："请各位关掉手机或者调为震动，谢谢合作！"但是比赛开始后，手机铃声仍然此起彼伏，主裁判好几次因此而不得不中断比赛。正在参赛的李娜实在忍无可忍，冲着观众发火："能不能把手机关上？"现场确实安静了很多，但是好景不长，才过了一会儿，手机铃声再次响起，并且一呼百应，这种情况一直持续到比赛结束。人类文明的产物手机本应该文明地使用，但是如果像在网球、围棋或斯诺克这些文雅的"绅士运动"中不分场合地响起，都会造成扰乱比赛的后果。

在其他赛场上，类似现象也屡见不鲜。悉尼奥运会期间，在需要绝对安静的射击场内，手机铃声还是不合时宜地响起。尽管为了防止手机铃声干扰选手，场内贴有醒目的"请勿打开手机"的警示，但还是时不时有手机铃声响起。正当运动员屏住呼吸静气凝神瞄准的那一刻，一声刺耳的手机铃声响了起来，有位外国观众皱着眉头小声地嘟哝了一句："一定是中国人！"结果，真的是一位中国人拿出手机，旁若无人地讲起电话……

"一定是中国人"……身为中国人，听到外国观众这样评价自己，心里难免会有疙瘩，但更多的是感到尴尬。根据一项调查显示，在平日的球场上，使用手机频率最高的是中国人。观众的素质不仅仅反映一个人的文化修养和道德修养，而且反映一个人在公共场合、公众面前的自制力和约束力。给世界各国留下美好印象，不仅是我们自己对自己的要求，而且也是世界各国对我们的要求。

讨论：如果你是 2022 年北京-张家口冬奥会的志愿者，你如何劝解观看花样滑冰赛场上没有及时把手机关闭或调至震动状态的观众？

[案例二]

公交车上有一位小朋友主动让座位给老人时，你会投去赞许的目光吗？当你看到一个打扮得花枝招展的女孩把口香糖吐在地上时，你会去阻止她吗？当你……

现如今，我们的社会存在着诸多不良现象，很多同学都可以滔滔不绝地大谈文明礼仪，可是校园中还是可以看见随处丢弃的饭盒、饮料瓶，图书馆还是可以听到大声交谈和接打手机，某些同学口中还是可以吐出脏话，公交车站前七零八落的队伍，一看到车子到了拼命地推挤，全然不顾身边的老人……

而在很多文明礼仪教育先进的国家，大马路上，只要亮起红灯，纵使马路上一辆车都没有，外国人也绝不会过马路。他们认为这是必须遵守的公共文明。

讨论：针对提供的场景展开讨论，谈谈自己的想法或者做法。

三、巩固提高

（一）判断题

① 在大型商场、地铁、火车站、飞机场等公共场所乘滚动电梯时，乘客一律靠右站立，上下排成一列纵队，空出左边的小道给有急事的人通行。（　　）

② 在电梯中不可聊天喧哗，但可以谈论私事。（　　）

③ 乘电梯时，最好自己亲自按电梯楼层，不假手他人。（　　）

④ 在歌剧、芭蕾舞蹈剧院，节目开始演出后迟到者要等到幕间休息时才能进场。（　　）

⑤ 音乐会一旦演奏开始，听众就将被禁止入内。（　　）

⑥ 体育场所中的衣着一般是非正式的，以穿着适时、舒适为主。（　　）

⑦ 观赏体育表演赛不能吹口哨怪叫，甚至喊带侮辱性的话。（　　）

⑧ 在展览厅可以一边参观一边吃零食。（　　）

⑨ 参观博物馆可以拍照。（　　）

⑩ 参加学术报告会要端坐静听，不要交头接耳、窃窃私语。（　　）

（二）选择题

① 进入图书馆的行为要求是（　　）。

A. 轻、静　　　　B. 雅、敬　　　　C. 律、让　　　　D. 笑、雅

② 比赛时禁止大声喧哗，甚至禁止掌声。在比赛中严禁使用照相机闪光灯，禁止在场地吸烟，并应关闭移动电话，这是指（　　）比赛。

A. 台球　　　　B. 高尔夫　　　　C. 跳水　　　　D. 篮球

③ 在观看冰上项目如花样滑冰时，必须关掉闪光灯。抛掷（　　）和鲜花是花滑运动的一个惯例和习俗。

A. 鞋　　　　B. 毛绒玩具　　　　C. 丝巾　　　　D. 花篮

参 考 文 献

[1]　张岩松．实用社交礼仪（2版）．北京：化学工业出版社，2016．
[2]　金正昆．涉外礼仪教程．北京：中国人民大学出版社，2005．
[3]　张弘，刘成刚．礼仪大全．呼和浩特：远方出版社，2004．
[4]　杨丽．商务礼仪与职业形象．大连：大连理工大学出版社，2008．
[5]　朱燕．现代礼仪学概论．北京：清华大学出版社，2006．
[6]　张然．现代礼仪规范读本．北京：中国致公出版社，2009．
[7]　蒋璟萍．现代礼仪．北京：清华大学出版社，2009．
[8]　陆纯梅，范莉莎．现代礼仪实训教程．北京：清华大学出版社，2008．
[9]　刘长凤．实用服务礼仪培训教程（2版）．北京：化学工业出版社，2015．
[10]　左慧．新编现代礼仪．呼伦贝尔：内蒙古人民出版社，2002．
[11]　吴新红．实用礼仪教程．北京：化学工业出版社，2010．
[12]　黄海燕，王培英．旅游服务礼仪．天津：南开大学出版社，2006．
[13]　鄢向荣．旅游服务礼仪．北京：清华大学出版社，2008．
[14]　马保奉．外交礼仪漫谈．北京：中国铁道出版社，1996．